Robert Klimke | Manfred Faber

Erfolgreicher Lösungsvertrieb

D1722805

Robert Klimke | Manfred Faber

Erfolgreicher Lösungsvertrieb

Komplexe Produkte verkaufen:
in 30 Schritten zum Abschluss

GABLER

Bibliografische Information Der Deutschen Nationalbibliothek
Die Deutsche Nationalbibliothek verzeichnet diese Publikation in der
Deutschen Nationalbibliografie; detaillierte bibliografische Daten sind im Internet über
<http://dnb.d-nb.de> abrufbar.

1. Auflage 2008

Alle Rechte vorbehalten
© Betriebswirtschaftlicher Verlag Dr. Th. Gabler | GWV Fachverlage GmbH, Wiesbaden 2008

Lektorat: Barbara Möller

Der Gabler Verlag ist ein Unternehmen von Springer Science+Business Media.
www.gabler.de

Umschlaggestaltung: Nina Faber de.sign, Wiesbaden
Druck und buchbinderische Verarbeitung: Wilhelm & Adam, Heusenstamm
Gedruckt auf säurefreiem und chlorfrei gebleichtem Papier
Printed in Germany

ISBN 978-3-8349-0649-6

Stimmen zum Buch

An diesem praxisorientierten Ratgeber erfährt der Leser aus erster Hand, wie eine professionelle Kundenakquise im Lösungsvertrieb funktioniert, und lernt die geeigneten Akquise-Werkzeuge kennen. Für alle, die sich mit dem Vertrieb von erklärungsbedürftigen Produkten und Dienstleistungen beschäftigen, ist dieses Buch eine wertvolle Hilfe bei der optimalen Strukturierung ihrer Verkaufsstrategie. Ich habe mit den Autoren dieses Buches in verschiedenen Unternehmen zusammengearbeitet und war begeistert von ihrer klaren Fokussierung. Die hier veröffentlichten Erfahrungen sind nicht blanke Theorie, sondern sie basieren auf tatsächlich erlebten und erfolgreich gemeisterten Situationen.

Aman Khan

Vice President, IT & Strategic Sourcing

Star Alliance Services

„Wer kein Problem hat, braucht auch keine Lösung." Diese trivial anmutende Aussage beschreibt treffend, worum es im Lösungsverkauf geht. Nämlich darum, sich so weitgehend in seinen Kunden hineinzuversetzen, dass man seine geschäftlichen Anforderungen und Probleme durchdringt und versteht. Nur so wird man ihm die geeignete Lösung verkaufen können und ihn als überzeugten und loyalen Kunden an sich binden. Grundregel des erfolgreichen Lösungsverkaufs ist es also, sein Angebot aus der Perspektive des Kunden zu beschreiben, und nicht einfach nur darzustellen, was man Tolles im Angebotsportfolio hat.

Bernhard Bresonik

Senior Executive Vice President

T-Systems Enterprise Services GmbH

Jeder Manager, Vertriebsmitarbeiter oder andere Interessent, der versucht, Informationen zum System- oder Lösungsvertrieb von erklärungsbedürftigen Produkten über Google zu erhalten, wird wenig finden. Diese Suche hat jetzt ein Ende, denn mit diesem Werk ist es den Autoren in exzellenter Weise gelungen, dem Markt einen systematischen und praxisorientierten Vertriebsleitfaden zur Verfügung zu stellen. Die Autoren geben ihre umfassende Vertriebserfahrung in methodisch strukturierter Form und klarer und verständlicher Sprache wieder.

Dieses Buch ist deshalb als systematische Grundlage und kompakter Einstieg für alle Interessenten und natürlich Vertriebsanfänger sinnvoll. Wegen seines modularen Aufbaus eignet es sich auch als praktisches Nachschlagewerk für den erfolgreichen „Hunter" im Lösungsvertrieb, der einzelne Fähigkeiten schnell und nachhaltig verbessern will.

Dr. Christian Kühl

Sprecher der Geschäftsführung

dtms Deutsche Telefon- und Marketing Services GmbH

Ein spannendes Buch. Den Autoren gelingt ein erstaunlicher Spagat: Sie reduzieren die real existierende Komplexität, ohne zu banalisieren. Sie demonstrieren die Vielschichtigkeit heutiger Vertriebsherausforderungen und liefern gleichzeitig konkrete Handlungsempfehlungen für Praktiker. Sie denken Vertrieb neu und bleiben ihrer systemischen Professionalität treu. Ein mutiges Buch, ein anderes Buch. Mein Lese-Highlight war die Empfehlung, die Organigramme unserer Kunden systematisch unter Vertriebsgesichtspunkten gedanklich anzupassen, gegebenenfalls neu zu schreiben. In komplexen Kundensystemen eine unbedingte Voraussetzung, um nicht nur die *Dinge richtig* zu machen (= ein gutes Vertriebsgespräch zu führen), sondern auch die *richtigen Dinge* zu machen (das richtige Gespräch an der richtigen Stelle zu führen).

Marc Minor

Trainer, Berater und Coach

Institut für systemische Führungskultur

Inhaltsverzeichnis

Was Ihnen dieses Buch bietet

Ein Unternehmen hat seine Spitzenverkäufer auf ein teures Seminar geschickt. Sie sollen lernen, auch in einer ungewohnten und komplexen Verkaufssituation Lösungen zu erarbeiten und in schwierigen Zeiten rasch und zielgerichtet zu verkaufen. Am zweiten Tag wird den Verkäufern die Aufgabe gestellt, die Höhe einer Fahnenstange zu messen. Sie gehen hinaus auf den Rasen, beschaffen sich eine Leiter und ein Bandmaß. Die Leiter ist aber zu kurz. Also holen sie noch einen Tisch, auf den sie die Leiter stellen. Es reicht immer noch nicht. Sie stellen noch einen Stuhl auf den Tisch. Da das alles sehr wackelig ist, fällt der ganze Aufbau immer wieder um. Alle reden gleichzeitig. Jeder hat andere Vorschläge zur Lösung des Problems. Es ist ein heilloses Durcheinander. Ein Pre-Sales-Mitarbeiter kommt vorbei, sieht sich das Treiben ein paar Minuten lang an. Dann zieht er wortlos die Fahnenstange aus dem Boden, legt sie hin, nimmt das Bandmaß und misst die Stange von einem Ende zum anderen. Er schreibt das Ergebnis auf einen Zettel und drückt ihn zusammen mit dem Bandmaß einem der Verkäufer in die Hand. Dann geht er wieder seines Weges. Kaum ist er um die Ecke, sagt einer der Top-Verkäufer: „Das war wieder typisch Pre-Sales! Wir müssen die Höhe der Stange wissen und er sagt uns die Länge! Deshalb lassen wir sie auch nie ins Erstgespräch."

Dieses Beispiel zeigt sehr gut, dass Lösungs- und Systemvertrieb mehr ist. Es ist mehr, wenn man mit einem Ansprechpartner beim Kunden spricht. Es ist mehr, wenn es darum geht zu hinterfragen, um was es wirklich geht. Es ist mehr als nur die technische Eigenschaft eines Produkts. Es ist mehr, wenn es darum geht, eine Lösung gemeinsam im Team zu finden. Dabei, das „Mehr" greifbar zu machen, wird Ihnen dieses Buch helfen. Lösungsvertrieb, wie wir ihn verstehen, bezeichnet den Verkauf einer kundenindividuellen Lösung, zugeschnitten auf den konkreten Bedarf eines speziellen Kunden. Eine Lösung besteht zumeist aus Standardprodukten, kundenspezifischen Entwicklungen und Konfigurationen. Sie wird erst dann zur Lösung beim Kunden, wenn sie dort komplett eingepasst wurde. Lösungsvertrieb ist damit ein hoch komplexer Vorgang, der im Vergleich zum „Standardproduktverkauf" ein Vielfaches an tiefer gehenden Gesprächen, sozialen Beziehungen und Entscheidungsprozessen mit sich bringt.

Der Verkauf von erklärungsbedürftigen Produkten und Lösungen zeichnet sich durch vier Besonderheiten aus:

- die zahlreichen Ansprechpartner beim Kunden und die involvierten Partner,
- die indirekt beim Kunden zusätzlich Beteiligten,
- die zahlreichen Lösungsoptionen und
- die Komplexität, die Lösungen miteinander zu vergleichen.

Verkäufer neigen oft dazu, sich um viele Randthemen zu kümmern, die nicht zu ihrem Aufgabengebiet gehören. Dies liegt unter anderem daran, dass der Verkäufer extrem auf andere Aspekte achtet oder achten muss, wie beispielsweise seine Vorgesetzten, das Marketing und Partnermanagement etc. Dies sind aber ausgerechnet die Aspekte im eigentlichen Rahmen des Lösungsvertriebs, die ihn nicht zu interessieren haben, es sei denn, der „variable Gehaltsanteil" errechnet sich auch aus diesen Aspekten. In diesem Buch geht es um Lösungsvertrieb im eigentlichen Sinne und nicht um die Randaspekte. Es geht also um die Arbeit am und mit dem Kunden, um so zu einem Verkaufserfolg zu gelangen.

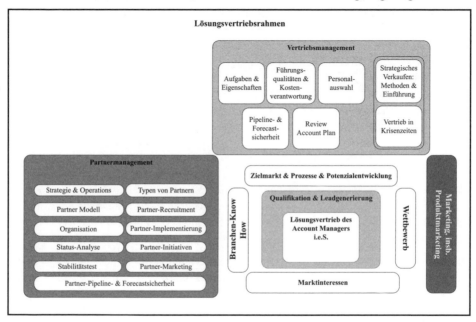

Abbildung 1: Der Rahmen des Lösungsvertriebs

Abbildung 1 macht deutlich, wie komplex der gesamte Vertrieb ist. Aus diesem Grund konzentrieren wir uns hier auf den Lösungsvertrieb im engeren Sinne, und zwar aus Sicht des Verkäufers. Es geht in diesem Buch um Aspekte des Lösungsvertriebs, die unmittelbar für den Verkäufer relevant sind. Im Einzelnen erfahren Sie, wie Sie

■ die richtigen Marktsegmente und potenzielle Kunden, so genannte Prospects, auswählen,

■ Termine professionell am Telefon akquirieren,

■ sich optimal auf das Erstgespräch vorbereiten, um weitere Gesprächstermine zu erhalten,

■ Gespräche mit Entscheidern, Beeinflussern und anderen relevanten Personengruppen erfolgreich führen,

- eine Wertkettenanalyse erarbeiten, das heißt, die Einzigartigkeit der Lösung im Kontext eines Kundenproblems erarbeiten und anbieten,

- erfolgreiche Vertriebsstrategien entwickeln und umsetzen,

- individuelle Kaufentscheidungsstrategien erkennen und diese für sich nutzen,

- eine Aktivitätenplanung unter Beachtung der Wettbewerber und von deren Produkten und Lösungen durchführen,

- wirkliche Abschlusssicherheit erlangen.

Als Verkäufer von komplexen Produkten und Leistungen in der Software-, Hardware- oder High-Tech-Industrie wissen Sie, dass Vertrieb in diesem Umfeld ein Beziehungsgeschäft ist. „People buy from People!" Deshalb möchten wir Ihnen gezielte Hilfen an die Hand geben, wie Sie Ihre verbalen und nonverbalen Fähigkeiten in den Kundengesprächen verbessern. Die Beziehungen zu Ihren Kunden werden sich deutlich verbessern, wenn Sie über ein erprobtes Instrumentarium verfügen, das Ihnen erlaubt, authentisch zu bleiben, Ihre Beziehung zu jeder Kundenkontaktperson deutlich zu intensivieren und ein echtes Vertrauensverhältnis aufzubauen – und zwar mit dem Individuum, das Ihnen gegenübersitzt, mit all seinen Stärken und Schwächen.

Es geht hier um eine effiziente Form des „Miteinander-Sprechens und Sich-Verstehens" – nicht darum, Ihr Gegenüber zu beeinflussen und zu manipulieren. Wer manipulierend ein Verkaufsgespräch lenkt, hat im Lösungsvertrieb nichts verloren, er sucht den kurzfristigen Erfolg.

Bei der Lektüre werden Sie Wichtiges von Unwichtigem unterscheiden lernen. Mit der Zeit werden Sie Ihre eigene Methode immer weiter verfeinern, ständig verbessern und leben. Als Autoverkäufer entwickelte beispielsweise das spätere VW-Vorstandsmitglied Daniel Goeudevert eine *„Theorie der ersten zwanzig – der ersten zwanzig Wörter [im Eröffnungsgespräch zum Vertrauensaufbau] – der ersten zwanzig Schritte etc.".*[1] Eine Methode, die für ihn passte und die ihm Erfolg versprach. Eine Methode aber, die Ihnen nicht unbedingt liegen muss. Es gibt keine „richtige Methode", sondern nur Ihre Methode, mit der nur Sie erfolgreich sind. Suchen Sie sich diejenigen Schritte heraus, die Ihnen helfen, Ihre eigene Verkaufsmethode zu vervollkommnen. Entwickeln Sie Ihre eigene Methode anhand dieses Buches; Sie profitieren in mehrfacher Hinsicht davon:

- Sie erhalten einfache Mittel und probate Lösungen für immer wiederkehrende kritische Vertriebssituationen.

- Sie legen ein selbstsicheres Verhalten mit den eigentlichen Entscheidern an den Tag und entwickeln einen einfacheren, systematischeren Zugang zu ihnen.

- Sie konzentrieren Ihre Aktivitäten auf die Tätigkeiten, die Sie nach vorne bringen.

- Sie verkürzen den Verkaufszyklus.

---

1   Daniel Goeudevert, Wie ein Vogel im Aquarium, Berlin 1996, S. 74.

- Sie konzentrieren sich auf die Vertriebs-„Opportunities", die Ihnen den Erfolg bringen.

- Sie schaffen nachhaltige Referenzkunden.

- Sie steigern durch Ihre neue und verbesserte Vorgehensweise beim Kunden Ihren Marktwert und Ihre Reputation.

- Zusammenfassend: Sie denken in anderen, größeren Zusammenhängen, wenn es gilt, Ihre Produkte und Lösungen zu verkaufen.

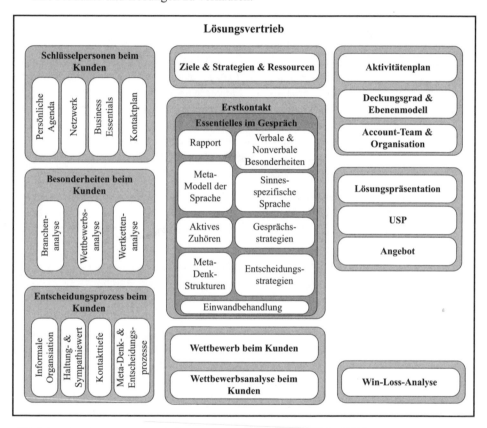

Abbildung 2: Lösungsvertrieb des Account Managers im eigentlichen Sinne

Die folgenden Kapitel bereiten den Verkaufsprozess im Lösungsvertrieb leicht nachvollziehbar für Sie auf. Der Buchaufbau orientiert sich an den 30 logischen Schritten dieses Prozesses. Die Schritte sind in Themengebieten zusammengefasst. Wenn Sie sich einen Gesamtüberblick verschaffen wollen, arbeiten Sie dieses Buch chronologisch durch. Interessieren Sie nur einzelne Kapitel oder benötigen Sie Informationen über einen bestimmten Schritt, finden Sie mit Hilfe der Gliederung und des Stichwortverzeichnisses gezielt diese Information und den dazu gehörigen Schritt. Praxisorientierte Beispiele, übersichtliche Charts, Checklisten und Schaubilder helfen Ihnen bei der Umsetzung in Ihre eigene Praxis.

Der Rahmen für erfolgreichen Lösungsvertrieb

Beim Lösungsvertrieb (neudeutsch High-Tech-Selling) geht es um den Verkauf von Hochtechnologieprodukten, die dem Kunden innovative Lösungen zum Erreichen seiner Ziele bieten. Dazu gehört die Kraftwerksanlage genauso wie die neueste Softwareentwicklungsumgebung. Hier einige typische Charakteristika des Lösungsvertriebs:

■ Typisch für High-Tech-Märkte ist, dass circa 50 Prozent der vertrieblichen Erstkontakte auf Bereichsleiterebene erfolgen, 20 Prozent sogar auf Top-Management-Niveau.

■ Typisch sind die so genannten „Charakteristika der Opportunity"; sie sind nämlich circa 70 Prozent strategischen Ursprungs, also das gesamte Unternehmen betreffend, und 30 Prozent rein individuelle Geschäftsprojekte, die sich auf einen Unternehmensbereich beziehen.

■ Typisch ist der „Nachverkauf". Nachverkauf bezeichnet dabei nicht das „zusätzliche kleine Feature des neuen Updates", sondern es geht darum, interessante Potenziale im Unternehmen durch die Präsenz beim Kunden zu erkennen und teilweise unabhängig vom Erstverkauf neue Produkte und Lösungen ins Unternehmen zu integrieren und zu verkaufen. Ferner ist das Ziel, eventuell sogar gemeinsam mit dem Kunden neue Produkte und Leistungen zu definieren und so einen neuen, stabilisierenden, wenn auch kleineren, vom eigenen Kerngeschäftsbereich abweichenden Geschäftsbereich zu entwickeln. Der Nachverkauf macht in High-Tech-Märkten im Durchschnitt 55 bis 60 Prozent des gesamten Auftragsvolumens aus, ist also durchaus bedeutend.

■ Typisch für die so genannten „Unique Selling Points" in High-Tech-Märkten, also die typischen einzigartigen Kaufansätze, sind:

– Top-Management Commitment für die neue Idee und Vision
– Veränderte Marktbedingungen: Deregulierung des Marktes, neue und veränderte Markteintrittsbarrieren, Internationalisierung, veränderte Preisstrukturen
– Veränderte Wertketten
– Veränderte Organisation beim Kunden mit veränderten Key-Playern in gleichen Rollen
– Erfolg im vorherigen Projekt- und Vertriebsgeschäft
– Ausbau und/oder Festigung der Marktstellung durch innovative Produkte
– Gelebtes Bewusstsein für die Interaktionen zwischen Markt-Marktkonjunktur-Unternehmenskerngeschäft-Unternehmenskonjunktur-Unternehmenskultur

- Veränderungen bei den Wettbewerbern wie Aufkauf oder gar Liquidierung
- Kostenreduktion (Total Cost of Ownership (TCO))
- Klare Ziele mit ebenso klaren Return on Investment-Vorstellungen (RoI)
- Produktivitätszuwächse in bestimmten Unternehmensbereichen
- Zukunftssicherheit
- Service- und Supportkultur vor Ort
- Fähigkeit, Bestehendes in die „Neue Welt" zu integrieren

■ Typische „kritische Erfolgsverkaufsfaktoren" in High-Tech-Märkten sind:

- Relationship-Manager: Erfolgreicher Zugang zur Top-Management-Ebene und Durchdringen des Kunden auf allen organisatorischen Ebenen
- Integration der gesamten organisatorischen Leistungskraft des eigenen Unternehmens und der Kollegen mit dem Ziel, eine wirklich kundenorientierte Organisation zu schaffen
- zielgerichtete Vorstellung der eigenen Vision beim Kunden sowie dessen Akzeptanz
- Übereinstimmung von individuellem Kundenbedarf und Ihrer Lösung
- effektive Integration von Sponsor und Powersponsor in den eigenen Akquisitionsprozess
- Einhaltung des Zeitplans durch Sie und den Kunden
- funktionierende Referenzkunden- und Partnerschaftsprogramme

■ Typisch für Verkäufer in High-Tech-Märkten sind:

- die Fähigkeit, kreativ im Umgang mit dem Kunden zu sein
- ein besonders hohes Niveau sozialer Kompetenz
- die entscheidende Grundeinstellung: „Was kann ich tun, damit mein Kunde erfolgreicher wird?"
- die richtige Akzeptanz beim Kunden, nach dem Motto: „Make yourself equal before you make yourself different!"

Behalten wir dieses Typische im Auge, bevor wir später auf die richtige strategische Vorgehensweise zu sprechen kommen. Denn noch immer erhält beispielsweise der frontale Angriff in High-Tech-Märkten aus mannigfaltigen Gründen den Vorzug, während eine Entwicklungs- und Verteidigungsstrategie nur zögerlich genutzt wird. Obgleich genau diese Strategieart die richtige auf dem typischen High-Tech-Markt wäre; denn gerade in diesen Märkten finden wir keine grüne Wiese mehr vor, sondern müssen über vorsichtige Schritte unsere Leistungsfähigkeit unter Beweis stellen.

Die Anforderungen an den Verkäufer

Eine Entwicklung, die seit einigen Jahren in High-Tech-Märkten zu beobachten ist, folgt der Devise: „Willst Du ein komplexes Produkt an jemanden verkaufen, setze ihm einen Verkäufer gegenüber, der in etwa dem Niveau des Kunden entspricht." Niveau bezeichnet ein gemeinsames Verständnis über Werte, eine ähnliche Ausbildung und Erziehung. Diese Vorgehensweise ist im Pharmamarkt bereits gang und gäbe und hat mittlerweile auch in der Versicherungsindustrie Einzug gehalten. Da ist der Apotheker, der von dem jungen Medizin- oder Chemie-Absolventen besucht wird, um ihn für ein bestimmtes Präparat zu gewinnen. Oder der BWL-Absolvent, der in der Versicherungswirtschaft auf die so genannten Besser-Verdiener-Schichten angesetzt wird.

Die Mehrheit der erfolgreichen Vertriebsmitarbeiter, Vertriebsbeauftragten, Account Manager, Key Account Manager und Vertriebsrepräsentanten arbeitet in den High-Tech-Märkten im Durchschnitt 50 bis 60 Stunden in der Woche. Der Erfolgreichen arbeiten zwischen 60 bis 90 Stunden pro Woche. Dabei verwenden sie sehr viel Zeit auf das Studium von aktuellen Interviews, Unternehmensbilanzen, Geschäftsberichten und Pressemitteilungen und bauen diese geschickt in ihre vertriebliche Vorgehensweise und Argumentation ein.

Gehen Sie davon aus, dass in den nächsten fünf bis zehn Jahren der Leistungsdruck nochmals massiv steigen wird, was notwendigerweise ein Überstunden- bzw. ein allgemeines Zeitproblem nach sich ziehen wird. Wenn Sie sich heute noch nicht über „Zeitfresser" ärgern, dann werden Sie es spätestens in einigen Jahren tun. Jedes verspätet begonnene und schlecht moderierte Meeting oder inhaltslose Seminar erbost Sie dann, denn in Ihrem Innern „tickt Ihre Effizienz-Uhr".

Wir haben es in High-Tech-Märkten mit sehr hohen Anforderungen an den Verkäufer zu tun. Letzteres nicht zuletzt bedingt durch den immer schneller wachsenden Anspruch der Kunden. Schon bald wird es nicht mehr möglich sein, vom Vertrieb von Massen-PCs oder Speichersystemen in den Vertrieb von individuellen Softwarelösungen zu wechseln. Denn der Lösungsvertrieb wird mehr und mehr eine andere Denkweise fordern und zwar die vom Kunden abgeleitete Denkweise. Dies bedeutet, dass der Verkäufer das Geschäft jedes einzelnen Kunden wirklich verstehen und daraus seine Produktbedürfnisse ableiten muss. Dies wiederum verlangt ein Wissen, das heute nur die wenigsten Vertriebsmitarbeiter haben.

Daraus lässt sich ein leicht verständliches, wenn auch sehr anspruchsvolles Bild des Verkäufers zeichnen, wie er mit sich und anderen umzugehen hat:

- Er hat eine sehr aktive Persönlichkeit. Selten verdient er sich seinen Lebensunterhalt durch reine Warenverschiebung im Sinne eines reaktiven Tuns. Er ist sich seiner Möglichkeiten ständig bewusst und weiß, was er tun muss, um sein Ziel zu erreichen. Als echte Verkäuferpersönlichkeit wird er daher ständig bei sich, seinem Kunden und seinem Arbeitgeber versuchen, seine Wahlmöglichkeiten und seine Entscheidungsfreiheiten zu erweitern und diese auch durchzusetzen.

- Er ist wissbegierig und will ständig neue Dinge lernen. Ihn treibt ein unruhiger Geist, wenn er Neues in seinen Verkaufsprozessen umsetzt. Ständig ist er sich bewusst, was ihm noch fehlt. Er weiß, was zu verändern ist; dass er ständig offen sein muss für Neues oder bestimmte Verhaltensweisen abstellen sollte, auch wenn er es selten zugeben wird. (Umso wichtiger sind die darauf ausgerichtete Führungsarbeit und daraus resultierende individuelle Personalentwicklungsmaßnahmen.)

■ Der typische erfolgreiche Verkäufer ist „sich seiner Wirklichkeit bewusst". Er ist sich darüber im Klaren, dass er nie die gesamte Komplexität einer Situation erfassen kann, dass er nie gänzlich seine Eindrücke und Gefühle ausblenden kann, dass er nie alles in seiner Vernetztheit erfassen kann. Er hat die innere Ruhe, Dinge laufen zu lassen, solange sie sich in einem bestimmten Rahmen bewegen.

■ Er selbst setzt sich Ziele. Diese Ziele sind viel umfassender und tiefgründiger als die Ziele, die ihm seine Führungskraft vorgibt. Sie sind ein Teil seiner Selbstverwirklichung, auch wenn er selbst andere Wörter für sein Persönlichkeitsziel benutzen würde. Er ist wandlungsfähig in seinem Tun beim Kunden oder im Umgang mit seinen Kollegen und Vorgesetzten, und das obgleich er nie sein eigenes Ziel aus den Augen verliert.

■ Gute und erfolgreiche Verkäufer lassen das gesamte Unternehmenssystem für sich arbeiten. Sie schaffen sich im eigenen Unternehmen und beim Kunden einen Ressourcenmarkt. Einen Markt, der es ihnen erlaubt, auf die notwendigen Ressourcen ständig Zugriff zu haben. Sie kennen die Schwachstellen im Prozess und wissen, wie sie diese Schwachstellen umgehen können, indem sie mehr von anderen fordern, als diese von ihrer Aufgabe her tun müssten. Sie bestimmen das gesamte System des Unternehmens maßgeblich mit.

■ Und zu guter Letzt: Ein erfolgreicher Verkäufer ist integer und loyal zu seinem Kunden und Kollegen – übrigens ein Erziehungsaspekt, der sich nur schwer antrainieren lässt.

Finden Sie sich in dem Großteil der Kriterien wieder? Nein! Dann sind Sie sehr ehrlich zu sich selbst und wissen, wohin Sie sich noch entwickeln müssen. Bei einem grundsätzlichen Ja sind Sie entweder der erfolgreichste Verkäufer in Ihrem Haus oder aber Ihr Potenzial ist noch niemandem so recht aufgefallen.

Den meisten Vertriebsbeauftragten geht bei der inneren Beantwortung dieser Kriterien ein klares „Jein" durch den Kopf. Nach allgemeinen Erfahrungssätzen hat die Hälfte der im Vertrieb tätigen Menschen wenig oder keine Fähigkeit zum Verkauf. Von den guten Verkäufern sind oft die Hälfte in Positionen eingesetzt, in denen sie das für sie falsche Produkt verkaufen. Die Mehrheit der Vertriebsbeauftragten hat kein ehrliches Interesse, keine richtige Verkaufseinstellung oder Motivation, um erfolgreich zu sein. Jeder fünfte Vertriebsbeauftragte mit Verkaufsfähigkeiten nutzt nur seinen Instinkt, nicht aber einen systemischen Verkaufsprozess, um diesen Instinkt voll zur Entfaltung zu bringen.

Der Akquisitionsprozess

Unternehmen mit Lösungsvertrieb sind gekennzeichnet durch einen auf Differenzierung ausgerichteten Vertrieb. Ein solches Unternehmen verfügt über ein exzellentes vertriebsorientiertes Marketing. Die Produktentwicklung ist „State of the Art" und in diesem Zusammenhang auch die gesamte Produktion. „Best Practices" sind im gesamten Geschäftsprozess und seinen abteilungsspezifischen Sub-Prozessen zu finden. Das Unternehmen zeichnet sich durch Beweglichkeit bei besonderen Kundenwünschen aus und hat eine ausgeprägte Kreativität in den verschiedensten Unternehmensbereichen, insbesondere im Vertrieb. Der gute Ruf hinsichtlich Qualität und technologischer Spitzenstellung unterstreicht die gesamte Atmosphäre in einem solchen Unternehmen. Die Branchentradition und die aus anderen Branchen erfolgreich integrierten Synergien machen es dem Unternehmen möglich, besondere Anreizsysteme für Spitzenkräfte zu schaffen, um sich so ständig Know-how auch von außen zu sichern.

Typisch ist insbesondere die enge Verzahnung der Unternehmensbereiche auf den unterschiedlichen hierarchischen Ebenen. Forschung & Entwicklung, Marketing und Vertrieb usw. arbeiten eng zusammen. Qualitative Kriterien stehen dem durch das Controlling gekennzeichneten Kennziffern-Management vor. Diese Denkhaltung macht es möglich, dass die einzelnen Unternehmensbereiche ständig neue Differenzierungsmerkmale im Wettbewerb mit anderen Unternehmen beisteuern können.

Gerade solche Unternehmen beschäftigen sich intensiv mit dem Verkaufsprozess. Als Grundlage dient hierfür der idealtypische Verkaufsprozess. Dieser Prozess sieht im Groben immer gleich aus (vgl. Abbildung 3).

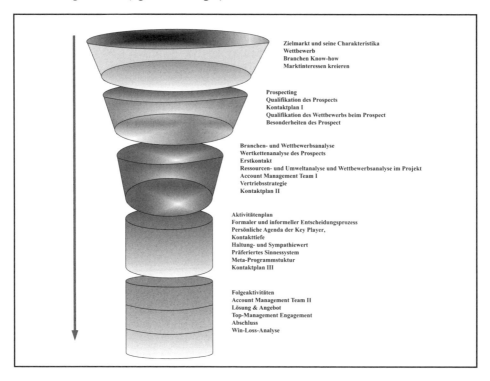

Abbildung 3: Pipeline-Forecast-Funnel & Kriterien

Dieser idealtypische Verkaufsprozess variiert nur darin, wie tief ein bestimmter Prozess-schritt ausdefiniert wird. Bei manchen Unternehmen ist zum Beispiel der Prozess des Part-nervertriebs wesentlich ausgeprägter definiert, wenn das Unternehmen hauptsächlich über den indirekten Kanal seine Produkte vertreibt. In anderen Unternehmen, vor allem mit weltweit agierenden Landesgesellschaften, differenzieren sich diese Prozesse stärker nach den jeweiligen Landesbedürfnissen.

In jedem Fall finden Sie in einem solchen Verkaufsprozess folgende Stichwörter wieder: Markt und Markt-Trends, Strategie und Produktpläne, Preis, direkter und indirekter Ver-trieb, Erstkontakt, Lösungsverkauf, Nutzenargumentation, Services, Kundenbedarf, Kun-denlösung, Entscheidungsprozess, Entscheider, Image, Produktsupport, Partnerprogram-me, Verkaufsförderung, Marketing, Verkaufsargumente, Produktentwicklung und deren Einflussfaktoren, Produktqualität usw.

Die folgenden Prozesse sollen Ihnen die Arbeit erleichtern, wenn Sie Ihren individuellen Vertriebsprozess für sich und Ihr Unternehmen definieren.

Der Zielmarkt

Da ist zunächst der Markt. Der Markt ist groß und muss natürlich, weil er so „wahnsin-nig dynamisch und komplex" ist (zumindest fängt fast jede typische Management Sum-mary so an), begrenzt werden. Wir sprechen daher vom Zielmarkt oder neudeutsch vom „Target Market".

Um den Zielmarkt anzugehen, benötigt man eine Marktstrategie, die sich bei vielen Groß-unternehmen wie ein Vers aus der Bibel liest. Die Unternehmensmission ist meist auch genauso nichtssagend. Derzeit gibt es beispielsweise zig Tausende von Unternehmen auf der Welt, die von sich behaupten, innovative Kommunikationslösungen für das E-Busi-ness ihrer Kunden anzubieten.

Leider verwechseln immer noch viele Unternehmen das Wort Mission mit Strategie und verbinden beides kurzerhand miteinander. Nicht selten liest man dann: „Unser Unterneh-men ist [auf der Erde] tätig, weil unser Kerngeschäft zum Nutzen und Erfolg unserer Kun-den beiträgt." Das ist doch nett, aber was hilft es dem Vertrieb? Es ist verbindlich, sagt aber nichts aus. Stellen Sie sich vor, Ihnen begegnet einer Ihrer Top-Manager im Fahrstuhl Ihrer Zentrale und richtet an Sie die aus der Verlegenheit der Situation geborene Frage: „Was meinen Sie eigentlich, für was unser Unternehmen steht?" Sind Sie ein wirklicher Verkäufer, sagen Sie ihm behutsam die Wahrheit. Wenn Sie nicht den Mut haben, leiern Sie die Ihnen hoffentlich bekannte „Mission" herunter. Es ist leicht verständlich, dass das bewusste Leben von Missionen und Visionen mehr ist, als sie per E-Mail oder Aufkleber im Visitenkartenformat an die Mitarbeiter zu verteilen. Die Mission zielt auf die Identität des Unternehmens ab und die Strategie auf deren Umsetzung und Bestandserhaltung. Sie beeinflusst dabei Werte, Glaubenssätze, Fähigkeiten und das Verhalten jedes Einzelnen.

Das Verkaufsgebiet

Auch wenn der Zielmarkt zielgerichtet identifiziert wurde, ist er für die vertriebliche Tätigkeit immer noch zu groß, wenn es sich denn um einen echten High-Tech-Markt handelt. Deshalb müssen Sie die wirklichen Interessenten, Ihre so genannten Prospects, in Ihrem Zielmarkt finden.

Definieren Sie unumstößliche Kriterien, die Ihr Prospect erfüllen muss, damit er ein echter Prospect für Sie ist. Diese Prospects bilden das so genannte „Prospect-Territorium", und es gilt nun, einen Bedarf beim Prospect zu entdecken oder zu kreieren und die kundenindividuelle Verkaufsstrategie festzulegen. Dieser Bedarf wird durch Ihre Arbeit zur echten Verkaufsgelegenheit, und mit dem Abschluss kommt ein Name auf Ihrer Kundenliste hinzu.

Der Verkaufsprozess

Zunächst beschreiben wir den allgemeinen, administrativen, internen Verkaufsprozess in Bezug auf die festgesetzte Vertriebsstrategie. Am besten verdeutlicht dies das in Abbildung 4 dargestellte Beispiel.

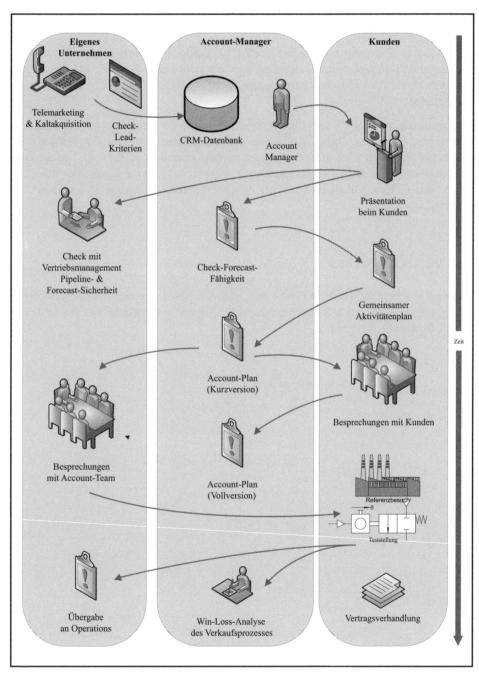

Abbildung 4: Einfacher Verkaufsprozess

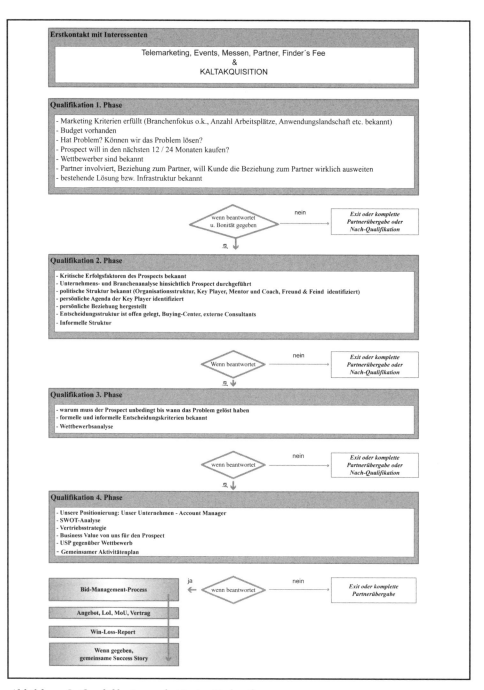

Abbildung 5: Qualifikationsschritte im Verkaufsprozess

Achten Sie sehr genau auf die Kriterien, die ein Interessent erfüllen muss, um von der Kaltakquisition über die Pipeline zum Forecast zu gelangen. Definieren Sie zusätzlich weitere wichtige Kriterien, die für Ihren persönlichen Verkaufserfolg bei diesem Interessenten besonders erfolgsrelevant sind.

Damit ist es aber noch nicht ganz getan. Ein Verkaufsprozess wächst mit der Zeit. Es gibt immer wieder etwas Neues zu integrieren. Der individuelle Verkaufsprozess kann bis zu 100 Schritte beinhalten, angefangen von der Ablage von Checklisten über Raumreservierung bis hin zu selbst entwickelten Vorlagen wie z. B. Kontaktplänen. Nicht zuletzt werden die Schritte auch immer auf das spezielle Unternehmen und dessen Verkaufsteam angepasst. Allein die Qualifikationsphase in einem typischen Verkaufsprozess könnte wie in Abbildung 5 aussehen. Die konsequente Frage, die sich ein erfolgreicher Vertriebsbeauftragter jetzt verständlicherweise stellt, lautet: „Lohnt sich ein solch bürokratisch anmutender Prozess überhaupt?" Und: „Sichert mir die Einhaltung aller Schritte den Erfolg?" Gute Frage! Antwort: Nein! Dieser Prozess liefert Ihnen lediglich eine Abfolge, die Ihnen in „Fleisch und Blut" übergehen soll. Nutzen Sie die Schritte für die Entwicklung Ihrer eigenen Vorgehensweise. Sie machen Sie aufmerksam auf mögliche Versäumnisse.

Der Vorteil, den Sie haben, wenn Sie Ihren Verkaufsprozess kennen, liegt auf der Hand:

- Sie können in Ihren Kundengesprächen ständig zwischen den Verkaufsprozessschritten hin- und herwechseln.

- Die einzelnen Schritte sind teilweise in der Reihenfolge austauschbar und zeigen Ihnen auf, dass Sie keinem starren Prozess folgen müssen. Sie besitzen die kreative Freiheit, den Kunden und dessen Einkaufsprozess mit Ihrem eigenen Verkaufsprozess zu begleiten und ihm gegebenenfalls zuvorzukommen.

Einige wichtige Punkte gibt es bei der Akten- und Dokumentenführung zu beachten. Legen Sie sich für jeden Kunden einen Ordner an, um Ihre Gedanken und Pläne zu archivieren. Hierzu gehören auch Bücherlisten, Reiseausgaben, Adresslisten oder Besprechungschecklisten. Eine solche Vorgehensweise bringt Ihnen die folgenden Vorteile:

- Diese Akten- und Dokumentenführung unterstützt Sie dabei, sich permanent vor sich selbst zu rechtfertigen und selbst zu prüfen.

- Sie erleichtert es Ihnen, eine einheitliche Grundlage für die Reviews mit Kollegen und Vorgesetzten zu schaffen.

- Sie dient Ihnen auch als Argumentationsgrundlage, wenn es darum geht, aus einer ordinären Kundenbetreuung ein Profit Center mit entsprechender Personal-, Budget- und Kostenverantwortung zu machen.

- Mit Hilfe einer annehmbaren und nachvollziehbaren Kundendokumentation können Sie eine durchgängige Betreuung des Kunden selbst bei einem Mitarbeiterwechsel sicherstellen.

Systemisches Denken im Vertrieb

Was bedeutet systemisches Denken im Vertrieb? Verkaufen wird nicht als eindimensionaler Prozess gesehen, sondern man wird sich der vielfältigen Beziehungen bewusst, die zwischen den verschiedenen Abteilungen im Unternehmen wie auch den verschiedenen Marktpartnern bestehen (siehe dazu Abbildung 6). Gerade im Lösungsvertrieb ist das wichtig für Sie.

Systemvertrieb fängt in den Köpfen der Vertriebsmannschaft an. Und hierauf muss das Hauptaugenmerk liegen, wenn die Vertriebsmannschaft auf das Niveau des systemischen Verkaufens gehoben werden soll. Verkäufer im systemischen Lösungsvertrieb sind keine „Revenue Generator", es sind eher „Relationship-Sales-Objectives Manager". Beim systemischen Verkauf geht es darum, die unausgesprochenen, impliziten Regeln einer Organisation zu kennen, und zwar die des Kunden und auch die des eigenen Unternehmens, inklusive aller beeinflussenden Subsysteme.

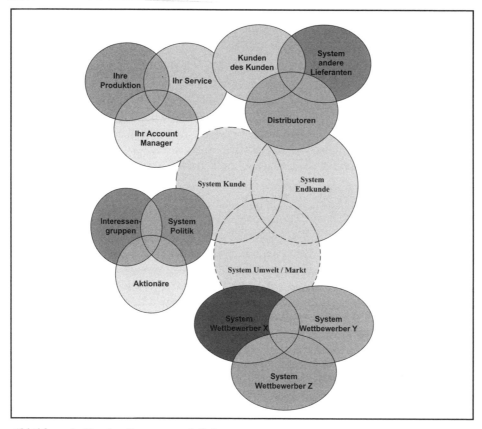

Abbildung 6: Kunden-Systeme und -Subsysteme

Wie können Sie als Verkäufer systemisches Denken im Lösungsvertrieb nutzen?

1. **Helfen Sie, Trends und deren mögliche Auswirkungen auf das System „Kunde" und seine Subsysteme zu antizipieren.**

   Wie bei allen zusammenwirkenden Systemen gibt es auch im System „Kunde" und seinen Subsystemen viele Einflussfaktoren und entsprechende Veränderungsprozesse, die einen hohen Flexibilitätsgrad im Denken und Handeln erfordern. Das System „Kunde" versucht, Veränderungen durchzuführen, um den Einflussfaktoren zu begegnen. Unbewusst greift das Unternehmen auf seine individuellen, fast schon als fest zu bezeichnenden Regeln zurück. Wenn Sie Ihrem Kunden etwas „Neues" verkaufen wollten, sollten Sie diese Einflussfaktoren und die Trends, die von außen auf ihn zukommen, frühzeitig erkennen, analysieren und nutzen.

   Dies können Trends innerhalb nur einer Branche sein, oder es handelt sich um wirkliche Neuheiten, die sich über das System „Umwelt" auf das System „Kunde" auswirken. Dazu gehört etwa die Vorwärts- oder Rückwärtsintegration. Ein Beispiel für Vorwärtsintegration ist der Waldbauer, der ein Sägewerk kauft und dann noch seine Möbel über das Internet verkauft, oder der Softwaresystemintegrator, der ein ASP-Modell zu seinen Lösungen anbietet, indem er Lösungen gleich „hostet".

   Mitunter haben es Neuheiten sehr schwer, zum Durchbruch zu kommen. 1876 kam etwa die Western Union in einem internen Memo zu der Ansicht, dass das Telefon zu viele Unwägbarkeiten aufweise, um als ein wirkliches Kommunikationsmittel ernst genommen zu werden. Oder denken Sie an den Präsidenten Thomas J. Watson von IBM, der 1943 behauptete „I think there is a world market for maybe five computers!" Oder an Harry M. Warner von Warner Brothers, der 1927 sein allgemeines Unverständnis über den Tonfilm so ausdrückte: „Who the hell wants to hear actors talk?"

   Trends spürt man am besten auf, indem man sich die Wertschöpfung eines Endanbieters und seiner Endkunden anschaut und zwar rückwärts, indem man bis zur Herstellung der Produktionsmittel zurückgeht. Dies wird auch anhand der derzeitigen Diskussion über Energie aus Windkraft, Wasserkraft, Biogas oder Wärmepumpen deutlich. Teilweise ist die Kritik an diesen Techniken ja berechtigt. Nur hat der Energieversorger überhaupt kein Interesse, diese Dezentralität der Energiegewinnung zu unterstützen, wird doch damit die Abhängigkeit des Kunden vom Energieversorger massiv reduziert, bis zum Moment, dass nur noch für die verlegten Leitungen gezahlt werden muss. Also betreiben die Energieversorger Rückwärtsintegration: Sie investieren genau in die Technologien, die das zentrale Versorgungssystem weiterhin aufrechterhalten – unabhängig von allen Umweltgedanken.

2. **Seien Sie als Verkäufer der beste und „günstigste" Berater Ihres Kunden im Aufspüren solcher Trends und von deren Konsequenzen.**

   Es gehört schon eine wirkliche Fähigkeit dazu, Trends frühzeitig zu erkennen und sie von einer Entwicklungsidee auf die Produktebene zu bringen. Dann noch zu reflektieren, welche Konsequenzen daraus für das System des Kunden erwachsen können, ist eine wahre Leistung. Aber so visionär müssen Sie im systemischen Vertrieb gar nicht sein.

Trends ?

Sie müssen sich nur dieser Mechanismen bewusst werden. Sie schauen sich an, was heute ist, und identifizieren Entwicklungen, die durchaus ihre Daseinsberechtigung haben. Dann fragen Sie sich, wie das, was heute ist, mit dem zurechtkommen würde, was sich für die nahe Zukunft abzeichnet. Damit haben Sie eine Neuheit kreiert. Eine Problemneuheit! Sie ermitteln diese Problemneuheit in einem Subsystem bei Ihrem Kunden und beraten, besser noch, unterstützen ihn dann, dieser Problemneuheit durch eine Ihrer Lösung zu begegnen. Maximale Erfolgsgarantie ist dann gegeben, wenn man Neuheiten mit dem größten Problem eines jeden Unternehmens in Verbindung bringt: Cashflow, Finanzierung etc. Denken Sie nur an ITIL und Basel II.

Trends und Neuheiten zeichnen sich übrigens nicht durch ihre Terminologie aus. Irgendwie, so scheint es oft, vergessen wir bei den vielen Schlagwörtern wie Lean Production, Total Quality Management oder Re-Engineering, wie wir diesen Sachverhalt eigentlich vorher bezeichnet haben und wie das alles vor Aufkommen dieser Wörter funktioniert hat. Wir holen uns dann teure externe Unternehmensberater ins Haus, die uns genau die gleichen Methoden und Vorgehensweisen unter dem Deckmäntelchen eines neuen Namens verkaufen.

Systemisches Verkaufen ist eine Denkhaltung, die darauf abzielt, sich permanent bewusst zu machen, wie das System Ihres Kunden funktioniert und wie sich eine Ihrer Vertriebsaktivitäten auf dieses System und einzelne Subsysteme positiv auswirkt.

Die Denkhaltung verschafft Ihnen einen Blick dafür, dass Ihre Aktivitäten womöglich an ganz unterschiedlichen Stellen im System Kunde geplante, aber auch ungeplante Aktionen in Gang setzen können. Das kann positiv für Ihr Ziel sein. Das kann aber auch gründlich danebengehen, wenn Sie sich vorher nicht genug mit dem System Kunde beschäftigt haben.

❶ **Fazit & Erkenntnis**

Erfolgreicher Lösungsvertrieb geht über die bloße Darstellung von Produkteigenschaften hinaus. Sie müssen den richtigen Kunden finden, seinen individuellen Bedarf exakt analysieren und daraufhin die mögliche Lösung entwickeln. Darüber hinaus weist dieser Prozess im Lösungsvertrieb eine Fülle an Besonderheiten auf wie etwa Wettbewerber, Trends, Branchenentwicklungen beim Interessenten und bezogen auf das eigene Unternehmen. Ob Sie im Lösungsvertrieb erfolgreich sind, hängt maßgeblich davon ab, wie komplex und werthaltig die von Ihnen aufbereitete Informationssammlung ist. Dass Sie diese zu jeder Zeit Ihrem Interessenten zur Verfügung stellen und in die jeweilige Kommunikation einbringen bringen, sollte Ziel Ihres individuellen Verkaufsprozesses sein.

So bestimmen Sie Ihren Zielmarkt richtig

Schritt 1: Erkennen Sie Ihren Zielmarkt und behalten Sie ihn zu jeder Zeit im Blick

Anfang der achtziger Jahre war es geradezu modern, ständig neue Unternehmen hinzuzukaufen, solange der eigene Cashflow stimmte. Man kann sich das Szenario lebhaft vorstellen: Da sitzt der Automobilvorstandsvorsitzende nach einer anstrengenden Vorstandsrunde mit seinen Kollegen zusammen und sinnt über sein historisches Vermächtnis nach. Und weil Autos etwas mit Technik zu tun haben, visioniert er weiter und kommt auf die Idee, einen Technologiekonzern zu zimmern. Teilweise wahllos werden Unternehmen aus den unterschiedlichsten Branchen eingekauft, solange in einem „Corporate Technical Overview Paper" irgendwo das Wort „Technologie" zu finden ist. Im Gegensatz zu anderen Großunternehmen, die solche Unternehmensakquisitionen aus reiner Cashflow-Planung heraus unternehmen, will man hier tatsächliche Synergien entdecken, die später aber nicht gefunden werden. Dieses ganze Spiel dauert mit der ersten Akquisition und den zahlreichen Wiederverkäufen rund zehn Jahre – Jahre, in denen sich andere Automobilkonzerne weiterhin auf ihr Kerngeschäft konzentrieren und erfolgreich damit sind. Das ursprüngliche Kerngeschäft und sein Zielmarkt werden vernachlässigt.

Wir wollen damit deutlich machen, dass die Märkte natürlich miteinander vernetzt sind. Nicht zwingend vernetzt sind aber die Kernkompetenzen, Prozesse, informellen Regeln und Menschen, insbesondere die Know-how-Träger. Nur weil es in einem Versicherungskonzern eine große DV-Abteilung gibt, kann diese nicht zwangsweise auch Outsourcing-Leistungen anbieten und sich zusätzlich externes Geschäft besorgen.

Diese Beispiele zeigen uns, dass der entscheidende Zielmarkt für High-Tech-Produkte relativ klein und überschaubar ist, auch wenn heutzutage global gedacht wird. Dieser Zielmarkt wird bestimmt durch Produkte, Leistungen und das Verhalten der Marktteilnehmer. Er wird auch bestimmt durch Ihr Kerngeschäft, durch Ihre langfristigen Businesspläne und Visionen und die damit einhergehenden Produktentwicklungen. Er wird aber genauso bestimmt durch Ihre Wettbewerber, die teilweise ähnliche Produkte anbieten.

Manche der „Ich-habe-alles-was-mein-Kunde-will-Unternehmen" lassen ihre Vertriebsleute mit regelrechten Katalogbüchern zum Kunden ziehen und stellen nach fünf Jahren fest, dass manche Produkte sich besser verkaufen lassen als andere. Daraus wird dann der Rückschluss gezogen, dass die weniger verkauften Produkte nicht gut sein können. Die Produkte werden aus der Linie genommen, egal was die Produktertragskraft aussagt und egal was die Effektwirkung so genannter „strategischer Projekt-Produkte" hergibt.

„Projekt-Produkte" also, die sich hervorragend dafür eignen, andere Produkte in das Kundenunternehmen nachzuverkaufen.

Gerade im IT-Umfeld sind eine Reihe von IT-Bauchladenverkäufern mit der Breite der vom eigenen Haus angebotenen Produkte hoffnungslos überfordert. Solche Vertriebsmitarbeiter sind auch keine wirklichen Verkäufer, sondern bestenfalls vertriebliche Verteiler. In solchen Situationen entsteht oft die Denkrichtung des „Lasst-uns-mal-etwas-anderes-machen", und man kommt im Top-Vertriebsmanagement auf die Idee, sich nach Branchen zu orientieren. Wenn sich Ihr Unternehmen gerade in einem solchen Prozess befindet, seien Sie beruhigt. Es gibt nur wenige Firmen, die diesen Versuch nicht nach fünf Jahren wieder abgebrochen haben. Hauptgrund ist, dass sie keine wirklich erfolgreiche Branchenorientierung im gesamten Unternehmen verankern konnten. Es hapert oftmals schon an der vertrieblichen Umsetzung der Branchenorientierung.

Immer wieder en vogue in Vertriebsorganisationen ist die Matrixstruktur. Für das kleinste Produkt gibt es einen Business Development Manager, der über die verschiedenen branchenorientierten Vertriebsabteilungen hinweg seine Produkte in den Vertrieb hineinforciert. Warten wir diese Entwicklung einmal ab. Es ist im Moment die viel versprechendste, weil sie zumindest das Know-how im Vertrieb permanent auf dem aktuellsten Stand hält.

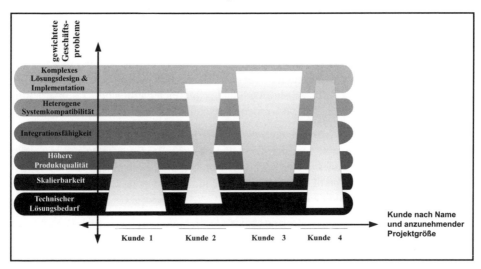

Abbildung 7: Markt-Kunde-Potenzial

Sie können sich Ihren Zielmarkt besser deutlich machen, wenn Sie ihn graphisch darstellen. Relativ einfach können Sie ihn in einer zweidimensionalen Darstellung visualisieren. Auf der X-Achse sind die Kunden nach Namen oder nach Größe abgebildet, auf der Y-Achse die verschiedenartigen Geschäftsprobleme Ihrer Kunden, priorisiert nach Bedeutung für das Unternehmen oder Dringlichkeit.

In dieser Darstellung bilden Sie alle über Ihren potenziellen Zielmarkt gesammelten Daten ab. Beschränken Sie sich dabei auf die wichtigsten Daten, denn Sie sind hier im individuellen Lösungsvertrieb und nicht in der Konzernmarketing-Abteilung, die Ihnen allein zu diesem simplen Schritt Hunderte von Cluster-Analysen zur Verfügung stellen könnte.

Schritt 2: Verstehen Sie Ihre Wettbewerber in Ihrem Markt

Nach der Visualisierung der Kunden sind nun Ihre Wettbewerber in einer weiteren Darstellung abzubilden. Zeigen Sie durch Bewegungspfeile auf, wohin sich Ihr Wettbewerb möglicherweise bewegt.

Im Folgenden ein Beispiel aus dem Customer Relationship Management-Umfeld. Es zeigt Ihnen unter anderem auf, welches Kerngeschäft das Unternehmen heute betreibt und wo es hinwill.

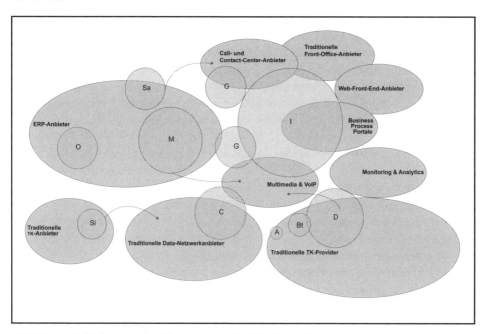

Abbildung 8: Definition des Marktes und der Wettbewerber

Schritt 3: Stellen Sie die Teilnehmer Ihres Marktes gegenüber

Jetzt geht es darum, die bisher gewonnenen Erkenntnisse zusammenzuführen und Schlüsse zu ziehen. Beantworten Sie die folgenden Fragen: Wo befindet sich in dieser Abbildung (Abb. 8) Ihr Unternehmen? Wo sind Ihr Kerngeschäft und Ihre Kernkompetenz? Und was wurde da neulich auf dem weltweit stattfindenden Vertriebs-Kick-off zu dem Thema „wohin geht die Reise" gesagt? Wie stark sind Ihre strategischen Allianzen zur Anreicherung Ihrer Kernkompetenz? Welche Kunden und Kundenprobleme lassen sich damit abdecken? Sie verbinden so die Wettbewerbs- und Branchenanalyse mit Ihrer individuellen, länderspezifischen Vertriebssituation.

Folgende Wettbewerbsfragen sollten Sie sich stellen:

■ Wie viele Wettbewerber gibt es insgesamt?

■ Wer gehört in der heutigen Situation zu Ihren Wettbewerbern? Wer davon ist wirklich bedeutend?

■ Wie sieht die Geschäftssituation Ihrer Wettbewerber aus?

■ Wie werden die Kapazitäten bei Ihren Wettbewerbern ausgelastet?

■ Welche Aufträge konnte Ihr Wettbewerber in den letzten eineinhalb Jahren für sich gewinnen und aus welchen Gründen?

■ Ganz wichtige Fragen sind: Wer könnte Ihr Wettbewerber von morgen sein? Welche Unternehmen verfügen über genügend Marktkenntnisse und Produkt-Know-how und dazu über ein ausreichendes Markteintrittsbudget? Wie schnell kann ein funktionierender Vertrieb und ein entsprechender administrativer Apparat aufgebaut werden? So könnte beispielsweise die Siemens AG mit ihrer ungeheuren Kundenbekanntheit, ihrem technischen Know-how und einem fast schon omnipräsenten Vertrieb mit einem Schlag einer der erfolgreichsten Wettbewerber der Deutschen Telekom im heutigen Telekommunikationsmarkt werden. Das Einzige, was Siemens wohl im Moment davon abhält, ist die hohe Wahrscheinlichkeit von Marktanteilsverlusten im Öffentlichen Netzebereich, abgesehen von den Kosten des eigenen Corporate Networks, die unweigerlich mit einem solchen Markteintritt verbunden wären. Somit wird Siemens hier sicherlich einen anderen Weg gehen, um nicht als direkter Wettbewerber gegenüber der Deutschen Telekom und ihren privaten Mitstreitern aufzutreten. Aber es gibt auch andere potenzielle Wettbewerber: Denken wir an global agierende Unternehmen. Diese multinational vernetzten Unternehmen können ohne weiteres ihr Corporate Network ebenso ihren potenziellen Kunden zur Verfügung stellen.

Zur Wettbewerbsanalyse gehören aber auch die folgenden wichtigen Fragenkomplexe:

■ Welche Substitutionsprodukte könnten Ihr Kerngeschäft bedrohen?

Praxisbeispiel: Wehrtechnik. Der Wandel innerhalb dieses Marktes ist weit weniger geprägt durch die Weiterentwicklung eines bestehenden Waffentyps als vielmehr durch die Substituierung eines Typs durch einen anderen. Der erste Golfkrieg hat dies ziemlich deutlich gezeigt. Hatte man noch vor zehn Jahren Einsatztruppen an die strategischen Ziele heranbringen müssen, so wurde dieser Einsatz durch die vermeintliche

Genauigkeit der amerikanischen Raketentechnologie überflüssig. Also: Mit welcher Alternative kann mein Kunde ebenso eine Problemlösung erreichen?

■ Wie sieht die Käuferloyalität zu Ihren Wettbewerbern aus?

Zumeist ist im Lösungsvertrieb eine echte Produkt- bzw. Lösungsdifferenzierung vorhanden. Eine Differenzierung, die aber im Detail liegt und erst einmal dem Kunden erklärt werden muss. Das heißt, die Produkte Ihrer Wettbewerber unterscheiden sich merklich in einer oder mehreren Eigenschaften und lassen eine Art von kleinem wettbewerbsfreiem Raum zu. Einen Raum aber, den der Kunde als Unterschied deutlich wahrnehmen muss und in seine Entscheidung einbeziehen sollte.

Bei einfachen Gebrauchsartikeln gibt es in erster Linie die Differenzierung über den Preis und in der Folge über den Service. Ziehen wir wieder das Beispiel der Telekommunikation heran. Die privaten Netzbetreiber bieten allesamt das genormte Produkt „Sprachtelefonie" an. Der Differenzierungsfaktor ist der Preis, deshalb auch die Preissenkungen zu Beginn der Deregulierung. Von dem Differenzierungsfaktor Service ist zurzeit noch nichts zu spüren, doch wird er sich stetig ausweiten und eine wesentlich größere Bedeutung erlangen. Gerade der Service wird es sein, der in diesem Massenmarkt für längere Kundenbindung sorgen wird.

Schritt 4: Feedbackschleife 1 – Holen Sie sich Feedback von Ihrem Kunden

Nun geht es darum, das bisher Recherchierte zu evaluieren. Holen Sie sich dafür das Feedback Ihres Kunden ein. Hierbei gilt der Grundsatz: Sie können den Kunden grundsätzlich alles fragen. Erklären Sie ihm Ihre Situation und was Sie bisher recherchiert haben. Der Kunde wird merken, dass Sie sich intensiv mit ihm als Person und seinem Unternehmen auseinandergesetzt haben. Es geht jetzt darum, den Kunden sensibel zu fragen, ob er die Rechercheergebnisse und die daraus folgenden Schlussfolgerungen bestätigen kann. Er wird Ihnen aber auch sofort mitteilen, wenn er zu bestimmten Themen nichts sagen kann bzw. darf oder ihm schlichtweg die Information fehlt. Also: Fragen, fragen, fragen Sie.

Hier einige Beispiele für Fragen, die Sie Ihrem Kunden stellen sollten:

■ Über welche Verhandlungsmacht verfügen Ihre Kunden in diesem Markt?

■ Welche Produkte sind typisch für den Kunden-Zielmarkt?

■ Welche allgemeine Strategie verfolgt der Abnehmermarkt? (Gibt es beispielsweise die Möglichkeit, unabhängiger von dem bisherigen Lieferanten zu werden?)

■ Wie sieht der typische Wertschöpfungsprozess Ihres Kunden aus? (Das lässt sich u. a. daran erkennen, wie tief ein typischer Kunde Ihres Zielmarktes vertikal integriert ist; also wie weit seine Wertkette in die Produktion der gelieferten Vorprodukte oder in den direkten Abverkauf zum Endabnehmer vordringt. Die einfache Formel lautet hier: Je enger die Verflechtung und je ausgeprägter die Tiefe der vertikalen Integration, umso größer die Macht Ihres Zielmarktes, respektive Ihrer Kunden.)

■ Welches sind die typischen Eigentumsverhältnisse Ihrer Kunden, und welche Auswirkungen kann beispielsweise eine bestimmte Rechtsform auf Ihren Erfolg bei diesem Kunden haben?

■ Welche Werte sind typisch für Ihren Zielmarkt? Ehrlichkeit, partnerschaftlicher Umgang zwischen Kunde und Lieferant oder eher die Unterordnung etc.

■ Wie würden Sie die Managementkultur in der Tochter- und der Muttergesellschaft beschreiben? (Interessantes erfahren Sie, wenn Sie sich den verschiedensten Zielmärkten von einer ganz anderen Warte aus nähern. Sie werden dabei immer wieder den gleichen Managertypus vorfinden. Von so etwas wie Kleidung und beruflichem Werdegang einmal abgesehen, gibt es in dem einen Zielmarkt eher die, nennen wir sie mal, „urdeutschen Industriemanager" und in dem anderen eher die vorsichtig agierenden Nicht-Entscheider und wieder in einem anderen Zielmarkt die „Schumpeterschen Unternehmertypen", die mit Herz und Verstand das Unternehmen managen.)

■ Welchen Traditionen fühlen sich die Unternehmen verpflichtet?

■ Welche Unternehmen geben den Ton in Ihrem Zielmarkt an? (Lange Zeit ging im Versicherungsmarkt ohne die Allianz nichts. Jedes Versicherungsunternehmen wartete mit seinen Prämienleistungen und Beitragsbemessungen auf den Benchmark der Allianz und den damit festgelegten eigenen Zielkorridor.)

Alle diese Fragen zielen auf zwei Aspekte des Verkaufs:

1. Sie werden Ihren Kunden besser verstehen, vor allem Ihren Ansprechpartner. Sie verbessern damit also deutlich die Beziehung zum Kunden.

2. Sie vermeiden, dass Sie aus Ihren Recherchen die völlig falschen Schlussfolgerungen ziehen und damit wiederum die falschen Annahmen für den weiteren Verkaufsprozess und daraus folgend für die Positionierung Ihrer Lösung zu Grunde legen.

❶   **Fazit & Erkenntnis**

Ihr Markt ist nicht Ihr Markt. Ihr Markt ist der Zielmarkt. Der Zielmarkt entspricht genau den Lösungen, die Sie anbieten können und die Sie vollkommen verstehen müssen. Definieren Sie daher in dem „Markt" Ihren Zielmarkt und prüfen Sie erst dann, welche der Wettbewerber hier in welchem Ausmaß eine Rolle spielen. Nicht alle Wettbewerber, die Ihnen von den Kollegen und Vorgesetzten auf Anhieb aufgezählt werden, müssen Wettbewerber in Ihrem Zielmarkt sein. Dabei ist immer wieder zu hinterfragen, wie Ihr Interessent Ihren Markt und Ihre Wettbewerber einschätzt.

Marktinteressen gezielt kreieren und damit die Umwelt aktiv gestalten

Schritt 5: Identifizieren Sie den „richtigen" Kunden für sich

Ein Weg, den richtigen Kunden zu finden, ist sicherlich das Kreieren von Marktinteressen. Diese Vorgehensweise ist jedoch nicht einfach und erfordert viel Geld und Energie. Einfachere Mittel, um Marktinteressen zu initiieren, sind Diskussionsforen, regelmäßige und aktuelle Kundeninformationen und Trendaussagen aus Märkten, die Ihrem Zielmarkt zyklisch vorgelagert sind. Auch wenn Sie intensiv in Verbänden, Netzwerken und anderen Interessensgemeinschaften mitwirken, kann das hilfreich sein, um Marktinteressen gezielt zu beeinflussen.

Praxisbeispiel: Im IT-Umfeld gilt nach wie vor der amerikanische IT-Markt als Trendsetter. Nur muss man nicht jeden Trend mitmachen, aber man sollte ihn kennen. Als Anfang der achtziger Jahre das Gerücht vom „Tod des Host-Rechners" aus den USA zu uns herüberschwappte, erkannte man doch sehr schnell, dass die deutschen Unternehmen eben nicht gewillt waren, jeden Trend des radikalen Downsizing auf Unix- oder Client-Server-Architekturen mitzumachen. Die Sinnhaftigkeit dieses Trends erschloss sich für die deutschen IT-Abteilungen nicht auf einmal, und so sind noch heute zahlreiche BS2000- und MVS-Großrechner vor allen Dingen in der Banken- und Versicherungsbranche zu finden – und das zu Recht, denn das Kerngeschäft hat sich in diesen Branchen nicht so massiv geändert, dass man einen Vorteil aus einer Client-Server-Architektur gezogen hätte.

Deshalb: Trends müssen für Ihren Kunden Sinn machen. Seien Sie in Ihren Kundengesprächen vorsichtig, wenn Sie neue Trends ansprechen. Sie könnten falsch interpretiert und verstanden werden, so dass Ihnen weitere Gespräche unmöglich gemacht werden.

Nutzen Sie Trends, um Ihre fachliche und persönliche Kompetenz unter Beweis zu stellen und in der vertrieblichen Produkt- und Lösungsargumentation Gegenargumente zu entkräften. Nutzen Sie aber auch Trends, um Problemthemen bei Ihrem potenziellen Kunden anzusprechen. Machen Sie Ihren Kunden auf mögliche Szenarien für sein Unternehmen und für ihn selbst behutsam aufmerksam. Sie werden an seiner Reaktion sehr schnell merken, ob Sie damit ein Problem angesprochen haben, das einer Lösung bedarf.

Vertriebsbegleitende Maßnahmen werden nicht selten von einer Marketingabteilung im stillen Kämmerlein entworfen. Dagegen ist zunächst nichts einzuwenden. Aber wenn sich das Unternehmen für eine solche vertriebsbegleitende Maßnahme entschieden hat, dann sollte vorab die langfristige Ausrichtung dieser Maßnahmen zusammen mit wirklich „draußen" tätigen Vertriebsbeauftragten definiert werden. Ein Wort zu den vertriebsbegleitenden Maßnahmen. Zu Beginn dieses Jahrtausends waren das so genannte „Kundenfrühstück" oder das „Executive Dinner" sehr populär. Davon ist man mittlerweile abgekommen. Die Kundenveranstaltungen und Messepräsenzen sind deutlich zurückgegangen. Heutzutage konzentriert man sich auf Hausmessen. Mehr und mehr versucht man auch, die eigenen Kunden dazu zu bewegen, neue Kunden zu werben, denn ein zufriedener Kunde ist der beste Werbeträger. Der eigene Kunde lädt dabei neben seinen Kunden auch seine Lieferanten ein und so entstehen Netzwerke. Netzwerke, die eines gemeinsam haben: Es handelt sich um eine persönliche und behutsame, fast neutral anmutende Ansprache von Interessenten. Es entsteht eine wesentlich anspruchsvollere begleitende Vertriebsförderung als bisher. Mitarbeiter der Marketingabteilung müssen deshalb mehr können, als nur „Events" zu organisieren und „Broschüren" zu drucken. Ziel ist es, einen qualitativ hochwertigen Themenkreis über die eigenen Kunden zu besetzen, um so den richtigen Kunden zu finden oder finden zu lassen.

Den „richtigen" Kunden zu finden, ist die eine Sache. Die andere ist, ob der Kunde von Ihnen überhaupt gefunden werden will. Um diese Situation einschätzen zu können, sollten Sie sich vorher folgende Fragen stellen:

- Wie werden Sie und Ihr Unternehmen tatsächlich am Markt wahrgenommen?

- Wie reagiert der Markt, wenn Ihr Name oder die Namen Ihrer Produkte fallen?

- Kommt Ihr Kunde bzw. der interessierte Prospect aktiv auf Sie zu, wenn er Probleme hat?

- Welche Gedanken hat der Prospect, wenn er an Ihre Produkte denkt?

- Wenn der Prospect an bestimmte, für diesen Markt typische Geschäftsprobleme denkt, assoziiert er damit gleichzeitig die Lösung durch Ihre Produkte?

- Wie reagiert der Markt im Allgemeinen auf Ihre vertriebsbegleitenden Publikationen, Messeauftritte und Interviews?

- Wie reagieren Ihre Vertriebspartner auf Ihre Anfragen?

- Suchen Ihre Partner Sie in aktuellen Vertriebssituationen aktiv auf?

Was den eigentlichen Kunden angeht, so wissen Sie besser als jeder andere, welche Kriterien ein Unternehmen in Ihrem Zielmarkt zu Ihrem Prospect machen. Das kann die Liste der MVS-Großrechner sein, um hochkomplexe Anwendungsentwicklungssysteme zu verkaufen. Das können aber ganz banal die Mitarbeiterzahl oder besondere Geschäftsaktivitäten sein, das kann das F&E-Budget sein, das kann aber auch ein neuer strategischer Fokus des Unternehmens sein. Diese Kriterien sind in jedem Einzelfall und zu verschiedenen Zeiten andere, denn Trends verschieben sich.

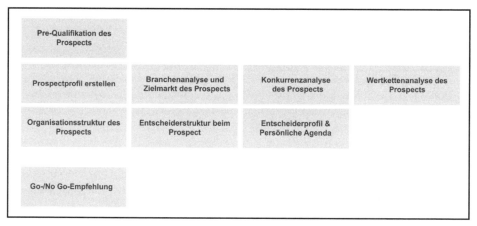

Abbildung 9: Komponenten der Qualifikation

Die nötigen Angaben für die Kundenqualifizierung gewinnen Sie durch die systematische Sammlung und Auswertung aller Informationen, die Ihren Zielmarkt betreffen. Systematische Gewinnung von interessierten Kunden (neudeutsch auch Prospecting genannt) schließt daher die Markt- und Gebietsanalyse der Unternehmen in Ihrem Zielmarkt ein. Ebenso die Analyse von Veröffentlichungen, Informationen auf der Homepage und sonstigen Publikationen in der Fachpresse sowie Reportagen anlässlich von Empfängen. Sie umfasst ebenfalls die Aktivitäten Ihres Wettbewerbs bei ausgewählten Kunden.

Prospecting ist der erste Schritt, der den Markt in Segmente aufteilt. Daraus kristallisiert sich dann ein Zielsegment heraus. Allenfalls die Prospect-Auswahlkriterien können (sollten sogar) zentral, quasi länderübergreifend, vorgegeben sein, um den unternehmensweiten Marketing- und Salesplan erfolgreich umsetzen zu können. Diskussionen mit externen Beratern und Lobbyisten verschaffen zusätzliche Klarheit bei der Identifizierung Ihres Prospects. Systematisches Prospecting soll es dem Vertriebsbeauftragten ermöglichen, seine begrenzten Ressourcen gezielt und effizient in Bezug auf das Zielsegment einzusetzen.

Diese Aufgabe hört sich aufwendiger an, als sie eigentlich ist. Bedenken Sie, dass wir über den Verkauf von Produkten und Lösungen an Kunden sprechen und nicht über eine mehrdimensionale Faktoren-Analyse zu den Einflussfaktoren und Marktkriterien im Zielmarkt. Es gilt also, einen pragmatischen Weg zu gehen. Prinzipiell handelt es sich nur um die folgenden vier Kernfragen:

■ Hat der Prospect ein Problem?

■ Können Sie ihm bei diesem Problem helfen?

■ Möchte der Prospect Geld investieren, um dieses Problem zu lösen?

■ In welchem Zeithorizont will der Prospect kaufen? Entspricht dieser Zeithorizont Ihrem typischen Verkaufszyklus?

Diese vier Fragen können Sie nur dann beantworten, wenn vorher ein echtes Prospecting stattgefunden hat. Also ist es sinnvoll, sich vorab folgende Fragen zu stellen:

■ Ist das typische Prospectprofil definiert, entspricht also der Prospect wirklich Ihren Kriterien für einen „guten" Kunden?

■ Benötigen Sie Investitionen in Ihre Produkte, Technik und in Ihre Mitarbeiter, um einen Großteil der gefundenen Prospectprobleme zu lösen, und wie hoch würden diese Investitionen sein?

■ Ist der Prospect wirklich interessiert?

■ Ist der Prospect bereit, weitere Gespräche zu führen bzw. Informationen und Ressourcen zur Verfügung zu stellen, um Sie in dem besseren Verstehen seiner Probleme zu unterstützen?

■ Über welche Netzwerke verfügt der Prospect, und inwieweit ist der Prospect in Interessenverbänden organisiert?

■ Welche Manager besetzen mit welchem Erfahrungsschatz die entscheidenden Positionen im Unternehmen des Prospects?

■ Wie weit ist der Wettbewerb in der Problemlösung beim Prospect? Welchen Einsatz ist der Wettbewerb bereit einzubringen, um den Prospect für sich zu gewinnen?

Die Antworten auf diese Fragen helfen Ihnen, eine brauchbare Liste von Prospects zu definieren.

Schritt 6: Bereiten Sie den ersten Kontakt sorgfältig vor

Es gibt zahlreiche Publikationen, die Ihnen bei der Vorbereitung auf den Erstkontakt ziemlich schnell einen ersten Eindruck über die so genannten Key-Player innerhalb Ihres ausgewählten Prospect-Unternehmens geben (Geschäftsberichte, Homepage, Internet etc.). Informieren Sie sich anhand dieser Informationsquellen, mit welchen Personen die Funktionen Vorstand, Bereichsleiter, Hauptabteilungsleiter besetzt sind. Klären Sie über die Telefonzentrale, das Internet oder Ihr persönliches Netzwerk die Namen, Positionen, Telefonnummern und zugehörigen Sekretariate ab.

Begleitet wird diese qualifizierte Informationsbeschaffung über die Key-Player von einer kontinuierlichen Medienrecherche. Recht einfache Hintergrundinformationen über die persönliche Agenda und den Karriereweg dieser ausgewählten Personen lassen sich in den einschlägigen Wirtschaftsmagazinen finden. Zudem bieten einige Verlage mittlerweile einen Online-Zugriff auf die Archive der Fachverlage an. „Who is Who"-Bücher geben lediglich einen kurzen Abriss über die Person, sind aber für einen ersten Überblick sehr hilfreich. Oftmals geben auch die Pressearchive der betroffenen Prospect-Unternehmen gute Informationen her.

Diese Zielpersonensuche ist deshalb so wichtig, weil Sie Grundsätzliches über die Zielpersonen in Ihrem Prospect-Unternehmen erfahren und außerdem recherchieren können, mit welchem Managertyp und welcher Managersprache Sie bei Ihrer Kontaktaufnahme zu rechnen haben. Jedes Unternehmen, für das Ihre Zielperson jemals über eine längere Zeit tätig war, hinterlässt Spuren, die sich in der Sprache und den Interessengebieten äußern. Achten Sie bei der Zielpersonenanalyse insbesondere auf Folgendes:

- Hat die Person einen Studienort besucht oder mehrere? War sie im Ausland, wenn ja wo?

- Für welches Unternehmen hat die Zielperson zuerst gearbeitet?

- Welche Aufsichtsräte und Vorstände wiederholen sich in der persönlichen Agenda der Zielperson im gesamten Karriereverlauf?

- Welche strategischen Ziele verfolgt die Person für sich und für das jeweilige Unternehmen?

- Welche Aussagen hat sie zu ihrer persönlichen Vision bisher gemacht?

Sie können über diese Personenrecherche des externen Netzwerks dieser Person Hinweise bekommen, wie wahrscheinlich die internen persönlichen Netzwerkstrukturen im Prospect-Unternehmen beschaffen sind. Sie erhalten z.B. Informationen darüber, wer wen nach kurzer Zeit in seinen Bereich von extern nachgezogen hat. Zumeist sind dies ehemalige Mitarbeiter, die die Führungskraft aus ihrer vorherigen Tätigkeit gut kennt. Am Ende dieser ersten Personenanalyse steht zumindest ein Gefühl, mit wem Sie es zu tun haben werden.

Bei der Personenanalyse gilt der Grundsatz: Aim high! Wenn Sie mit Ihren Gesprächen oben in der Organisationshierarchie anfangen, können Sie auch nach oben zurückkehren, um den Vertrag gegenzuzeichnen. Sie erhalten in Ihrem Prospectunternehmen mit einem Mal die Möglichkeit, sich Ihren Ansprechpartner auszuwählen. Machen Sie also davon Gebrauch.

Wenn Sie die höchste Entscheider-Ebene mit passenden und interessanten Themen für sich einnehmen können, erreichen Sie für alle Ihre zukünftigen Aktivitäten ein ausreichendes Top-Management-Commitment. Ein Commitment, das Ihnen Tür und Tor öffnet und die nötige Motivation und Initiativkraft auf den Managementebenen darunter und im operativen Geschäft gibt. Es erlaubt Ihnen, diesen Top-Entscheidern immer wieder einen Statusbericht über die bisherigen Vertriebsaktivitäten vorzustellen. Sie erzielen zudem in den anschließenden Vertragsverhandlungen von Anfang an eine höhere Priorität. Zeitliche Verzögerungen auf der mittleren Managementebene werden reduziert. Dieses Commitment des Top-Entscheiders schafft mit der Phase der Produkteinführung das richtige Klima und die nötige Durchsetzungskraft, um weitere Unternehmensbereiche zu gewinnen.

Wenn Sie dieses Netzwerk, inklusive verschiedener Persönlichkeiten samt ihren persönlichen Karrierepfaden, kennen, beginnen Sie damit, einen Kontaktplan zu entwickeln.

Dieser Kontaktplan hat zum Ziel, Sie von Anfang an zu einem festen Bestandteil des sozialen Systems Ihres Zielunternehmens werden zu lassen. Fragen Sie sich:

■ Wen würden Sie in diesem Kontaktplan als erste Person kontaktieren?

■ Über welche Person wissen Sie am meisten?

■ Wer könnte ein potenzieller Freund und wer ein potenzieller Feind sein, sei es aufgrund seiner Rolle oder seiner persönlichen Historie?

Der Kontaktplan folgt ebenfalls dem Grundsatz „Aim high!" Auch hier gilt: Je höher Sie in das Unternehmen einsteigen, umso höher ist die Wahrscheinlichkeit, dass Sie Ihr Ziel erreichen. Legen Sie fest, in welchem Zeitraum Sie das Zielunternehmen durch Ihre Erstkontakte durchdrungen haben wollen und vor allem welche Themen und Interessengebiete Sie zur Einführung bei den verschiedenen Personen ansprechen werden.

Wenn Sie den Kontaktplan mit allen Fragestellungen erstellt haben, diskutieren Sie ihn mit einem Kollegen und begründen Sie ihm Ihre Reihenfolge und die fokussierte Themenauswahl.

Schritt 7: Definieren Sie Ihren individuellen Kontaktplan

Der Kontaktplan, die damit einhergehenden Interessensgebiete sowie die den Zielpersonen zugeordneten Themen für die Erst- und Folgekontakte werden jetzt erweitert um die Geschäftsthematiken sowie die erste Identifizierung von Geschäftsproblemen. Dabei handelt es sich zunächst um banale Dinge wie die genaue Mitarbeiterzahl, die Umsatzentwicklung in den letzten Jahren, die Quartalsergebnisse im vergangenen Jahr etc.

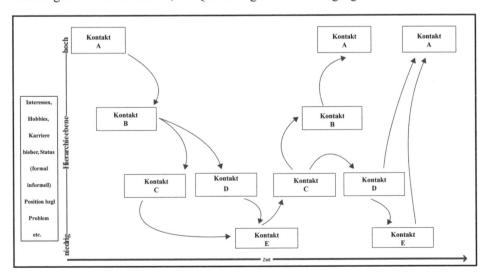

Abbildung 10: Visualisieren des Kontaktplans

Alle diese Daten erhalten Sie aus den Veröffentlichungen, dem Internetauftritt, insbesondere aus dem Geschäftsbericht des Unternehmens. Gerade aus einem Geschäftsbericht kann man viele interessante Informationen gewinnen wie z.B. die Bewertung des Umlaufvermögens und vor allem den Vergleich zum Vorjahr.

Das Ergebnis dieser vorläufigen, wenn auch intensiven Unternehmensrecherche ist ein besseres Verständnis für das Kundenunternehmen. Sie werden sich in zukünftigen Gesprächen besser in die Geschäftsprobleme Ihres potenziellen Kunden hineinversetzen und andere Themen und Problemfelder miteinander in Beziehung bringen können. Sie beweisen Ihre Kompetenz und machen deutlich, dass Sie sich intensiv mit dem Unternehmen beschäftigt haben. Damit haben Sie den ersten Schritt getan, um sich mit zusätzlichem Wissen in eine Beraterrolle zu bringen.

Schritt 8: Lassen Sie sich Ihren Kontaktplan bestätigen

Zu diesem Zeitpunkt haben Sie noch nicht mit Ihrer ersten Zielperson gesprochen, da Sie immer noch in der Vorbereitungsphase sind. Aber Sie kennen bereits Namen und Teile der persönlichen Agenda. Es ist deshalb in dieser Phase wichtig, dass Sie sich die bisher gesammelten Informationen kurz bestätigen lassen. Denn wenn Sie mit alten Informationen aufwarten, ist das Ihrem Beraterimage wenig zuträglich.

Typischerweise eignen sich hierfür Vertriebskollegen oder Freunde und Bekannte aus anderen Nicht-Wettbewerbsunternehmen. Auch die eigenen strategischen Partner können Ihnen vergleichende Unternehmensdaten liefern, sofern die Partnerschaften in der Vergangenheit wirklich durch Erfolg und Stabilität gekennzeichnet waren. Wenn es sich um eine vom indirekten Salesmanager ausgehandelte Partnerschaft handelt, die sich nicht bewährt hat und nur auf dem Papier steht, lassen Sie die Finger davon. Schauen Sie sich stattdessen in Ihrem Bekannten- und Kollegenkreis nach Ansprechpartnern um. Hilfreich sind auch diverse Direktoren- oder Marketing-Clubs, Veranstaltungen etc.

Dieser Review der Unternehmensdaten hat dummerweise einen negativen Effekt: Ihre Prospectliste wird wieder einmal kleiner. Mit ziemlicher Sicherheit sind einige Unternehmensdaten falsch interpretiert worden, oder plötzlich erfüllt dieser Prospect Ihre grundlegenden Prospectkriterien nicht mehr. Er verwendet beispielsweise ein anderes, nicht-kompatibles UNIX-System als noch vor einem Jahr. Aber sehen Sie das Positive: Letztlich verhindert dies, dass Sie noch unnötig Ressourcen verschwenden.

Am Ende des Prozesses steht das so genannte „wohl definierte Prospect-Profil" für diesen Interessenten inklusive der Wahrscheinlichkeit, hier einen Abschluss zu tätigen. Außerdem gibt es eine Aussage zu den noch fehlenden Informationen, die Sie für den Erstkontakt benötigen.

Wenn es sich bei Ihrem Zielunternehmen um eine wirklich langfristig aufzubauende Kundenbindung handelt, dann sollten Sie sich bereits jetzt öfter mit Ihrer Marketingabteilung zusammensetzen. Mit diesen Kollegen initiieren Sie gezielte Veröffentlichungen, die die Interessengebiete und Problembereiche Ihrer Hauptkontaktpersonen abdecken. Lassen Sie diese Artikel Ihren Zielpersonen zukommen.

Schritt 9: Stellen Sie Ihren Kontaktplan den Aktivitäten Ihres Wettbewerbs gegenüber

Allgemeine Wettbewerbsanalysen sind hilfreich. Die meisten Wettbewerbsanalysen konzentrieren sich jedoch auf die Wiedergabe der Unternehmensdaten des Wettbewerbers. Oft werden die Produkte einfach aufgeführt, ohne auf die wirklichen Besonderheiten hinzuweisen. Zudem fehlt mitunter auch eine Analyse von Themen wie Service und Zukunftsausrichtung oder von Misserfolgen. Insbesondere von Misserfolgen, die unabhängig vom Produkt entstanden sind. Selten gibt es einen direkten Vergleich mit dem eigenen Produkt. Ebenfalls sehr hilfreich sind einfache, aber in sich schlüssige und aufbauende Knockout-Argumente für die Konkurrenzprodukte.

Abgesehen von diesen allgemeinen Wettbewerbsanalysen sind die unmittelbar in Bezug auf einen Prospect aufgestellten Analysen sehr wichtig. Und diese Aufgabe wird Ihnen nicht von den Marketingabteilungen abgenommen; es ist Ihre ureigene.

Hier noch ein kleiner Tipp: Wenn es auch immer wieder unnötig erscheint, ja manchmal sogar kontraproduktiv ist, eben nicht über den Wettbewerb beim Kunden zu sprechen, so kann Ihnen Ihr Kunde doch dankbar dafür sein. Und zwar immer dann, wenn Sie ihm eine wirkliche Hilfe zur Beurteilung der Konkurrenzprodukte bieten und eben nicht die allgemeinen Anti-Wettbewerbs-Parolen herunterbeten.

Machen Sie sich zu jedem Wettbewerber eine Art „Kräftematrix" (siehe Abbildung 11). Die Kräftematrix konzentriert sich nur auf die Konkurrenz-Unternehmen und nicht auf die Produkte oder Lösungen des Wettbewerbs (die wichtige Wettbewerbsanalyse in Bezug auf das Projekt erfolgt später).

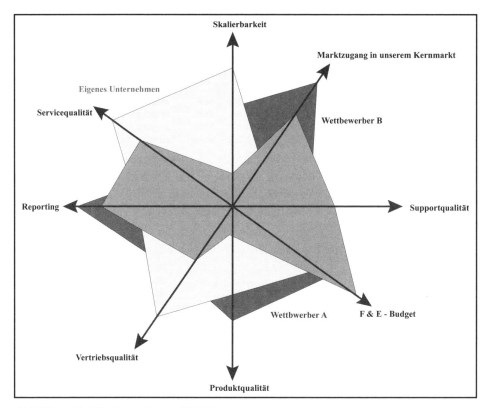

Abbildung 11: Wettbewerbs- und Kräftematrix

Beginnen Sie gleich von Anfang an mit einer aktuellen Betrachtung Ihrer Wettbewerber. (Hilfreich an dieser Stelle sind ehemalige Mitarbeiter des Wettbewerbers, und zwar auch dann, wenn sie nicht gerade körbeweise Unterlagen mitgenommen haben, denn so etwas sollte Ihnen zu denken geben bezüglich der Loyalität auch zu Ihrem Unternehmen). Betrachten Sie vor allem folgende Fragen:

- Welche Aussagen über Ziele und Visionen hat Ihr aktueller Wettbewerber kürzlich gemacht, sei es in Zeitschriften oder auf Kongressen?

- Wie bewertet Ihr Wettbewerber aktuelle Entwicklungen in der Wirtschaft sowie aktuelle Technologie- und gesellschaftliche Trends?

- Ist der Wettbewerber eine selbständige Rechtsform oder Tochter eines Großunternehmens?

- Wie bewertet das Großunternehmen diese Tochter?

- Wie ist die allgemeine Geschäftssituation der Muttergesellschaft?

- Wie hat sich die Muttergesellschaft in der Vergangenheit nach Übernahmen verhalten?

- Ist Ihr Wettbewerber auch in anderen Geschäftsbereichen tätig und wie erfolgreich ist er dort?

- Wie erfolgreich ist das F&E-Budget der letzten Jahre eingesetzt worden? Gibt es besondere Patente und neue Lizenzrechte?

- Wie hat Ihr Wettbewerber in der Vergangenheit auf Technologieveränderungen oder Veränderungen in der Gesetzgebung reagiert?

- Über welche strategischen Partnerschaften verfügt Ihr Wettbewerber? Wie stark sind diese Allianzen eigentlich zum jetzigen Zeitpunkt? Kann Ihr Wettbewerber immer noch damit drohen, gleich seinen „großen Bruder" zu holen?

- Wie und von wem sind die relevanten Schlüsselpositionen beim Wettbewerber besetzt? Sind dies bekannte Personen? (Kunden mögen bekannte Persönlichkeiten, die womöglich in den einschlägigen Magazinen auftauchen.) Verfügen sie über Branchen-Know-how? Letztere Frage gibt Ihnen einen Hinweis, wie schwer es Ihre Vertriebskollege haben, Pre-Sales-Investitionsbudgets freizubekommen.

- Über welche emotionalen Bindungen verfügt Ihr Wettbewerber beim Kunden (enge Beziehungen, Historie des Vertriebs usw.)?

Schritt 10: Führen Sie eine einfache Branchen-, Wettbewerbs- und Wertkettenanalyse durch

Die Besonderheiten Ihres Prospects ergeben sich aus einer einfachen Unternehmensanalyse. Dabei werden Sie Fragen stellen, die nicht die wirklichen kritischen Geschäftsinterna oder geheime Projekte betreffen. Wenn sich Ihr Gesprächspartner aber weigert, auf Ihre Fragen einzugehen, weil es sich dabei um Interna handelt, dann haben Sie entweder schlecht gefragt oder er weiß es schlichtweg nicht. Oder aber er versteht Ihre Fragen überhaupt nicht. Dies zeigt Ihnen, dass Sie diese Zielperson nicht zum zukünftigen Geschäftspartner aufbauen können.

Ihre Unternehmensanalyse greift noch tiefer. Sie hat zum Ziel, das wirkliche Geschäftsproblem des Prospects zu identifizieren und die eigene Lösung mit diesem Problem später als „Heilsbringer" in Verbindung zu bringen.

Wir haben es dabei mit mehreren Analysen zu tun. Seien Sie unbesorgt – Sie sollen sich hier nur ein paar Grundlagen verschaffen, die es Ihnen ermöglichen, die leeren Felder in den folgenden Analysecharts zu füllen und damit die Basis-Informationen zu erhalten. Es ist ganz einfach. Stellen Sie sich hierfür folgende Fragen:

- Wie sieht das System „Prospect & Branche" aus (dies schließt den Wettbewerb Ihres Kunden und die Kunden Ihres Prospects mit ein)?

- Was verbirgt sich „Typisches und Untypisches in der Wertkette" Ihres Prospects?

Diese **Branchen- und Wettbewerbsanalyse** gibt Ihnen wichtige Antworten auf die folgenden Fragen:

- Wie ist die aktuelle Situation in der Branche Ihres Prospects?

- Was sind die typischen Strukturprobleme?

- Was sind die bedeutendsten Einflussfaktoren für den Erfolg in dieser Branche?

- Wie sehen Technologie-Know-how, F&E-Budget, Vertriebsstrukturen, Preis und Kosten aus?

- Welche Attraktivität besitzt die Branche für verwandte Branchen?

Denken Sie daran, dass beispielsweise Versicherungs- und Automobilunternehmen immer stärker in das klassische Bankengeschäft eingedrungen sind. Das war möglich, weil diese beiden koexistierenden Branchen durch eine simple Erweiterung ihres bisherigen Produktportfolios Betriebsgrößenersparnisse realisieren konnten. Vor allem bei den Versicherern war dies leicht, da man über eine ausreichende Kundenloyalität verfügt und als bekannte Marken im allgemeinen Markt etabliert war. Der Kapitalbedarf und die Umstellungskosten für diese Produktportfolioerweiterung hielten sich aufgrund des schnellen Return on Investments in Grenzen. Man hatte durch das angestammte Geschäft einen breiten Zugang zu den Kunden und verfügte über einen teilweise noch engeren Vertriebskontakt als die Banken. Und die Banken? Sie hatten für bestimmte Nischensegmente nur sehr niedrige Eintrittsbarrieren aufgebaut, so dass es für Branchenfremde umso einfacher war, Zugang zu bekommen.

- Wie weit hat sich die Branche bereits entwickelt? Gibt es Marktsättigungstendenzen? Wird mehr und mehr der Weg ins Ausland gesucht? Handelt es sich um eine neue, aufstrebende oder um eine bereits länger existierende Branche?

Gerade wenn sich eine Branche etabliert und sich die Branchenstrukturen und die Regeln des Miteinanders noch nicht gefestigt haben, ist oft ein erheblicher Preiswettbewerb die Folge. Denken Sie nur an das Beispiel aus der Telekommunikationsbranche. Der Preis ist hier der einzige Einflussfaktor, der sich sofort verändern lässt. Alle anderen Faktoren dagegen, wie zum Beispiel das Produkt-Know-how, können nur vergleichsweise langsam verändert werden, so dass sich erst bei einem gewissen Reifegrad die Spreu vom Weizen trennt und es zur „Konsolidierung der Know-how-Träger" kommt.

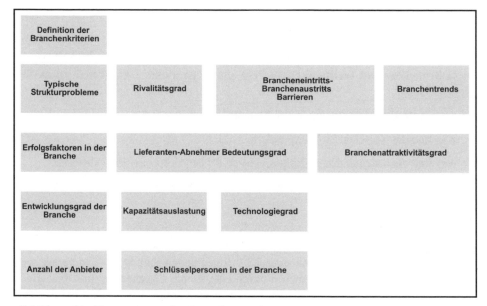

Abbildung 12: Komponenten der Branchenanalyse

Der Grad der Rivalität in einer Branche ist eines der Hauptmerkmale, die die Probleme Ihres Prospects kennzeichnen. Anfangs ist der Rivalitätsgrad hoch, der Preiswettbewerb ist sehr intensiv und die Werbeschlachten tragen ein Übriges dazu bei. Rivalität kann ruinös sein, wenn es Ihrem Prospect nicht gelingt, Differenzierungsmerkmale für seine Kunden sichtbar zu machen. Wenn der Grad der Rivalität konstant auf einem hohen Niveau bleibt oder sich sogar erhöht, dann können Sie davon ausgehen, dass sich damit auch das Branchenwachstum verlangsamt. Um die hohen Fix- und Lagerkosten und ständigen Nettoinvestitionskosten auszugleichen, hat auch Ihr Prospect in einem solchen Markt keine andere Wahl, als über Preissenkungen neue Kunden zu gewinnen, um dadurch seine Kapazitäten möglichst optimal auszulasten.

Eine Branche wird sich mit ihrer typischen Dynamik immer mehr ihrem ureigenen Reifegrad nähern. Die Schnelligkeit, mit der diese Branchenreife erreicht wird, hängt maßgeblich von den Ein- und Austrittsbarrieren ab. Diese Ein- und Austrittsbarrieren erlauben es Ihnen, einen Einblick in das Risiko und die wirklichen Probleme Ihres Kundenunternehmens zu bekommen. Und vor allen Dingen: Sie lernen, welche Bedeutung Ihre Lösung für das Kundenproblem wirklich hat. Wenn es später darum geht, eine Lösung für Ihren Kunden zu definieren, dann müssen diese „wirklichen" Probleme im Lösungsangebot angesprochen werden.

Stellen Sie sich dazu folgende Fragen:

■ Wie hoch ist die jährliche Nettoinvestitionskostenquote im Vergleich zur Branche?

■ Wie hoch sind die Fixkosten, bedingt durch den Auf- oder Abbau der Kapazitäten?

■ Welche Folgekosten kommen auf die ein- oder austretenden Unternehmen zu?

■ Wie werden in Zukunft die spezialisierten Aktiven bewertet, und in welchem Zeitraum können sie komplett abgeschrieben werden usw.?

Nicht zuletzt schauen branchenfremde Wettbewerber auf den Markt Ihres Prospects. Sobald eine Besonderheit – wie zum Beispiel der bestehende Distributionskanal – an Bedeutung verliert, werden Branchenfremde besonders hellhörig. Besonders deutlich wurde dies beim Thema E-Commerce, als die Hersteller ihre Produkte zunehmend direkt an die Abnehmer lieferten. Oder denken wir etwa an den Bankenbereich, wenn die finanziellen Dienstleistungen auch vom Handel oder von der Industrie angeboten werden. Hierzu zählten Neulinge aus der Automobilindustrie oder allgemein der Industrie, wie es General Electric mit seiner GE Capital Services Tochter geschafft hat.

Selbstverständlich wird die Branche Ihres Prospects maßgeblich durch seine **Lieferanten und Kunden** bestimmt. Folgende Informationen sind wichtig für Sie:

■ Wer sind die Lieferanten und Kunden, und welche Verhandlungsmacht haben diese gegenüber dem Prospect?

■ Welche Auswirkungen hat diese Verhandlungsmacht in der Vergangenheit auf das Geschäft Ihres Kunden gehabt?

■ Wie schnell kann der Lieferant oder auch der Kunde Ihres Prospects wechseln?

■ Können die Lieferanten und Abnehmer Ihrem Prospect glaubwürdig mit Vorwärts- bzw. Rückwärtsintegration drohen? Wenn also beispielsweise die Versicherung bisher die Call-Center-Leistungen extern beauftragt hat, dann kann sie gegebenenfalls damit drohen, die Leistungen in Zukunft selbst zu übernehmen.

■ Welche Auswirkungen hat die Verhandlungsmacht der Lieferanten und Kunden in der Vergangenheit auf das Geschäft Ihres Kunden gehabt?

Fassen wir zusammen: Die Branche Ihres Prospects wird bestimmt durch:

■ die Anzahl der Anbieter

■ den Rivalitätsgrad der Anbieter

■ die Unterschiedlichkeit der Anbieter

■ die Kapazitätsauslastung und Preissituation

■ die Möglichkeit zur Differenzierung

■ die Eintritts- und Austrittsbarrieren und die bestehenden Kunden-Lieferanten-Beziehungen

■ die zu erwartenden Trends sowie Technologie- und Know-how-Sprünge.

Eine Menge von Faktoren, die zu beachten sind. Glücklicherweise können Sie die allgemein herausgearbeiteten Aussagen zur Branche und deren Wettbewerb bei jedem Ihrer Prospect-Unternehmen nutzen.

Spielen Sie ein paar Szenarien zur Branchenentwicklung Ihres Kunden anhand folgender Überlegungen durch:

- Wer könnte der zukünftige Key-Player in dieser Branche werden?

- Wer wird sich mit einem Trend oder einer sich gerade entwickelnden Idee durchsetzen?

- Wie sehen die Schwerpunktstrategien der Key-Player aus? Auf welche Segmente innerhalb der Branche konzentrieren sie sich?

- Gibt es organisatorische Unterschiede zwischen den Playern?

- In welchen Geschäftsfeldern oder Branchen sind die Wettbewerber sonst noch tätig?

- Welche relative Position der Stärke besitzen die Wettbewerber?

- Gibt es für die Branche besondere bzw. allgemein anerkannte Werte oder „Branchenweisheiten"?

- Wie könnten sich die Branche und der Wettbewerb Ihres Prospects verändern?

- Welche Auswirkungen hat dies auf die Lieferanten und auf die Kunden des Prospects?

- Wie werden sich die Wettbewerber, Lieferanten und Kunden verhalten?

- Welche Folgen könnte diese Entwicklung für den Prospect und seine Geschäftsprozesse haben? Denken Sie einfach quer!

- Gibt es für Ihren Prospect alternative Bezugsquellen für seine Vorprodukte oder neue Vertriebskanäle, um auf diese Weise sein Lieferanten- oder Abnehmerrisiko zu reduzieren?

- Können Sie ihn bei seinen Standardisierungsbemühungen unterstützen?

- Was können Sie tun, um den Prospect auf neue Trends oder neue Know-how-Quellen aufmerksam zu machen?

- Können Sie dazu beitragen, bestimmte Fähigkeiten und bereits vorhandene Ansätze zur besseren Differenzierung zu fördern?

- Gibt es in der Branche einen Konkurrenten, der von seinem Marktauftritt und der Struktur her Ihrem Prospect ähnlich ist? Und wie ist das Verhältnis zwischen den beiden?

Alle diese Antworten vermitteln Ihnen ein besonderes Problembewusstsein für Ihr Kundenunternehmen, insbesondere aber für seine Branche. Sie vermitteln einen Eindruck von der äußeren Umwelt Ihres Prospects.

Die **Wertkettenanalyse** liefert quasi das Pendant dazu, also die Innenansicht. Sie dient zur Beantwortung der Frage: Was macht das Unternehmen, damit es erfolgreich am Markt tätig ist? Es macht keinen Sinn, hier zu sehr ins Detail zu gehen. Sie sollen nämlich nur dort tiefer in die allgemeinen Geschäftsprozesse eindringen, wo Sie die deutlichsten Ansätze für den „Hineinverkauf" Ihrer Lösung erkennen. Wenn Sie beispielsweise einer Versicherung eine Außendienst-„Software" verkaufen wollen, dann werden Sie sich zwangsläufig mit dem Geschäftsprozess „Vertrieb von Versicherungsprodukten" und „Softwareentwicklung" auseinandersetzen müssen. Und da die beiden Prozesse nicht unabhängig voneinander ablaufen, müssen Sie sich mit den Schnittstellen zwischen diesen Prozessen beschäftigen.

Die Wertkettenanalyse ist für Sie nur durchführbar, wenn Ihnen die Branchenanalyse genügend Informationen geliefert hat. Bedingt durch die Branchenanalyse können Sie jetzt die wichtigen Einflussfaktoren für den Geschäftserfolg Ihres Kunden benennen. Nun gilt es, die Geschäftsprozesse Ihres Kunden zu verstehen und abzubilden. Dafür gibt es ein einfaches Modell von Porter (siehe Abbildung 13).

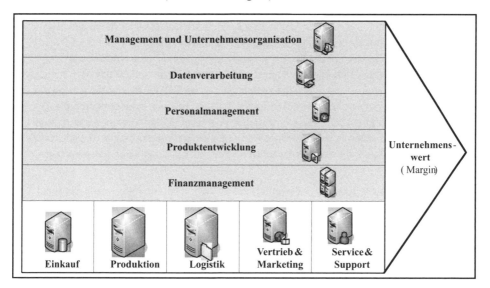

Abbildung 13: Wertkette
Quelle: Michael E. Porter: Competitive Advantage, New York 1996

Man spricht von Wertkette, weil es sich um Prozesse handelt, die zunächst einmal Kosten verursachen und gleichzeitig einen internen Ertrag bzw. Wert erwirtschaften. Die aneinandergereihten Werte eines jeden Prozessschrittes ergeben den Gesamtwert des Unternehmens. Die Gewinnspanne resultiert aus dem Unterschied zwischen Gesamtwert und der Summe aller Kosten, die in den einzelnen Prozessschritten entstehen.

Porter bezeichnet Prozesse wie Logistik, Fertigung oder Vertrieb usw. als die so genannten primären Aktivitäten. Als unterstützende Prozesse benennt er solche Tätigkeiten, die den primären Tätigkeiten dienen, wie z. B. zentrale Managementfunktionen oder das Personalwesen. In solchen unterstützenden, sekundären Prozessen wird also sichergestellt, dass die primären Tätigkeiten eine ausreichende Grundlage für ihre Aufgabenerfüllung bekommen.

Sinn und Zweck der Wertkettenanalyse ist es, durch sie Kosten und erwirtschafteten Wert jedes einzelnen Prozesses und von deren Schnittstellen in der gesamten Prozesskette zu erfahren. Außerdem geht es darum, Erkenntnisse darüber zu erlangen, wie man mit der eigenen Lösung den Gesamtprozess des Prospects verbessern und beschleunigen kann. Bereits zu diesem Zeitpunkt sollten Sie sich Gedanken machen, inwieweit ein Teil Ihrer Verbesserungsvorschläge durch eine mögliche Lösung aus Ihrem Haus umgesetzt werden kann. Wo setzt Ihre Lösung an? Welchen zusätzlichen Wert schafft Ihre Lösung im Vergleich zu ihren Kosten? Dasjenige Unternehmen wird sich in der Branche durchsetzen, das Unterschiede in der Wertkette auch in Wettbewerbsvorteile umsetzen kann.

Beispiel

> Nordstrom, eine amerikanische Warenhauskette, hat ein solches System zur Wertkettenanalyse eingerichtet. Ein Kunde kaufte zwei Anzüge, musste sie aber durch den hauseigenen Schneider korrigieren lassen. Zum verabredeten Zeitpunkt waren die Anzüge nicht fertig, der Kunde musste also ohne neue Anzüge seine Reise am nächsten Tag nach Asien antreten. Dort in seinem Hotel angekommen, fand er ein Paket von Nordstrom mit seinen beiden Anzügen und einer kostenlosen Qualitätskrawatte, außerdem lag ein Entschuldigungsschreiben von dem Verkäufer bei, der ihn beim Kauf beraten hatte. Dank eines Kundendatenerfassungssystems und der Vernetzung von Kundenberatung, zwei weiteren Serviceabteilungen (Geschenke und Schneiderei) und prompter Logistik war der Käufer überaus zufrieden und wird wohl Nordstrom als Kunde erhalten geblieben sein.

Das Interessante an dieser Wertkettenanalyse ist auch, dass Sie sich Ihrem Prospect-Unternehmen von einer ganz anderen Warte aus nähern. Sie betrachten ja schließlich nur die Aktivitäten, wie sie sind, und kommen dann auch dahinter, wie sie sein sollten, insbesondere mit Blick auf die vorher analysierten Branchenprobleme.

Vergleichen Sie diese mit der Kunden-Organisation, und Sie werden viele Ungereimtheiten entdecken. Ungereimtheiten wie etwa Schnittstellenprobleme zwischen Abteilungen oder gar Unternehmensbereichen, weil ein Prozess beide Organisationseinheiten betrifft, beispielsweise doppelte und dreifache Ausführung desselben Vorgangs. Sie werden aber auch Möglichkeiten entdecken, wie Geschäftsaktivitäten zu bündeln sind und wie bestimmte Prozesse miteinander neu zu verknüpfen sind. Dies immer vor dem Hintergrund, inwiefern Ihre Lösung hierbei eine Rolle spielen kann.

Um sich Klarheit zu verschaffen, stellen Sie sich die folgenden Fragen:

- Welches Produkt (Dienstleistungen eingeschlossen) verkauft das Unternehmen?

- Wie wird dieses Produkt hergestellt?

- Wer liefert die Hauptbestandteile des Produktes?

- Was ist sonst noch nötig, um das Produkt herzustellen?

- Wie werden die Unternehmensaktivitäten bzw. -bereiche gemessen: Gewinn pro Produktlinie, Deckungsbeitrag pro Abteilung, Profit pro Filiale, Profit pro Kunde usw.?

- Woher weiß der Kunde meines Kunden/Prospects, dass es das Produkt gibt?

- Wie ist der Vertrieb strukturiert: Absatzkanäle, direkter und indirekter Vertrieb?

- Wie gelangt das Produkt zum Kunden?

- Was kann das Prospect-Unternehmen besser als sein Konkurrent? Was nicht?

Jeder, der sich jemals mit Geschäftsprozessanalysen beschäftigt hat, kennt das Problem, die Flut an Unternehmensaktivitäten zu erfassen. Deshalb: Ordnen Sie die Prozessaktivitäten bestimmten Unternehmensbereichen oder Kategorien zu. Diese Zuordnung geschieht bereits mit einem vorsichtigen Blick auf die Erstellung und Implementierung Ihrer möglichen Lösung.

Sie sind kein Unternehmensberater, Sie sind Vertriebsbeauftragter:

- Konzentrieren Sie sich auf Ihren Ausschnitt und die wichtigsten Konsequenzen, die Veränderungen in Ihrem Ausschnitt auf andere Bereiche der Gesamt-Wertkette haben können. Bilden Sie lediglich die existierende Wertkette zu Ihrem eigenen besseren Verständnis ab. Allein dabei werden Sie bereits viele vertriebliche Ansätze für Verbesserungen erkennen, die Sie in Ihren Verkaufsprozess und in Ihre spätere Produktlösung einbringen können.

- Untergliedern Sie Ihre Verbesserungsvorschläge nach der Priorität des Handlungsbedarfs. Wo können relativ einfach Verbesserungen oder Verkürzungen in der Wertkette vorgenommen werden? Welche Probleme werden nur mittel- oder gar langfristig zu lösen sein? Wo setzt bei diesen Verbesserungsvorschlägen Ihre Lösung wirklich an?

Damit haben Sie bereits zwei Ansätze gefunden, wie Sie sich, Ihr Unternehmen, insbesondere aber Ihre Lösung positionieren können. Die Branchenanalyse hat Ihnen die allgemeine Problemwelt Ihres Prospects verdeutlicht und Ihnen aufgezeigt, wo Sie Ihren Prospect in seiner Branche unterstützen können. Die Wertkettenanalyse geht in die Innenansicht und liefert Ihnen Erkenntnisse, an welchen Punkten genau Ihre Lösung ansetzen und einen höheren Wert für Ihren Prospect bieten kann.

❶   Fazit & Erkenntnis

Wenn Sie im Kundengespräch Trends ansprechen, geben Sie dem Kunden zweierlei Hinweise: Erstens kann er überprüfen, ob Sie vom Fach sind, und zweitens, ob die Trends, die Sie erkennen und vorstellen, ihm einen Nutzen bringen. Sprechen Sie daher nur von Trends, wenn Sie sich gut auskennen und auch nur dann, wenn es zu Ihrer Lösung passt. Trends erkennen Sie am besten, wenn Sie sich intensiv mit dem Wettbewerb und der Branche des Kunden beschäftigen. Dann können Sie die „innere Analyse" des Kunden anschließen. Durch die Wertkettenanalyse schaffen Sie die Voraussetzung, um zu erkennen, 1. wie gut der Kunde auf die Entwicklungen in seiner Branche vorbereitet ist und 2. wie sich Ihre mögliche Lösung in dieser Wertkette auswirken wird.

Vom Kontakt zum Gespräch – Beziehungen intensivieren

Schritt 11: Feedbackschleife 2 – Lassen Sie sich Feedback von Ihrem Kunden geben

Dank der bisherigen Schritte besitzen Sie jetzt eine gute Vorstellung über Ihren Prospect sowie über mögliche Ansatzpunkte, um Ihre Einzigartigkeit bei ihm unter Beweis zu stellen. Jetzt gilt es, alle gewonnenen Rechercheergebnisse und Gedanken mit dem Prospect zu evaluieren. Bringen Sie daher Ihre Fragen (diese sollten ausschließlich als W-Fragen formuliert sein) in eine adäquate Reihenfolge, die Ihrem Fragestil entspricht. Hinterfragen Sie insbesondere Ihre Ergebnisse zur Branchen- und Wertkettenanalyse.

Da nicht alle Fragen in einem Gespräch mit einem einzelnen Mitarbeiter Ihres Prospects beantwortet werden können, müssen Sie die Fragen aufteilen und in Ihren Kontaktplan einpflegen. Versuchen Sie, eine dem jeweiligen Ansprechpartner angepasste und adäquate Mischung von Fragen an ihn, über sein Unternehmen, über die beste Positionierung Ihrer Person und Ihres Unternehmens sowie Ihrer Lösungsreferenzen herzustellen.

Sobald Sie einen Besuchsvorbereitungsbogen entworfen haben, hinterfragen Sie nochmals alle notwendigen Basisinformationen:

- Hat sich bestätigt, dass der Prospect die Kundenkriterien erfüllt?

- Hat der Kunde ein Problem?

- Können Sie dem Kunden dabei helfen und ihm einen wirklichen Geschäfts- und Wettbewerbsvorteil verschaffen?

- Hat der Kunde genügend Geld?

- Hat der Kunde einen „zwingenden Druck", der ihn veranlassen wird, in einer angemessenen Zeit zu entscheiden, und warum ist das so?

Schritt 12: Wie Sie Telefonakquisition zum Kontaktaufbau nutzen

Machen Sie sich bewusst, dass Sie circa 220 Arbeitstage zur Verfügung haben. Das ist viel Zeit, um bestehende Kontakte telefonisch zu pflegen und neue aufzubauen. Planen Sie beispielsweise jeden Morgen ab 8 Uhr ein bis zwei Stunden für das Telefonieren ein, um Gesprächstermine mit bestehenden und neuen Prospects zu vereinbaren. Manchmal bedarf es einer gewissen Hartnäckigkeit, bis ein Gesprächstermin zustande kommt.

Gerade gegenüber dem telefonischen Erstkontakt haben Vertriebsbeauftragte eine Menge Ressentiments. Viele Vertriebsbeauftragte geraten vor dem ersten Anruf regelrecht in Panik, insbesondere wenn es sich um eine Kaltakquisition handelt. Sie befürchten, dass sie in die Privatsphäre des Kunden eindringen könnten. Was hier zum Tragen kommt, ist die alte, fast schon devot anmutende Verkäufermentalität, die sich in Entschuldigungen und „könnte es sein, dass …" oder „darf ich erfahren, wie …" äußert. Die Zeiten eines Stew Leonard und seines Leitspruchs „Regel Nr. 1: Der Kunde hat immer Recht. Regel Nr. 2: Hat der Kunde Unrecht, siehe Regel Nr. 1" sind jedoch lange vorbei[2]. Interessanterweise ist dieses unterwürfige Verhalten und Gefühl umso ausgeprägter, je höher der Bildungsstand.

Machen Sie sich die einfache Denkhaltung zueigen, dass Sie den Kunden nicht „dumm sterben lassen" wollen. Jede, auch die vermeintlich unwichtigste Information, ist besser als gar keine Information. Sie können Ihrem Prospect also einen wirklichen Nutzen liefern, solange Sie von Ihrem Produkt und seiner besonderen Leistungsfähigkeit überzeugt sind.

In Verbindung mit dem oben beschriebenen Ressentiment wird häufig das psychologische Verhaltensmuster „Flucht oder Angriff" gezeigt. Manche Vertriebsbeauftragte gehen zum Angriff über und treten beim Erstkontakt arrogant auf, insbesondere beim Gespräch mit dem Sekretariat. Andere wiederum gehen in eine Fluchtstellung und beginnen ihre Gespräche mit einem klassischen Einführungssatz, der eher niveaulos ist und fast anmutet, als werde an die Dummheit des anderen appelliert. Oder aber es werden Fragen gestellt, die der Kunde nur mit Nein oder Ja beantworten kann. Klassische Fehler, die vermieden werden können, wenn man sich wirklich vorbereitet.

Viele vorgeschaltete Sekretariate können Sie für sich gewinnen, wenn Sie einfach offen und ehrlich sagen, was Sie wollen und was die Gründe Ihres Anrufs sind, warum Sie ausgerechnet den Vorgesetzten sprechen wollen und keinen anderen. Die meisten Sekretariate sind heute mit Fachkräften und Sekretariatsprofis besetzt. Nehmen Sie diese Mitarbeiter genauso ernst wie Ihren Hauptansprechpartner. Um dem Sekretariat eine Vorstellung zu geben, warum ausgerechnet Sie es wert sind, durchgestellt zu werden, verwenden Sie diejenigen „Highlights", die den Vorgesetzten interessieren könnten. Schreiben Sie Ihre Gedanken vorher auf: präzise, kurz und einprägsam. Erfolgreich sind zumeist Referenzen, die dem Sekretariat genauere Vorstellungen über Sie vermitteln und sofort ein „Bild im Kopf" entstehen lassen. Oder berufen Sie sich auf die Empfehlung eines Außenstehenden, von dem Sie allerdings auch wissen, dass er ein hohes Ansehen beim Prospect hat. Dabei kann es sich um Netzwerkpartner, Verbandsmitglieder oder Politiker handeln. Betrachten Sie die Aufforderung, Ihr Anliegen zunächst schriftlich zu formulieren, nicht gleich als Ablehnung. Das ist eine seriöse Vorgehensweise. Wenn zum momentanen Zeitpunkt kein Kontakt möglich ist, dann vereinbaren Sie einen Anruftermin und melden sich pünktlich wieder zum Erstkontakt.

---

2   Thomas J. Peters: Kreatives Chaos, München 2000, S. 161.

Nachdem Sie durchgestellt worden sind, wiederholen Sie Ihr Anliegen. Versuchen Sie nicht, dem Ansprechpartner jetzt etwas anderes zu erzählen als vorher dem Sekretariat. Ein guter Vorgesetzter weiß, was sein Sekretariat kann und was nicht. Die Gründe für die Arbeitsunterbrechung durch ein hereinkommendes Telefonat müssen deshalb in den Augen des Sekretariats berechtigt sein. Wenn Sie jetzt eine andere Einführung wählen, diskreditieren Sie das Vorzimmer. Denn sobald das Gespräch beendet ist und Sie nicht sonderlich erfolgreich waren, wird sich der Vorgesetzte an sein Sekretariat wenden und sich über die Durchschaltung beschweren. Im schlimmsten Fall haben Sie sich damit gleich mit Ihrem ersten Kontakt einen Feind im Sekretariat geschaffen.

Es gibt nicht *den* einzig richtigen Weg, wie Sie den Kunden ansprechen und sein Interesse wecken. Es hat auch keinen Zweck, eine bestimmte Art der Adressierung vorzugeben. Sie müssen selbst Ihre individuelle Ansprache finden. Diese Ansprache muss zu Ihnen passen und, vor allem, Sie müssen authentisch sein.

Die folgenden Fragen geben Ihnen Hinweise für Ihre eigene Ansprachestrategie:

- Was will ich erreichen? Was ist das Ziel des Gesprächs? – z. B. einen Gesprächstermin vereinbaren, Informationen erhalten. Was soll nach dem Gespräch bei meiner Kontaktperson „hängenbleiben"?

- Ich will meinem Ansprechpartner ein Bild von mir, meinem Unternehmen und den Leistungen vermitteln! Wie stelle ich mir dieses Bild vor meinem inneren Auge vor? Welche Gefühle verbinde ich mit diesem Bild?

- Ich formuliere meine Ansprache beim ersten Mal schriftlich und zwar positiv. Ich vermeide jegliche Form der Negation, wie kein, nie, nein, nicht usw. Ich vermeide das Störwort „aber" und ersetze es durch „und".

- Habe ich genügend Kundenreferenzen zur Verfügung, die meinem Kunden als Beleg dienen und die zeigen, dass ich weiß, wovon ich rede?

- Handle ich auf eine Empfehlung hin?

- Sind das Kundenunternehmen und mein Unternehmen bereits auf irgendeine Art miteinander verbunden?

Denken Sie bei Ihrem Anruf auch daran, dass Sie alle relevanten Informationen, die den Prospect interessieren könnten, parat haben. Dies ist insbesondere wichtig, wenn Sie einen Kunden von Ihrem Vorgänger übernommen haben und jetzt quasi einen persönlichen Erstkontakt machen.

Man schätzt, dass bis zu 60 Prozent aller Ersttelefonkontakte abgebrochen werden, weil die Informationen über den Kunden nicht ausreichend sind und der Kunde sich deshalb bei der Ansprache nicht wiederfindet. Es fehlt schlichtweg die Authentizität.

Sobald Sie durchgestellt worden sind, haben Sie sieben Sekunden Zeit, einen guten Eindruck zu hinterlassen und Ihren Ansprechpartner zu einer positiven Haltung Ihnen gegenüber zu bewegen. Machen Sie nach sieben Sekunden eine Ein-Sekunden-Pause. Fahren Sie erst dann mit einem konkreten Bild fort, das Ihr Ansprechpartner sofort versteht. Hier helfen Referenzkunden und die dort entwickelten Lösungen und deren kaufmännische Ergebnisse. Wenn Sie von Siemens, Microsoft, der Deutschen Bank usw. sprechen, hat jeder Mensch sofort ein Bild im Kopf. Durch Ihre Informationen über Referenzkunden machen Sie das Bild noch vollständiger, denn Sie sagen Ihrem Ansprechpartner etwas, was er so noch nicht über diesen Referenzkunden wusste.

Beenden Sie Ihre Ansprache mit einem Wunsch, welchen nächsten Schritt Sie gern unternehmen würden, und einer W-Frage. Auch hier machen Sie mindestens eine bis drei Sekunden lang Pause. Unwillkürlich wird Ihr Partner wissen, dass jetzt die Reihe an ihm ist.

Ein hilfreicher Tipp: Wiederholen Sie zu Beginn des Gesprächs Ihren Namen à la „Mein Name ist Bond, James Bond!". Damit geben Sie Ihrem Gegenüber die Möglichkeit, sich den Namen noch besser einzuprägen.

Beispiel

Ein Beispiel für ein professionell geführtes Gespräch:
Name:
„Mein Name ist *Bond, James Bond von der IT-Sicherheits AG.*
Was tun wir (Kontextorientierung schaffen):
Wir arbeiten seit *20 Jahren für Versicherungsunternehmen im Bereich IT-Sicherheit.*
Warum rufe ich an (Kontext konkretisieren, Referenzkunden nennen):
Eines der größten Anliegen, das wir von Vorständen der Datenverarbeitung von unseren Versicherungskunden, wie der Save-Me AG oder der Insure&Fire AG, immer wieder hören, ist, den IT-Diebstahl zu reduzieren, der Kosten von Millionen verursacht.
Nutzen, warum es sich lohnt, das Gespräch fortzusetzen:
Wir haben mit unseren Versicherungskunden effektive Lösungen erarbeitet und installiert, um diesem Problem zu begegnen.
Der nächste Schritt:
Ich möchte Ihnen gern die individuellen Lösungen für Ihr Haus aufzeigen und mit Ihnen deren konkreten Nutzen besprechen."

Sie sollten sich im Klaren darüber sein, was das typische Problem dieses Ansprechpartners ist. Sprechen Sie es an und nennen Sie ein konkretes, ähnliches Beispiel mit einer erfolgreichen Lösung, wenn möglich mit einem Referenzkunden. *Konkret* ist hier das Stichwort. Verzichten Sie auf unspezifische Formulierungen wie „die Märkte entwickeln sich so dynamisch, dass ..." oder „permanenter Wandel" oder „ungenaue, unklare Zukunft" oder „neue Möglichkeiten". In der Psychotherapie benutzt man solche Wörter, um jemanden in Trance zu versetzen. Drücken Sie sich stattdessen konkret und sinnesspezifisch aus.

❶   **Fazit & Erkenntnis**

Wenn Sie mit dem Kunden sprechen, spricht kein anderer mit ihm. Bauen Sie die erste Ansprache genau auf. Beziehen Sie Ihren Kunden selbst in dieser frühen Phase in Ihre Ideen und Aktivitäten ein. Sie schonen damit seine Ressourcen. Seien Sie präzise, sprechen Sie möglichst sachlich und themabezogen, verwenden Sie Beispiele.

Schritt 13: Nutzen Sie die Besonderheiten nonverbaler Kommunikation

Die nächsten Schritte beziehen sich auf die Besonderheiten und Techniken der „verbalen und nonverbalen" Kommunikation. Diese Besonderheiten helfen Ihnen bei Erstgesprächen mit einem neuen Ansprechpartner oder in festgefahrenen Gesprächs- oder Verhandlungssituationen, die Handlung im Griff zu behalten. Wie in allen menschlichen Beziehungen ist auch hier wichtig: Die Chemie muss stimmen!

Studien zufolge unterscheiden sich erfolgreiche von weniger erfolgreichen Verkäufern dadurch, dass sie eine tiefer gehende Beziehung zu Menschen aufbauen können. Während mittelmäßige Verkäufer sich zumeist auf eine kurze Kontaktanbahnung versteifen und gleich ihrer Verkaufsstrategie folgen, verwendet der erfolgreiche Verkäufer wesentlich mehr Zeit für die Kontaktphase. Interessant ist, dass diese erfolgreichen Verkäufer auch wesentlich schneller zum Vertragsabschluss kommen.

Bereits 1895 stellte der Verhaltensforscher James Mark Baldwin fest, dass das Spiegeln der Körperhaltung hilft, Denkprozesse des Partners besser zu verstehen. Seitdem hat sich eine Flut von wissenschaftlichen Untersuchungen mit diesem Thema beschäftigt. Man kann heute erklären, wie sich Gruppen informell bilden, wie sie sich verändern, was biochemisch in unseren Körpern, insbesondere in unseren Gehirnen, dabei passiert. Wir können auch erklären, was in uns vorgeht, wenn wir die Körperhaltung unseres Ansprechpartners bewusst oder unbewusst nachahmen.

Machen Sie sich einmal in einer langweiligen Besprechung den Spaß und beobachten die Sitzhaltung der Anwesenden. Immer können Sie mehrere Teilnehmer finden, die die gleiche Körperhaltung einnehmen, ihre Arme in der gleichen Weise halten, zum gleichen Zeitpunkt die Beine übereinander schlagen. Und sobald eine bestimmte Person ihre Körperhaltung verändert, ziehen die anderen in einem Abstand von circa 10 bis 80 Sekunden nach.

Eine der erfolgreichsten deutschen Verkaufstrainerinnen, Prof. Dr. Barbara Schott, beschreibt den Grund dafür so: *„Wahrscheinlich … war es in den Anfängen der Menschheit entscheidend, ob sich ein Mensch im Takt mit anderen Menschen bewegen konnte. Wenn man mit einer Gruppe von ca. 50 Personen auf Großwild jagte, musste man in der Lage sein, wesentliche Informationselemente zuverlässig zu empfangen und zu übermitteln."* Es ist wohl so, *„dass es der Rhythmus ist, mit dem wir einander damals wie heute zeigen, dass wir zur gleichen Gruppe gehören …"*[3]

---

3   Barbara Schott: Lust statt Frust, Paderborn 1992, S. 169.

Je ähnlicher wir uns sind, umso besser wollen wir miteinander auskommen und tun es auch. Das ist natürlich wichtig, um Beziehungen überhaupt aufzubauen, um Vertrauen zu unseren Ansprechpartnern zu schaffen und uns selbst ein harmonisches Gefühl des Miteinanders zu geben.

Um das alles für uns zu nutzen, spiegeln wir einfach bewusst die Körperhaltung des anderen. Wir spiegeln ihn komplett, auch seine Atmung (ja, Sie haben richtig gelesen). Mit der Körperhaltung ist aber nicht einfach nur die Körperhaltung per se gemeint, sondern auch die Gestik, die Mimik. Es schließt die Armhaltung, die Beinstellung und Kopfhaltung mit ein. Vergessen Sie die Theorie, dass Sie anhand der verschränkten Arme Ihres Gesprächspartners auf seinen Widerstand oder seine Reserviertheit schließen können. So einfach ist diese kausale Kette nicht. Solche Erkenntnisse lassen sich erst nach sehr vielen Gesprächen finden. Deshalb: Vertrauen Sie diesen vorgefertigten Körpersprachemustern nicht; denn Sie wissen nie, was vorher bei Ihrem Gesprächspartner passiert ist oder, anders ausgedrückt, aus welchem anderen „Sinneskontext" heraus Ihr Gesprächspartner handelt.

Spiegeln Sie in einem solchen Fall einfach Ihr Gegenüber und machen Sie sich Gedanken über das, was Ihr Gesprächspartner sagt, und nicht über das, was er tut. Denn der nonverbale Teil wird automatisch folgen. Reduzieren Sie mögliche Konflikte auf den Inhalt und lassen Sie Ihr Gespräch nicht zusätzlich durch nonverbale Konflikte beeinflussen. Seien Sie freundlich, absolut integer und entwickeln Sie ein wirkliches Interesse am Leben Ihres Gegenübers. Jeder ist gern mit Menschen zusammen, mit denen er sich wohl fühlt, Menschen, die sich für ihn interessieren.

Akzeptieren Sie seine Stimmungen und verändern Sie Ihre Körperhaltung entsprechend der Ihres Ansprechpartners. Aber übertreiben Sie es auch nicht. Wenn Ihr Gegenüber die Arme verschränkt, ziehen Sie langsam nach. Versuchen Sie die gleiche Beinstellung einzunehmen, aber immer dezent. Bei übereinander geschlagenen Beinen beispielsweise reicht es aus, wenn Sie zu Beginn Ihre Beine an den Füßen überschlagen, erst später nachziehen und dann das eine Bein über das andere schlagen. Wenn Ihr Gegenüber nach vorne gebeugt sitzt, brauchen Sie sich nicht wie er auf seinem Schreibtisch aufzustützen, sondern es reicht völlig aus, wenn Sie sich im Stuhl nach vorne beugen. Vermeiden Sie besonders ausladende Gesten, versuchen Sie nicht, eine extrem angestrengte oder aufgesetzt wirkende, entspannte Körperhaltung nachzuahmen. Gehen Sie lediglich mit dem Rhythmus mit, nicht aber in all seinen Extremen.

Dieses bewusst herbeigeführte körperliche Mitschwingen sollten Sie nicht permanent verfolgen. Wenn es für Sie zu anstrengend ist, beschränken Sie es auf den Anfang des Gesprächs. Stimmt die „nonverbale Chemie" zwischen Ihnen beiden, entsteht der Rhythmus im Laufe des Gesprächs fast wie von selbst. Nur: Den Anfang des Gesprächs kann man mit dieser Technik deutlich erleichtern.

Ähnlich verhält es sich beim Spiegeln der Atmung. Man hat festgestellt, dass Paare, die seit Jahren die Bettstatt teilen, nach einer gewissen Zeit im gleichen Rhythmus atmen. Sicher, das läuft unbewusst ab, aber wir können es auch bewusst steuern. Wir wollen damit, wenn es irgendwie geht, alle nonverbalen Konflikte ausblenden. Es hat sich gezeigt, dass der Atemrhythmus eine sehr wichtige Funktion übernimmt. Immer wenn unser Gegenüber spricht, atmet er notgedrungen aus. Sie können den Atemrhythmus auch an den Brustkorbbewegungen oder den sich hebenden und senkenden Schultern erkennen.

Wenn Sie der Meinung sind, dass die „Chemie zwischen Ihnen wirklich stimmt", dann können Sie das testen. Nachdem Sie sich genügend Zeit gelassen haben, den „Gleichklang", den „gemeinsamen Rhythmus" aufzubauen, verändern Sie von sich aus Ihre Körperhaltung. Zieht Ihr Gegenüber innerhalb der nächsten 80 Sekunden nach, dann stimmt die Chemie.

Sie werden immer auf ungeduldige, fast schon cholerisch anmutende und wütende Zeitgenossen treffen, die auf Konflikt aus sind. Eine wütende Person wippt ständig mit den Füßen, gestikuliert stark und ist im Allgemeinen wesentlich unruhiger. Dies alles zu spiegeln, wäre fatal und würde von dem anderen sofort in der Weise gedeutet, dass Sie ihn „nachäffen". Also gehen Sie in solchen Fällen subtiler vor. Wenn beispielsweise Ihr Gegenüber ständig mit der Hand auf den Tisch haut, so ist das ja zunächst auch ein Rhythmus. Diesen Rhythmus können Sie spiegeln, indem Sie sanft einen Finger mitbewegen. Teilweise reicht es auch, wenn Sie mit Ihrem Fuß mitwippen.

Ihr Auftritt – Der erste Eindruck

Sie haben 7 Sekunden plus minus 2 Sekunden Zeit, um einen positiven Eindruck zu hinterlassen. Diesen Eindruck erzeugen Sie mit Ihrer physischen Präsenz und Ihrem unmittelbaren Verhalten zu Beginn. Hier einige Techniken, die relativ einfach umzusetzen sind:

■ Wenn Sie jemanden zum ersten Mal mit einem Lächeln begrüßen, dann gibt es verschiedene Arten zu lächeln. Sie können dieses Lächeln vor dem Spiegel in zwei Phasen üben: Die erste Phase ist das freundliche Lächeln. Dann unterbrechen Sie bewusst, halten für einen sehr kurzen Moment inne und lächeln in der zweiten Phase aufrichtig. Eine kleine Hilfestellung dazu: Das aufrichtige Lächeln kann dadurch entstehen, dass Sie sich von vorneherein auf eine Besonderheit an Ihrer Kontaktperson konzentrieren. Das kann die Uhr sein oder die Farbe der Anzugknöpfe. Sie werden das Gefühl bewusst erleben, wenn Sie diese Besonderheit festgestellt haben. Es wird ein inneres Lächeln auf Ihr Gesicht zaubern. Schauen Sie Ihr Gegenüber lächelnd an, halten Sie inne und versuchen Sie, sich die Einmaligkeit bei dieser Person zu vergegenwärtigen, um ein aufrichtiges und gewinnendes Lächeln zu zeigen.

■ Halten Sie Augenkontakt. Viele Verkäufer haben die Tendenz, sich zu schnell im Raum umzuschauen, um das eigene Revier zu überprüfen und den möglichen Sitzplatz zu eruieren. Lassen Sie das Ihr Gegenüber für Sie tun und halten Sie lieber Augenkontakt.

■ Bei einer Vorstellungsrunde schauen wir oft denjenigen an, der uns gerade vorgestellt wird. Das ist auch richtig, nur verharren Sie dabei nicht, sondern richten Sie nach einem Begrüßungsmoment den Blick auf denjenigen, der spricht, und begrüßen Sie den Vorgestellten dann mit einem aufrichtigen Lächeln. Stellen Sie sich bewusst in die Richtung des Vorgestellten und zeigen Sie ihm Ihre volle Aufmerksamkeit.

- In Stresssituationen haben wir Menschen die Tendenz, entweder auf Flucht oder Angriff zu schalten. Da wir aber in der heutigen Umwelt keine von beiden Verhaltensweisen offen ausleben können, behelfen wir uns mit einem Übersprungsverhalten. Dann kratzen wir uns beispielsweise am Ohr, zupfen uns an der Nase oder spielen mit unserem Kugelschreiber. Vergegenwärtigen Sie sich dieses Verhalten und unterlassen Sie es, denn Ihr Gegenüber wird es als Unsicherheit in der aktuellen Situation auslegen und es möglicherweise als Schwäche ansehen.

- Es kommt oft vor, dass Sie einen Besprechungsraum betreten, und der Kunde oder das Projektteam sitzt bereits vor Ort. Wenn Sie alleine sind, dann halten Sie im Türeingang kurz inne und schauen bei gerader Körperhaltung in den Raum. Spüren Sie innerlich Ihre Größe, Kraft und Energie und treten Sie ruhigen und gemessenen Schrittes ein. Legen Sie Ihre Sachen zunächst ab und begrüßen Sie dann die Teilnehmer. Wenn Sie keiner vorstellt – das soll ja auch manchmal vorkommen – gehen Sie aktiv auf die Teilnehmer zu und stellen sich selbst vor. Die anderen werden in der Regel nachziehen und sich ebenfalls vorstellen. Wenn Sie den Kunden zusammen mit Mitarbeitern oder Kollegen besuchen, dann lassen Sie denjenigen vorweg treten, der bisher den meisten Kundenkontakt hatte, und halten Sie auch hier inne, wenn Sie den Raum betreten. Begrüßen Sie jeden Einzelnen mit einem aufrichtigen Lächeln, mit Interesse und auch mit Neugierde.

- Nehmens Sie Ihren Platz ein und versuchen Sie dann, die Stimmung jedes Einzelnen zu erfassen. Beachten Sie dabei die Körpersprache.

- Gibt es während einer Besprechung eine Kaffeepause, bringen Sie sich in die Gespräche der verschiedenen Grüppchen ein. Insbesondere wenn Sic mit Ihrem eigenen Team teilnehmen, verteilen Sie die Aufgaben vorher, so dass jeder weiß, mit wem er sprechen soll. Konzentrieren Sie sich vor allen Dingen auf die Grüppchen, die nur von den Kundenteilnehmern bestückt sind. Stellen Sie sich einfach dazu. Hören Sie zunächst nur zu und schalten Sie sich behutsam ein, indem Sie durch die „Technik des aktiven Zuhörens" die Worte eines Teilnehmers wiederholen und ergänzen. Die Gruppe wird sich vielleicht einen Moment etwas irritiert geben, aber alle Bcteiligten werden sich schnell der neuen Situation anpassen, und Sie sind in das Gespräch involviert.

- Legen Sie auf Ihrem Besprechungsblock gleich zwei Spalten an: 1. Sachthemen und 2. Themen, die von den einzelnen Beteiligten besonders betont wurden. Gerade die 2. Spalte kann Ihnen während der Zusammenarbeit gute Dienste leisten, um die persönliche Agenda eines Mitglieds im Buying-Center zu beschreiben oder sogar um gemeinsame Interessen zu entdecken.

Den Begriff des aktiven Zuhörens werden Sie schon in einem Verkaufstraining gehört haben. Aktives Zuhören beinhaltet aber nicht nur die Wiederholung der so genannten Schlüsselwörter, die Ihr Gesprächspartner gerade benutzt hat, wie etwa die folgende Aussage: „Ihre Produktinformation habe ich gelesen. Mir ist nur noch nicht klar, wie Ihr Produkt in unsere heterogene Systemlandschaft integriert werden soll." Antwort: „Ihnen geht es also um die Frage der Integration unseres Produktes in Ihre bestehende heterogene Systemlandschaft und wie eine solche Integration erfolgreich geschaffen werden kann?" Aktives Zuhören ist viel mehr, wie der nachfolgende Schritt zeigt.

❶   Fazit & Erkenntnis

> Der erste Eindruck am Telefon und in einer Besprechung bleibt in den Köpfen Ihrer Gesprächspartner haften. Es gibt nie eine zweite Chance für den ersten Eindruck. Effektive nonverbale Kommunikation leistet dabei einen besonderen Beitrag. Auch beim aktiven Zuhören geht es um Authentizität. Es wird sich rächen, wenn Sie sich verstellen oder manipulierend wirken wollen. Nutzen Sie die nonverbalen und verbalen Techniken, um Konflikte und Missverständnisse zu verringern.

Schritt 14: Ergänzen Sie das aktive Zuhören mit sinnesspezifischer Sprache

Die Technik des aktiven Zuhörens hat zum Ziel, den Kunden in eine „Ja-Haltung" zu versetzen, und Sie gleichzeitig dahin zu bringen, dass Sie die gleichen Wörter wie Ihr Kunde wählen. Auch hier gilt das Ziel, durch die Verwendung der gleichen Sprache eine Möglichkeit für Verständnis und Zustimmung zu finden und „die Chemie zwischen Ihnen und Ihrem Gesprächspartner stimmig zu machen", so dass nonverbale Konflikte erst gar nicht aufkommen. Aber das aktive Zuhören beinhaltet auch die Tonlage, die Schwingungen, die durch Ihre Stimme und Ihren Sprechrhythmus an das Ohr Ihres Gesprächspartners gelangen.

Die Beschreibung der eigentlichen Technik des aktiven Zuhörens würde hier zu weit führen Wir konzentrieren uns auf die Besonderheiten, die Sie unmittelbar umsetzen können. Wir Menschen erfassen alle Informationen mit unseren fünf Sinnen: visuell, auditiv, kinästhetisch (gefühlsmäßig), olfaktorisch (Geruchsinn), und gustatorisch (Geschmacksinn). Manche Menschen haben vielleicht auch einen sechsten Sinn, aber der ist doch sehr vage und soll uns hier nicht interessieren. Um das Wesentliche aus der Fülle der auf uns einströmenden Informationen zu selektieren, blenden wir bestimmte Arten von Informationen aus. Dazu ein Beispiel: Sie lesen diese Zeilen. Werden Sie sich jetzt bewusst, welche Körperhaltung Sie gerade eingenommen haben. Wo spüren Sie den Widerstand Ihres Stuhls? Können Sie spüren, wie Ihre Hände dieses Buch berühren? Was hören Sie im Hintergrund? Vielleicht eine Uhr, Straßenlärm oder ein Radio? Diese Aufzählung kann man beliebig erweitern. Ist Ihnen nun bewusst, was Sie alles ausgeblendet haben?

Wir neigen dazu, unsere Aufmerksamkeit auf das Sinnessystem zu richten, das angesprochen wird. Wir haben mit den Augen gelesen, wir haben gefühlt und gehört, als dies angesagt war zu tun. Wenn dieses Sinnessystem nicht vorgegeben wird, dann schalten wir um auf das in diesem Moment bevorzugte Sinnessystem.

Da wir Menschen alle fünf Sinne gebrauchen, um Informationen aufzunehmen und zu speichern, sprechen wir auch von sinnesspezifischen Informationen. Wir verwenden Begriffe wie „das sehe ich ein, enthüllen, Vorstellung, Perspektive" oder „das hört sich gut an, das Gras wachsen hören, klingt gut, unerhört, unmissverständlich, deutlich" oder „begreiflich, unfassbar, einer Sache folgen können, reibungslos". Diese Wörter sind alle einem der folgenden drei Sinnessysteme zuzuordnen, nämlichen dem visuellen (sehen), auditiven (hören) oder kinästhetischen (fühlen). Der Geschmacks- und Geruchssinn ist – mit Ausnahme weniger Berufsgruppen wie z.B. der Köche – hier zu vernachlässigen.

Natürlich gibt es auch unspezifische Wörter, die nicht zuzuordnen sind, wie „verstehen (denken Sie einmal darüber nach, wofür das Wort *steht*), Chancen und Risiken, Prozess, wissen, machen, Möglichkeiten". Ist Ihnen etwas aufgefallen? Richtig, das sind die typischen Begriffe des Managements. Keine Sprache ist so unspezifisch, unkonkret und lässt immer alle Interpretationen offen wie die der Manager; natürlich mit Ausnahme der Politikersprache.

Untersuchungen zeigen, dass Manager, die besonders erfolgreich sind und denen Führungsqualitäten nachgesagt werden, sehr sinnesspezifisch sprechen und damit konkret sind. Es gibt natürlich auch die andere Gruppe, die von „zeitnahen Lösungen", „Chancen und Risiken" oder „von Möglichkeiten, neue Gedanken in neue Prozesse zu integrieren" spricht. Herrliche Luftblasen. Aber solche „Manager" muss es geben, sonst hätten wir gar keine Freude bzw. Schadenfreude, wenn sie mal konkret zur Sache kommen müssen.

Sie können also aus der Wortwahl Ihres Gesprächspartners ablesen, welches Sinnessystem er präferiert. Wenn immer wieder von Begriffen wie „Neuorientierung" oder „Licht am Horizont sehen" die Rede ist, dann können Sie vorsichtig davon ausgehen, dass Ihr Gesprächspartner eher **visuell** veranlagt ist. Er denkt in Bildern und wird Wörter verwenden wie brillant, Highlight, Perspektive, Bild, spiegeln, transparent, verschwommen, überblicken, Sicht, Ausblick, Klärung usw.

Wenn allerdings Wörter oder Sätze fallen wie „vernehmlich", „der Ton macht die Musik", „laut und deutlich" oder „nein, ich brauche keine endlosen Foliencharts, ich kann Sie ja hören", dann können Sie, auch wieder vorsichtig, davon ausgehen, dass Ihr Gegenüber **auditiv** ist. Er denkt in Tönen, Rhythmen, deren Abfolgen und Klangharmonien. Er verwendet Wörter wie Ton, ausblenden, klicken, Melodie, Echo, ankündigen, Missklang, Harmonie, im Ohr sein, ruhig, verlauten lassen etc.

Wenn Ihr Ansprechpartner dagegen Formulierungen verwendet wie „die Wirkung ist ja greifbar und nachvollziehbar", „im täglichen Gebrauch", „neue Ziele und Maßstäbe setzen" und „Probleme aufdecken", dann haben Sie wahrscheinlich einen **kinästhetischen** Menschen vor sich. Er denkt in Gefühlen und benutzt Wörter wie springen, Eindruck, reiben, in Besitz nehmen, durchrutschen, packen, drängend, zementieren, stolpern, greifen, Bewegung, Schritt, Aufbau, abwenden, anbringen etc.

Wenn Sie ein eher visuell veranlagter Mensch sind, dann werden Sie Probleme haben zu begreifen, wie jemand in Tönen, Harmonien oder Gefühlen denken kann. Und umgekehrt hat ein eher auditiver oder kinästhetischer Mensch, der in unserer heutigen von optischen Reizen überfluteten Gesellschaft lebt, Mühe, diese Reize in sein präferiertes Wahrnehmungssystem „umzuwandeln". Eine andere sinnesspezifische Sprache als die eigene kann daher Stress beim Gesprächspartner auslösen, da sie nicht dem präferiertes Sinnessystem entspricht. Unwillkürlich lehnen wir den anderen ab.

Auf jeden Fall sollten Sie analysieren, welche Sprache, welche sinnesspezifischen Wörter Ihr Gesprächspartner bevorzugt. Hier einige Tipps, wie Sie während des Gesprächs auf die verschiedenen Sinnestypen zugehen:

- Benutzen Sie bei einem **visuellen Gesprächspartner** visuelle Wörter, arbeiten Sie mit Charts, Folien, Grafiken, Statistiken. Richten Sie Ihre Augen nach oben, um so Ihrem Gegenüber zu zeigen, dass Sie sich gerade etwas vorstellen. Arbeiten Sie mit klar erkennbaren Gesprächsprotokollen. Achten Sie auf den Sitz Ihrer Kleidung.

- Haben Sie einen **auditiven Gesprächspartner** vor sich, sollten Sie auditive Wörter verwenden, wenn Sie Ihren Produktnutzen erläutern oder Ihre Lösung erklären. Vermeiden Sie visuelle Folienschlachten. Konzentrieren Sie sich auf den Klang Ihrer Stimme, jonglieren Sie mit dem Tempo und Sprachrhythmus. Verwenden Sie Zitate oder Erfahrungen von Personen, die Ihr auditives Gegenüber kennt und schätzt. Und denken Sie an eines: Auditive Menschen telefonieren für ihr Leben gern.

- Ein **kinästhetischer Gesprächspartner** erlebt seine Umwelt durch Fühlen und Tasten. Zumeist sind die Schreibtische dieser Leute überfüllt und eine Ordnung ist für einen Visuellen nicht *erkennbar*. Aber dieser Kinästhet hat ein exaktes Gefühl dafür, wo etwas liegt, und zumeist findet er es auch. Alles ist zum Greifen nahe. Versuchen Sie, Ihren kinästhetischen Gesprächspartner durch gefühlsmäßige Wörter zu gewinnen und einen Zugang zu ihm aufzubauen. Wenn es möglich ist, gehen Sie ein paar Schritte mit ihm, während Sie sprechen. Kinästhetische Menschen suchen oft die Körpernähe des anderen. Lassen Sie es zu. Schütteln Sie ihm besonders lange die Hand, berühren Sie leicht seinen Arm.

Es ist aber nicht so, dass man grundsätzlich das eine oder das andere ist. Es kann sein, dass Sie in einer Verkaufsverhandlung einen visuellen Einkäufer vor sich haben, die gleiche Person aber im Familienkreis wesentlich kinästhetischer veranlagt ist. Sie müssen also das Sinnessystem immer ins Verhältnis zur jeweiligen Situation setzen.

Die meisten Menschen sind nicht per se rein visuell, auditiv oder kinästhetisch orientiert, sondern viele sind so genannte Mischtypen. Lassen Sie sich deshalb Zeit bei der Analyse des präferierten Sinnessystems Ihres Gegenübers. Seien Sie nicht zu vorschnell. Zuhören hat etwas mit Schweigen zu tun. Denn wenn Sie auf das falsche Sinnessystem setzen, wird es unweigerlich zu einem Unbehagen zwischen Ihnen beiden kommen. Das kann zu Konflikten, Frustrationen und Stress auf beiden Seiten führen.

Wenn Sie dieses Kapitel gelesen haben, wird Ihnen klar sein, warum manche TV-Talkshowmaster mit einigen Gästen wirklich gut auskommen und mit anderen nicht. Achten Sie das nächste Mal, wenn Sie eine interessante Talkshow sehen, auf die sinnesspezifischen Wörter des jeweils Sprechenden. Vergleichen Sie die Sinnesysteme miteinander. Sie werden feststellen, an welcher Stelle zwischen den beteiligten Gästen Konflikte auftreten oder eher Harmonie im Miteinander herrscht.

Weitere Techniken für eine **proaktive Gesprächsführung**:

■ Gerade das aktive Zuhören ist in Konfliktsituationen sehr hilfreich oder wenn Ihr Gegenüber angriffslustig und missgestimmt ist. Wiederholen Sie die Sätze in der gleichen Art und Weise. Ergänzen und verbinden Sie diese Sätze durch „und", nicht durch „aber". (Denken Sie daran: „Alles, was vor dem Zauberwort „aber" steht, ist gelogen"!)

■ Eine weitere Hilfe in Konfliktsituationen ist, eine gemeinsame Geschichte zu entwickeln. Wenn Ihr Gegenüber Sie mit Angriffen überfällt, kann die Unterbrechung des Gesprächs durch ein „wirkliches Time-out" hilfreich sein, sofern es in der jeweiligen Situation möglich ist. Beschreiben Sie beispielsweise in diesem Time-out lediglich, wie Sie sich gefühlt haben, als Sie in das Gebäude gegangen sind, wen Sie auf dem Weg zum Besprechungsraum getroffen haben, was Ihnen aufgefallen ist und wie es Ihnen dabei ging. Dann und erst dann wiederholen Sie, was Ihr verärgerter Partner bisher gesagt hat. Durch die Darstellung und Beschreibung, wie Sie das Gebäude und den Weg zum Besprechungsraum wahrgenommen haben, beschreiben Sie ein Stück Realität, die Ihr Gesprächspartner jeden Tag erlebt und die Sie mit ihm nun gemeinsam haben. Durch diese fast schon trivial anmutende Methode kann sich die Stimmung verbessern, denn Sie haben etwas Authentisches von sich preisgegeben.

■ Wenn Sie Ihre Argumente durch Analogien und Metaphern unterstreichen wollen, benutzen Sie möglichst Analogien und Metaphern aus dem Bereich Ihres Gesprächspartners oder sehr einfache aus dem täglichen Leben.

■ Versuchen Sie immer mindestens eine gute Nachricht zu haben, wenn Sie zum Kunden gehen. Jeder Mensch mag Menschen, die Gutes zu berichten haben. Sie wissen, was im Mittelalter mit den Überbringern von schlechten Nachrichten passierte.

■ Im Verlaufe eines Gesprächs sollten Sie auch über ein „Killer-Kompliment" nachdenken. Was ist Ihnen Besonderes aufgefallen? Bilder an der Wand? Blick aus dem Fenster? Was mochten Sie an der Sprechweise, an der Form des Gesprächs? Das Killer-Kompliment sollte einmalig sein, gegebenenfalls in einer anderen Runde in einem Nebensatz dezent wiederholt werden. Bitte keine Plattheiten über die Kindergartenbilder an der Wand, wenn Sie selbst keine Kinder haben, oder über die schöne Schreibtischgarnitur, wenn Sie mit einem Werbekugelschreiber Ihres Unternehmens schreiben. Vor allem, es muss ehrlich gemeint sein.

■ Stellen Sie den Kunden in den Vordergrund Ihrer Sätze: Anstelle von „wir gewähren" – besser „Sie erreichen", anstelle von „wir bieten" – besser „Sie gewinnen", anstelle von „wir liefern" – besser „Sie erhalten" .

❶   **Fazit & Erkenntnis**

Sinnesspezifische Sprache ist eine Möglichkeit, den Gesprächspartner besser zu verstehen und mehr Einfachheit ins Gespräch zu bringen. Diese Methode hilft, Missverständnisse auf ein Minimum zu reduzieren, nach dem Motto „Nur weil der andere anders spricht und denkt, heißt das nicht, dass er Ihre Lösung ablehnt!" Ziel ist, nonverbale Konflikte zu reduzieren und das Thema im Vordergrund zu behalten.

Schritt 15: Erkennen und hinterfragen Sie geschickt Allgemeinplätze und Einwände

Wir haben uns in den oberen Kapiteln mit Themen wie Unternehmens-, Wettbewerbs- und Wertkettenanalyse beschäftigt. Hieraus sind zahlreiche Fragen hervorgegangen, die uns der Kunde jetzt beantworten soll. Aber wie das so ist, nicht auf jede vernünftige Frage bekommt man eine vernünftige Antwort. Es ist wichtig, dass Sie unspezifische, vage und unkonkrete Aussagen Ihres Kunden hinterfragen wie etwa „Man wird sich solcher Art von Problemen annehmen", „Lassen Sie das die Experten des Hauses analysieren." Damit wissen wir nicht, wer „man" ist, was für eine „Art von Problemen" genau gemeint ist, wann sich dieser Probleme denn nun angenommen wird, wer die „Experten des Hauses" sind und „was genau die Vorgehensweise dieser Experten beim Analysieren ist".

Es gibt eine Reihe von solch ungenauen Aussagen und Wörtern. Sie alle haben einen Sinn und Zweck – sie generalisieren, sie tilgen und verzerren die eigentliche Information. Hier einige Beispiele:

- **Auslassen von Information:** Bei einer ungenauen Aussage wie „Ich habe kein Interesse, darüber mit Ihnen zu sprechen" wird die Information, ob der Kunde grundsätzlich kein Interesse hat oder nur nicht im Moment, ausgelassen. Wir müssen also nachfragen, ob es an der Zeit, am Ort oder am Thema liegt.

- **Unkonkrete Verben:** Typisch für diese Wortgruppe sind Formulierungen wie „das lehne ich ab", „da stimme ich zu", „das verstehe ich", „dagegen wehre ich mich mit allen Mitteln" oder „darauf kann ich mich verlassen". Diese unspezifischen Verben geben uns ebenfalls keine weiteren Information, also müssen wir nachfragen: Was genau lehnt er ab? Wen lehnt er ab? Wann lehnt er es ab? Was heißt verstehen? Was hat er wirklich verstanden? Welche Mittel will er einsetzen, um sich zu wehren? Was heißt eigentlich wehren in diesem Zusammenhang?

- **Unbestimmter Inhaltsbezug:** Bei diesen Aussagen lässt sich nicht genau auf den Inhalt schließen. Beispielsweise: „Es lässt sich leicht ausrechnen, was diese Situation für uns bedeuten kann". Was genau lässt sich ausrechnen? Hierzu zählen auch Wörter, wie „vielleicht", „möglich", „ein bisschen", „vieles" usw.

- **Nominalisierung:** Hierbei geht es um Asudrücke wie „bis zu einem gewissen Punkt", „Chancen und Risiken", „Möglichkeiten" oder „Struktur". Welcher Punkt? Wann ist dieser Punkt erreicht? Welche Chancen und Risiken? Welche Möglichkeiten existieren denn wirklich? Was ist genau mit Struktur gemeint? Nominalisierungen gibt es haufenweise im Vertriebsgeschäft: Lösungen, führende Technologie, Innovation, High-Performance, Einzigartigkeit, Integration, Plattformunabhängigkeit usw. So unkonkret sie sind, so unkonkret kommen sie bei Ihrem Gegenüber an.

- **Unbestimmte Zeit- und Mengenangaben:** Alle, jeder, nie und niemand etc. – diese Wörter zielen auf das Extrem ab. Menschen, die häufig solche Wörter verwenden, haben meist eine eingeschränkte Sicht auf die Welt. Sie erleben die Welt als Schwarz oder Weiß und übersehen die Wahlmöglichkeiten. Aber nicht nur persönlichkeits-schwache Menschen verwenden solche Wörter, sondern auch echte Persönlichkeiten, wenn sie in besonders anspruchsvolle oder stressige Situationen kommen. Fragen Sie also nach: Waren es wirklich alle? Jeder? Niemals? Immer? Prinzipiell handelt es sich bei der konkreten Nachfrage um folgende allgemeine Form:„Wie genau ist x?" oder „Was genau meinen Sie mit x?". Um Ihren Kunden auf neue Wege zu bringen und um Alternativen aufzuzeigen, können Sie aber auch in folgender Form nachfragen „Was würde passieren, wenn Sie x tun würden? oder „Was hält Sie davon ab, x zu tun?" Al-lein für solche Fragen kann Ihnen ein „reflektierender" Kunde dankbar sein, da Sie ihn auf neue Wege bringen. Diese Fragen suggerieren zudem, dass Sie ein wirkliches Inte-resse an seiner Person und seiner Sichtweise auf seine Probleme haben.

❶   Fazit & Erkenntnis

Fragen Sie bei unbestimmten Äußerungen nach, denn meist offenbart sich Ih-nen mehr als nur die fehlende Information. Sie erfahren auch, inwieweit Ihr Ge-sprächspartner überhaupt der richtige ist, wie gut er im eigenen Unternehmen „verdrahtet" ist und akzeptiert wird.

Schritt 16: Gestalten Sie das Gespräch durch Fragen-Verstehen-Feedback

Die Praxis zeigt, dass Verkäufer sehr oft den Fehler begehen, dass sie mit der gleichen Vor-gehensweise auf jeden Kunden zugehen. Sie holen ihn schlichtweg nicht ab. Stattdessen praktizieren sie stets die gleiche Standardvorgehensweise: Das Treffen beginnt mit dem üblichen Visitenkartentauschritual, der Kunde skizziert sein Thema, der Verkäufer macht sich darüber Notizen und hinterfragt ein paar Themen, um im Erstgespräch mit einer Stan-dard-Präsentation fortzufahren, nach dem Motto „Ich gebe Ihnen erst einmal einen Über-blick". Es ist jedoch einfach zu teuer und zeitaufwendig, die Gespräche nach immer dem gleichen Muster zu führen. Und überhaupt, wo bleibt das „Individuelle" im Gespräch? Es geht ja auch um eine aufwändige, individuelle Lösung.

Deshalb der Tipp: „**Individualisieren**" Sie Ihren Kunden:

- Was denkt *diese* Person wirklich?

- Warum hat *dieser* Ansprechpartner Sie eingeladen?

- Was kostet *dieses* Gespräch den Kunden?

- Was könnte für *diesen* Ansprechpartner so interessant sein, dass er das Gespräch mit *Ihnen* vertiefen möchte?

Stellen Sie sich diese vier einfachen Fragen vor jedem Kundentermin, und machen Sie sich bewusst, dass Ihr Kunde ein einzigartiges Individuum ist. Ihr Ansprechpartner beim

Kunden verdient es, individuell von Ihnen beraten zu werden. Deshalb kommen Sie nicht umhin, sich auf den anderen genau einzustellen, und eine kundenindividuelle Gesprächsstrategie für ihn zu entwerfen und diese vor allen Dingen auch umzusetzen.

Individuelle Gesprächsstrategien sind der wichtigste Erfolgsfaktor, wenn es gilt, einen Kunden wirklich zu verstehen und für sich und seine Lösung zu gewinnen. Die Planung des Gesprächsverlaufs ist neben Ihrem Verhalten und Ihren angebotenen Leistungen das A und O des Gesprächs.

Im Folgenden werden Sie erfahren, wie Sie Ihre Kundengespräche individuell, zielgerichtet und erfolgreich aufbauen. Sie werden entdecken, mit welchen Mitteln und mit welchen der Informationen, die Sie zuvor recherchiert haben, Sie Ihren Kunden vom Problem zur Lösungsvision führen.

Für den idealen Ablauf eines Gesprächs kommt es auf die richtige Mischung zwischen Ihrem Informationsbedarf und dem Ihres Kunden sowie zwischen Ihrem und seinem Ziel an. Dabei haben Sie eine Herausforderung zu bewältigen, nämlich für beide Seiten den Informationsbedarf zu befriedigen und die individuellen Ziele zur Deckung zu bringen: also eine Win-Win-Konstellation zu schaffen! Dazu müssen Sie Vertrauen schaffen – das ist die wichtigste Ausgangsbasis für den richtigen Gesprächsverlauf.

Auf der einen Seite müssen Sie

- das Gespräch durch Fragen offen halten und führen,

- gezielt nach Informationen fragen,

- Kontrollfragen stellen, um sich selbst zu bestätigen, was Sie verstanden haben.

Auf der anderen Seite müssen Sie

- das Problem diagnostizieren,

- sich der Tragweite des Problems bewusst werden und

- eine Lösungsvision kreieren.

Das Neun-Stufen-Konzept[4]

Abbildung 14 macht den idealtypischen Gesprächsverlauf, quasi eine Gesprächsstrategie, und die richtige Mischung geeigneter Fragen und Bestätigungen deutlich (folgen Sie den Pfeilen).

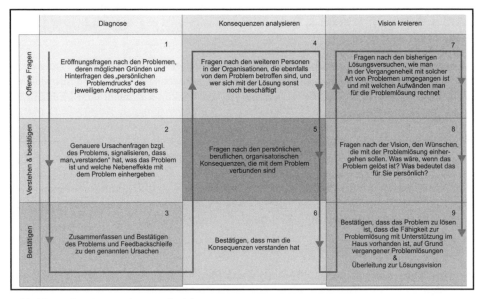

Abbildung 14: 9-Box-Gesprächsführung

Die folgende Stufen des Gesprächs verdeutlichen diese Form der idealen Mischung im Gesprächsverlauf. Auf jede einzelne Stufe gehen wir später in einem Praxisbeispiel ein.

1. Sprechen Sie das Problem bei der Gesprächseröffnung an. Hinterfragen Sie Besonderheiten. Wichtig ist, dass Sie schon hier ein Grundverständnis für den persönlichen Problemdruck des potenziellen Kunden bekommen.

2. In dieser Stufe gehen Sie auf die Ursachen des individuellen Problems ein sowie auf dessen Tragweite.

3. Nun bestätigen Sie, dass Sie die Ursachen verstanden haben. Diese Stufe ist wichtig, um gegebenenfalls Missverständnisse zu korrigieren.

4. Ebenso wichtig für Sie ist zu erfahren, welches Umfeld Sie berücksichtigen müssen, um mögliche Förderer oder/und Verhinderer bei einer Problemlösung frühzeitig zu erkennen.

5. Darauf aufbauend fragen Sie, inwieweit das Problem den Ansprechpartner und auch andere im Unternehmen persönlich sowie beruflich betrifft und mit welchen Konsequenzen zu rechnen sind, wenn das Problem nicht gelöst wird.

---

4   Michael Bosworth: Solution Selling, Workshop, 1983

6. Nun ist wieder eine Bestätigungs- und Feedbackstufe notwendig, in der Sie überprüfen, was Sie über die Personen gerade erfahren haben, die von dem Problem auf die eine oder andere Art betroffen sind.

7. In Stufe 7 geht es um die Historie, indem Sie Fragen zu den früheren Lösungen und deren Analyse stellen. Diese Stufe soll dazu dienen, vergangene Lösungen sowie den Prozess zur Lösung zu erkennen und dabei die oft „eingeschränkte" Sichtweise des Kunden zu verstehen.

8. Hier geht es um die „Wahlmöglichkeitsfrage" zur Lösung des Problems mit dem Ziel, eine gemeinsame Vision zu etablieren und die Spannweite der Problemlösung und der damit verbundenen Aufwendungen zu verstehen: „Was wäre wenn …?"

9. In der letzten Stufe geht es um die Bestätigung der näher in Betracht gekommenen Wahlmöglichkeiten bzw. Alternativen und der daraus erwachsenden weiteren Aktionen.

❶ **Fazit & Erkenntnis**

Ziel dieses Gesprächsablaufs ist es, dass Sie …

1. angehalten werden, sich im Rhythmus Fragen-Verstehen-Bestätigen zu bewegen.

2. nicht Gefahr laufen, anstelle eines Dialogs einen Monolog zu führen.

3. einen individuell anpassbaren Gesprächsverlauf bereits im Vorfeld skizzieren können und somit besser vorbereitet in das Gespräch gehen.

4. ein Instrument an die Hand bekommen, das es Ihnen erlaubt, dem Kunden eine Lösung zu vermitteln, die ihm 1. das „Gefühl gibt" und 2. „beweist", dass er durchaus mit Ihnen, Ihrem Unternehmen und Ihrem Produktportfolio einen echten Nutzen für sein Unternehmen erzielen kann. Wohlgemerkt einen *echten* Nutzen! Einen Nutzen also, der dem Kunden wirkliche Vorteile liefert und nicht nur Ihnen, dem Verkäufer.

Praxisbeispiel: Stellen Sie sich vor, Sie sind Key Account Manager (im Folgenden kurz KAM) und wollen einen Interessenten, in unserem Beispiel ein Versicherungsunternehmen, von einer neuen Software-Entwicklungsumgebung überzeugen. Das Versicherungsunternehmen selbst entwickelt sich gemäß offizieller Marktkennzahlen konform zum Trend. Software wird zu einem nicht geringen Teil manuell entwickelt. Es gibt bereits zahlreiche Entwicklungswerkzeuge bei Ihrem Versicherer. Stellen Sie sich weiter vor, Sie haben einen lang ersehnten Termin beim Chief Information Officer (im Folgenden kurz CIO) bekommen und sitzen ihm endlich gegenüber.

Nach der üblichen und wichtigen „Aufwärmphase" zum Aufbau der „richtigen Chemie" gehen wir nun die 9-Box-Gesprächsführung durch. Sie finden zu jeder Stufe aus Abbildung 14 konkrete Formulierungen, die Ihnen helfen, die einzelnen Schritte besser zu verstehen.

1. Eröffnungsfragen nach Problemen, deren Gründen und persönlichem „Problemdruck"

KAM: „Sie haben mir erklärt, dass Ihr Unternehmen einen Marktanteil von etwa zehn Prozent hat und seit vier Jahren auf diesem Niveau stagniert. Im Kfz-Bereich verlieren Sie Marktanteile. Was meinen Sie, sind die Gründe für diese Entwicklung insbesondere im Kfz-Bereich?"

CIO: *„Dies liegt zum einen daran, dass sich die kleinen Versicherer bis vor ein paar Jahren mit dem Prämiensystem am Marktführer ausgerichtet haben. Zunächst waren es die kleineren Versicherer, die aus dieser Orientierung ausgeschert sind. Dann traten mehr und mehr Banken als Versicherer auf, und die ständig ansteigende Zahl der Direktversicherer wirkte sich entsprechend auf unseren Marktanteil aus."*

Wichtig ist hier, dass Sie konzentriert zuhören und Ihre eigene Meinung zum jetzigen Zeitpunkt außen vor lassen. Geben Sie keine Kommentare ab, sondern lassen Sie die Worte auf sich wirken. Die Gefahr ist sonst zu groß, dass sich Ihre Meinung mit der des Kunden vermischt und sich die Meinungsbildung schon frühzeitig in eine nicht „zutreffende" Richtung entwickelt.

2. Ursachenfragen bezüglich des Problems

KAM: „Kann es auch daran liegen, dass es in einer solchen Situation deshalb noch stärker auf die Kundenbindung ankommt? Könnte ein weiterer Grund sein, dass Ihr Außendienst weniger Leistung beispielsweise in Bezug auf die Kundenbindung erbringt?"

CIO: *„Das mag wohl so sein! Wir müssen eine gewisse Anzahl an Stornierungen hinnehmen. Auch erleben wir eine gewisse Fluktuation und erheblich steigende Gehalts- und Prämienforderungen des Außendienstes. Ich glaube aber, dass es nicht nur das Gehalt ist. Die Außendienstmitarbeiter, die gekündigt haben, werfen uns vor, wir würden keine neuen Produkte entwickeln. Aber neue Produkte im Versicherungsbereich zu entwickeln, ist keine einfache Sache, wenn ich allein an die Kosten und die Zeitaufwendungen für eine solche Produktentwicklung denke."*

3. Bestätigung, dass die Ursache verstanden wurde

KAM: „Prinzipiell kennen Sie also die Gründe für diese moderate Entwicklung. Ich kann nachvollziehen, dass Sie wahrscheinlich davon ausgehen, neue Produkte, neue Tarifrechner, komfortable Risikochecks für Ihren Außendienst entwickeln zu müssen."

4. Fragen nach den weiteren Personen in der Organisation, die ebenfalls vom Problem betroffen sind

KAM: „Bei einer solchen Produktentwicklung sind sicherlich zahlreiche Fachbereiche und Personen involviert. An welche Fachbereiche muss da im Besonderen gedacht werden?"

CIO: *„Da ist zunächst ein Gremium zu schaffen, das aufgrund von Marktanalysen einige Produktvorschläge erarbeitet und eine Aufwandsabschätzung abgibt. Der Vorstand wird sich dann entscheiden und die Ausarbeitung der Produktideen und der damit verbundenen Kosten in die Fachbereiche Vertrieb, Finanzen und DV geben."*

5. Fragen nach den beruflichen, organisatorischen Konsequenzen durch das Problem

KAM: „Neue Produkte können sicherlich die Attraktivität nach außen für Ihre Kunden und nach innen für Ihren Außendienst, erhöhen. Wer von diesen Fachbereichen wird die größte Altlast mit den bisherigen Produkten zu tragen haben? Ist das Produktmarketing involviert? Und wer wird den größten Nutzen von diesen neuen Produkten haben? Müssen Sie in Ihrem Bereich dafür andere Projekte auf Eis legen? Halten Sie genügend Know-how für ein solches Projekt bereit?"

> Das sind natürlich viele Fragen, die nicht nacheinander in dieser Fülle gestellt werden, sich aber im weiteren Gesprächsverlauf ergeben können. Nutzen Sie jede Gelegenheit, so viele Fragen wie möglich zu platzieren

CIO: *„Ja, das Marketing ist beteiligt. Ich kann jetzt schon hören, dass allein das Marketing 12 Monate braucht, um überhaupt ein Produkt zu definieren, bevor es in die Versicherungsmathematik geht. Das größte Problem werde ich haben. Auch wenn wir einen idealtypischen Geschäftsprozess für Produktneuentwicklungen haben, so ergibt es sich meistens, dass die Gespräche zwischen den Fachabteilungen, insbesondere dem Vertrieb und der DV, immer erst am Ende stehen. Dann hat die DV wieder den Druck zu ertragen, dass wir nicht schnell genug das Produkt fertigstellen. Nun gut, ein solcher Druck lässt sich natürlich dafür nutzen, entsprechende Sonderbudgets beispielsweise für weiteres, zusätzlich einzukaufendes Know-how durchzubringen. Aber wie gesagt, das steht immer am Ende."*

6. Bestätigung, dass die Konsequenz verstanden wurde

KAM: „Nach allem, was ich verstanden habe, kann ich mir vorstellen, dass Sie das Gefühl haben, dass Sie und Ihr Bereich nicht die einzigen sind, die Probleme auf sich zukommen sehen. Wenn Sie Ihre Marktanteile steigern, die Vertriebszahlen erhöhen und die Außendienstfluktuation senken wollen, dann können Sie und Ihre Vorstandskollegen doch von vornherein den idealtypischen Prozess, der in Ihrem Hause ja definiert ist, einhalten, oder? Aber selbst wenn dieser Prozess idealtypisch abläuft, müssen Sie zusätzliches Know-how und wahrscheinlich zusätzliche Mannjahre von außen beziehen."

> Seien Sie während des gesamten Gesprächs sehr feinfühlig. Oft geht die Problematik den Personen sehr nah und beschäftigt sie schon lange. Bedenken Sie auch, dass Sie die Historie nicht kennen. Sie wissen nicht, welche „Kämpfe" um diese Problemstellung schon innerbetrieblich ausgefochten wurden.

7. Fragen nach den bisher angenommenen Aufwendungen der Problemlösung

KAM: „Sie machen auf mich den Eindruck, dass Sie genau wissen, was auf Sie zukommen kann. Was meinen Sie, was Sie benötigen, um ein neues Produkt in Ihre Software- und Systemlandschaft zu integrieren? Gern würde ich Ihnen in diesem Zusammenhang einige meiner Gedanken dazu mitteilen."

CIO: *„Wir denken schon seit geraumer Zeit darüber nach, wie wir die Schnelligkeit in der Softwareentwicklung erhöhen können. Aber das kennen Sie ja. Wir kommen nicht darum herum, unseren alten Assembler- und Cobol-Programmierern, die vor Jahren die Systeme entwickelt haben und jetzt teilweise bei uns als Selbständige beschäftigt sind, sehr hohe Beratungshonorare zu zahlen. Jede Veränderung in unserer Systemlandschaft zieht eine große Kette von weiteren Veränderungen nach sich. Um aber aus dieser historischen*

Altlast herauszukommen, müssen wir etwas verändern. Haben Sie hierzu Erfahrungen bei anderen Kunden gemacht?"

8. Fragen nach der Vision: Was wäre, wenn das Problem gelöst wäre
KAM: „Können Sie sich an eine Situation erinnern, in der Sie sich grundsätzlich von etwas Altbewährtem getrennt haben, um etwas anderes auszuprobieren? Was wäre, wenn Sie mit einem ähnlichen Schritt heute die Schnelligkeit in der Softwareentwicklung erheblich steigern könnten und gleichzeitig eine höhere Unabhängigkeit von den Systementwicklern erzielen würden?

Binden Sie Ihren Gesprächspartner so gut wie möglich in die Lösungsfindung ein. Treten Sie als eine Art Coach auf und entwickeln Sie die Lösung gemeinsam mit ihm. Nur so können sie die geeignete Lösung ermitteln.

CIO: „Wir haben in der Vergangenheit immer wieder versucht, neue Technologien einzuführen, nur war der Widerstand in der Mannschaft einfach zu groß. Vor zwei Jahren habe ich eine Pilotgruppe initiiert, die sich mit den Methoden und Techniken eingehend beschäftigt hat, aber mittlerweile habe ich den Eindruck, dass es sich vielmehr um akademisches Getue als um eine produktive Leistung handelt. Die Probleme, die Sie angesprochen haben, sind die Probleme, die mich beschäftigen. Wenn sich die Produktivität der Programmierer durch Ihre Lösung merklich erhöhen lässt und wir ein Stück unabhängiger werden, dann würde ich gern sehen, wie Ihre Kunden mit diesem Problem umgegangen sind."

9. Bestätigung der Fähigkeit, das Problem zu lösen & Überleitung zur Produkt-
   Lösungsvision
KAM: „Gern zeige ich Ihnen auf, wie Unternehmen, die ein ähnlich gelagertes Problem hatten, diesen Weg zu einer neuen Technologie beschritten haben und bis heute erhebliche Produktivitätssteigerungen erzielen konnten. Ich möchte Ihnen anhand von einigen Lösungen bei anderen Versicherungsunternehmen darstellen, was sich wirklich verändert und wie sich der RoI entwickelt hat. Ich erlaube mir, Ihnen eine Referenzliste zukommen zu lassen, über die wir dann beim nächsten Termin ausführlich sprechen können."

Machen Sie nie zu Beginn Ihres Verkaufszyklus mit Ihrem potenziellen Kunden Besuche bei Referenzkunden. Die Überraschungen sind zu groß, die bei einem so frühen Besuch auftreten können. Fragen können aufkommen, auf die Sie noch nicht vorbereitet sind. Der Grund dafür ist, dass Sie bisher nur eine unklare Vorstellung von der Lösung haben, die Ihr Kunde präferiert. Außerdem ist es bei einem zu frühen Referenztermin für den Referenzkunden selbst schlichtweg langweilig, sich mit jemandem zu unterhalten, der gerade erst begonnen hat, sich mit dieser Thematik zu beschäftigen.

❶   Fazit & Erkenntnis

Mit diesem Gesprächsablauf erreichen Sie für Ihren Kunden einen so genannten „ressourcenvollen Zustand". Ihr Ansprechpartner entwickelt durch Ihre Anleitung zum Querdenken unbewusst einen Weg zu neuen Alternativen. Denn: „Der schlimmste Weg, den man wählen kann, ist der, keinen zu wählen" (Friedrich der Große). Er wird sich schneller der Konsequenzen einer Handlung bewusst werden. Wahrscheinlich wird er das Gespräch als harmonisch empfinden und als Bereicherung erfahren. Letztendlich wird er von Ihrer Kompetenz überzeugt sein.

Schritt 17: Entwickeln Sie Ihre individuelle Verkaufs-Gesprächsstrategie

Sie können den Kunden alles fragen. Wenn er antwortet, gut. Wenn er auf Ihre Fragen nicht eingeht, ist das auch kein Beinbruch. Ein kompetenter Top-Entscheider, der in Ihnen einen äquivalent qualifizierten Gesprächspartner sieht, wird Ihnen aber eines immer beantworten, nämlich was die Schritte sind, die er bis zur Entscheidung braucht. Er wird Ihnen sagen, dass er Unterlagen sehen will, einen Referenzbesuch machen möchte, sich mit seinen Kollegen zu beraten beabsichtigt, ein Pilotprojekt durchführen lassen will usw. Diese Entscheidungsstrategie können wir im individuellen Gespräch nutzen.

Weiter oben haben Sie einen fiktiven Gesprächsablauf kennen gelernt. So gut diese Vorgehensweise ist, um vom Kundenproblem zu einer Lösungsvision und danach zu konkreten Aktivitäten zu gelangen, birgt sie doch den Nachteil, dass es eigentlich keine individuelle Gesprächsstrategie ist. Sie haben sich allenfalls mit Geschäftsproblemen Ihres Gesprächspartners beschäftigt. Sie werden nun eine Vorgehensweise kennen lernen, mit der Sie die individuelle Denkweise Ihres Gesprächspartners für sich nutzen können.

Durch das intelligente Monitoring der Entscheidungs-„Denk"-Strategie können Sie die jeweiligen Einkaufsstrategien Ihrer Ansprechpartner ermitteln. Wenn Sie Ihre Produktinformation entsprechend aufbereiten, helfen Sie Ihrem Ansprechpartner, die Informationen wirklich verstehen und aufnehmen zu können.

Eine Entscheidung findet nicht nur am Ende aller Ihrer Aktivitäten statt, sondern auch am Ende eines jeden Gesprächs, nämlich, ob es weitergeht oder nicht. Und das wirklich Interessante ist: Es ist immer ein und dieselbe Denkstrategie, die zu diesen Entscheidungen führt – egal, ob man privat ein Auto kauft oder sich für ein neues Unix-System samt neuer Datenbank entscheiden muss.

Durch unsere Sprache drücken wir ganz genau aus, wie wir denken und wie wir uns entscheiden. Auf Ihre Frage „Sie haben sich in der Vergangenheit für X entschieden. Kann ich mir so Ihre Entscheidung auch für unsere Zusammenarbeit vorstellen?" kann Ihr Kunde folgendermaßen antworten:

> „Nun, ich werde das, was Sie heute vorgestellt haben, mit meinen Kollegen besprechen. Wir müssen ein Gefühl dafür bekommen, bevor wir uns weiter damit beschäftigen werden. Ich denke, dass wir dann auf Ihr Angebot zu einer Demonstration oder einem Pilotprojekt zurückkommen, um uns die Lösung einmal genau anzusehen. Erst danach sollten wir einen Referenzbesuch einplanen und mit den Experten sprechen, die langfristige Erfahrung sammeln konnten. Diese Technologie ist neu für uns, und ich muss noch ein Bild von dem bekommen, was bei uns in welchem Zeitraum machbar ist. Insbesondere möchte ich mit Ihren Experten über die Sache diskutieren. Wenn wir, insbesondere die Pilotgruppe, das Gefühl haben, dass wir zu der Vorstellung gelangen, dass Ihre Möglichkeiten für uns eine echte Alternative darstellen und ich ein gutes Bauchgefühl dabei habe, werden wir uns schnell entscheiden. Es ist nicht so, dass wir es uns ständig leisten können, mit neuen Produkten und Techniken zu laborieren, ohne zu einer Entscheidung zu kommen."

Was hat der Kunde nun genau gesagt?

1. „ ... heute vorgestellt haben,..."

2. „ ... ein Gefühl dafür bekommen, ..."

3. „ ... Lösung einmal genau anzusehen ..."

4. „ ... mit den Experten sprechen, ..."

5. „ ... noch ein Bild von dem bekommen, ..."

6. „ ... Ihren Experten über die Sache diskutieren."

7. „ ... das Gefühl haben, ..."

8. „ ... zu der Vorstellung gelangen, ..."

9. „ ... uns eine echte alternative Perspektive darstellen ..."

10. „ ... ein gutes Bauchgefühl dabei ..."

     samt einer Wiederholungsschleife:

11. „ ... und Techniken zu laborieren ..."

Was für eine Art von Wörtern benutzt Ihr Kunde? Substantive wie „Vorstellung", „Perspektive", „Gefühl", „Entscheidung" und Verben wie „sehen", „laborieren" – alle diese Begriffe geben uns deutliche Hinweise auf das gerade aktive Sinnesorgan, also sehen, hören, fühlen etc. Aneinandergereiht geben sie uns auch die „Sinnesschritte" bis zur Entscheidung an.

1. Visuell (V)

2. Kinästhetisch oder Gefühl (K)

3. Visuell (V)

4. Auditiv (A)

5. Visuell (V)

6. Auditiv (A)

7. Kinästhetisch (K)

8. Visuell (V)

9. Visuell (V)

10. Kinästhetisch (K)
    und die Wiederholungsschleife

11. Kinästhetisch (K)

Die Entscheidungsstrategie sieht also folgendermaßen aus:

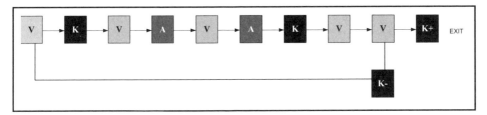

Abbildung 15: VAK-Entscheidungsstrategie abbilden

Zusätzlich haben Sie es noch mit einer Wiederholungsschleife, der so genannten K-Schleife, zu tun. Diese Schleife entsteht zumeist dann, wenn ein negatives Gefühl am Ende der Denkstrategie steht und keine Aktivität erfolgt, im günstigsten Falle die Entscheidung nochmals überdacht wird. In unserem Beispiel ist sie negativ belegt, wie anders könnte man „laborieren" interpretieren. Diese Schleife wird sofort in Kraft treten, wenn Sie nicht bei jedem einzelnen Schritt erfolgreich sind. Sie sollten wissen, dass dies eben nicht in einer Kauf-Entscheidung gipfeln wird, sondern dass das Ergebnis „keine Entscheidung" lauten wird.

Die Entscheidungsdenkstrategie wird in ihren Grundschritten bei diesem Kunden immer gleich sein. Er geht bei der Entscheidung für die neue Unix-Variante genauso vor wie beim Kauf einer neuen relationalen Datenbank, bei der Auswahl des geeigneten Gateways oder dem Kauf seines neuen Autos. Gegebenenfalls legt er Zwischenschritte bei der einen oder anderen Entscheidung ein. Prinzipiell aber wird er an diesen Grundschritten der Entscheidung festhalten.

Überprüfen Sie die so ermittelte Denkstrategie, indem Sie noch einige weitere, frühere Entscheidungen hinterfragen. Diese Entscheidungsketten können unterschiedlich lang sein, aber Sie werden immer wieder das gleiche Grundmuster erkennen. Dieses Grundmuster der aufeinander folgenden Sinnessysteme können wir im Gespräch nutzen.

Die Entscheidungsdenkstrategie des Kunden für den Autokauf könnte beispielsweise so aussehen:

„Wenn ich daran denke, mir ein neuen Wagen zu kaufen, schaue ich mir lange Zeit vorher die Wagen (V), die mich interessieren, im täglichen Straßenverkehr genauer an. Dann habe ich schon ein Gefühl von dem Wagen (K), den ich will. Zumeist ist es so, dass ich zum Autohaus fahre und mir die Modelle genauer anschaue (V). Ich rede mit dem Autoverkäufer (A) und nehme mir noch ein paar Unterlagen, Prospekte und die Preisliste mit (V). Meine Frau und ich sprechen über den Sinn und Unsinn, schon wieder einen neuen Wagen zu kaufen oder über das Für und Wider eines so teuren Modells (A). Wenn wir beide das Gefühl haben (K), dass es mal wieder an der Zeit ist, einen Neuwagen zu kaufen, schauen wir uns den Wagen noch einmal an (V) und unternehmen eine Probefahrt, um ein besseres Gefühl für den Wagen zu bekommen (K). Irgendwann hat man dann mit genügend Modellen herumgemacht (K)."

Was machen wir jetzt mit diesem Wissen? Wir geben unserem Gesprächspartner die Information in den Schritten, in denen er denkt. Jede Aussage, jede schriftliche Information, jede Produktbesichtigung usw. folgt immer exakt den Schritten der Entscheidungsstrategie unseres Gesprächspartners. Wenn Sie im ersten Gespräch diese Entscheidungsstrategie herausgearbeitet haben, dann wiederholen Sie beim nächsten Gespräch die Ergebnisse des letzten Gesprächs in eben dieser Reihenfolge.

Die Entscheidungsstrategie Ihres Top-Entscheiders gibt Ihnen genau vor, welche Aktivitäten Sie wann planen müssen, um ihn zu gewinnen. Bei allen Aktivitäten, an denen dieser Entscheider beteiligt ist, können Sie dieser Entscheidungsstrategie folgen. Bei Aktivitäten, bei denen andere Kundenmitarbeiter beteiligt sind, orientieren Sie sich an den Entscheidern oder an den informellen Wortführern.

In Ihrem Beispiel können Sie folgende alternative Aktionen planen, um der Entscheidungsstrategie zu folgen:

- **Visuell (V):** Benutzen Sie visuelle Wörter, wie Aussicht, widerspiegeln, klar, Klarheit gewinnen, durchleuchten, dunkel, hell, zeigen, Fokus usw. Arbeiten Sie mit Folien, Fotografien, Videos, grafischen Statistiken, Prospekten und Informationsbroschüren, Flipcharts.

- **Kinästhetisch oder Gefühl (K):** Benutzen Sie kinästhetische Wörter wie Bewegung, greifbar, warm, reichen, sich in Verbindung setzen, eng, Fäden zusammenhalten, Schock, schlagen, fühlen, wachsen, anregen usw. Arbeiten Sie mit Modellen, gefühlsbetonten Metaphern, hinterlassen Sie ein Werbegeschenk zum Anfassen, beteiligen Sie Ihren Gesprächspartner aktiv an der Präsentation und legen Sie ihm Folien nur mit dem Titel auf, den Rest entwickeln Sie gemeinsam. Lassen Sie ihn im Demoraum selbst ein Demobeispiel durchspielen.

- **Auditiv (A):** Benutzen Sie auditive Wörter wie Gerede, Stimme, diskutieren, Gespräch, proklamieren, hören, Harmonie, ansagen, Stille, anrufen, laut usw. Und vor allen Dingen lassen Sie Ihr Gegenüber erzählen. Arbeiten Sie mit Videos von Pressekonferenzen oder Interviews, veranlassen Sie, dass einer Ihrer Referenzkunden ihn anruft, arbeiten Sie bei Ihren Präsentationen viel mit Zitaten, Meinungen und Erfahrungen anderer. Achten Sie bei Produktdemonstrationen auf eine ausgedehnte und gut moderierte Diskussionsrunde am Ende.

Dies alles hat einen Zweck: Sie liefern Ihrem Kunden Ihre Informationen gemäß seiner individuellen Denkweise.

Sobald Sie über Folgeaktivitäten sprechen, wiederholen Sie auch die Aktivitäten, die bereits geschehen sind. Folgen Sie allen Schritten der Entscheidungsdenkstrategie Ihres Gesprächspartners (V-K-V-A-V-A-K-V-V-K) in der richtigen Reihenfolge: Machen Sie deutlich, dass Sie ihm im Rahmen der ersten Präsentation das Produkt gezeigt haben und die Broschüren weitere Produktinformationen enthielten (V), so dass Sie beide das Gefühl hatten (K), weitere Aktivitäten zu planen. Der Demobesuch vor Ort hat aufgezeigt, wie das Produkt sich verhält und wie die Benutzeroberflächen aussehen usw. (V). Die Gespräche mit den Experten im Haus (A) haben ergeben, dass man sich durch eine Teststellung ein noch besseres Bild machen konnte (V), und die darauf folgenden Gespräche mit der Produktentwicklung (A) haben das Gefühl verstärkt, in eine zukunftssichere Technologie zu investieren (K), die den Anforderungen Ihres Gesprächspartners entspricht.

Heute möchten Sie nun den Referenzbesuch mit Ihrem Gesprächspartner besprechen, so dass Sie sich ein genaues Bild machen können, wie seine Erwartungshaltung aussieht (V). Und wie bereits vereinbart, beginnen Sie derzeit, auch den Besuch Ihres Gesprächspartners in Ihrer Produktentwicklung und im Support zu planen, so dass sich sein Bild von Ihrem Unternehmen vervollständigt (V). Diese Aktivitäten können Sie beide heute planen, weil Ihr Kunde festgestellt hat, dass sich der Leistungskatalog seines Hauses und die Eigenschaften Ihres Produktes sowie die vorgeschlagene Lösung decken. (K)

❶   Fazit & Erkenntnis

Präsentieren Sie Ihre Information in der Reihenfolge, in der Ihr Gegenüber gewohnt ist zu entscheiden. Verstehen Sie Ihren Gesprächspartner wirklich und ergründen Sie die Denkstrategie, die er bisher immer gezeigt hat. Das ist quasi eine „Best Practice" Ihres Gesprächspartners, die Sie respektieren sollten und müssen, um zum Ziel zu kommen.

Schritt 18: Erkennen Sie die Orientierungs- und Wahrnehmungs-filter Ihres Gesprächpartners

Zusätzlich zu der oben genannten Wahl der „sinnesspezifischen Sprache" und der „Entscheidungsdenkstrategie-Gesprächsabfolge" können Sie Ihre Informationen noch „gehirngerechter" aufbereiten. Nutzen Sie dafür die immer wiederkehrenden Denkmuster Ihrer Gesprächspartner. Ein typisches Denkmuster ist zum Beispiel „Ja, da stimme ich Ihnen zu, aber ...!"

Solche Denkmuster gibt es zuhauf. Nur sind wir uns selbst dieser Muster nicht immer bewusst. Diese Muster wirken wie Filter in unserem Gehirn. Alle aufgenommenen Informationen werden gewichtet und weiterverarbeitet. Wird eine Information aufgenommen, heißt das nicht zwangsläufig, dass eine Handlung sofort erfolgen soll. Vielmehr kommt es in unserem Kopf zu Vergleichen mit Gesehenem, Gehörtem, Gefühltem – mit Erfahrungen also, die wir bereits erlebt und gespeichert haben und später abrufen.

Hier die wichtigsten Muster:

■ **Richtungsmuster: Hin zu etwas – Von etwas weg**
Hin-zu-etwas-Kunden haben ein konkretes Ziel und eine Bedürfnisbefriedigung vor Augen. Sie arbeiten, um ein Projekt zum Erfolg zu bringen. Von-etwas-weg-Kunden wollen alles, bloß nicht „das" Problem. Sie arbeiten, um Kritik zu vermeiden. Hin-zu-etwas-Kunden kann man durch Diskussionen über Ziele und Wünsche gewinnen.

Die Von-etwas-weg-Kunden sind „Alles, bloß nicht das"-Typen. Sie können zur Entscheidung motiviert werden, indem man einen unerwünschten Zustand, ein Problem genau beschreibt und ihnen bewusst macht, dass sie ein Ziel erreichen, wenn sie einen Misserfolg vermeiden.

■ **Beweggrundmuster: Wahlmöglichkeiten – Notwendigkeit**
Wahlmöglichkeitskunden benutzen zumeist Wörter wie „können", „möchte". Sie erleben ihre Arbeit als ständige Möglichkeit, wählen zu können, was sie wirklich wollen. Notwendigkeitskunden benutzen Wörter wie „sollen", „müssen", „kann nicht". Sie erleben ihre Arbeit als eine ständige Wiederholung von Abläufen und Routinen. Sie nehmen Alternativen gar nicht wahr und verharren in ihren Verpflichtungen und Routinen.

Der Wahlmöglichkeitstyp kann zu einer Entscheidung bewegt werden, indem Sie ihm verschiedene Lösungsvisionen aufzeigen. Dagegen ist der Notwendigkeitstyp nur dadurch zu motivieren, indem Sie ihm erklären, dass es nur diese einzige Möglichkeit, nur diesen einen Weg gibt.

■ **Bezugsrahmenmuster: Innerer – Äußerer**
Gesprächspartner mit einem inneren Bezugsrahmen benutzen Wörter wie „ich weiß es einfach" oder „ich hatte eben ein Gefühl". Menschen mit einem äußeren Bezugsrahmen dagegen benutzen Wörter wie „Zahlen lügen eben nicht" oder „ich habe mir das von jemandem bestätigen lassen".

Innere Bezugsrahmentypen entscheiden gern selbst. Sie haben manchmal auch Probleme, mit Komplimenten und Schmeicheleien umzugehen. Um sie zu gewinnen, machen Sie ihnen klar, dass sie allein es sind, die die Entscheidung treffen. Dagegen benötigen Menschen mit einem äußeren Bezugsrahmen echtes Management von außen. Sie sind zumeist dankbar dafür, dass sie von Ihnen einen Aktivitätenplan bekommen, der ihnen immer wieder bestätigt, dass sie das Richtige tun. Sie helfen solchen Menschen bei der Entscheidungsfindung, wenn Sie sie mit Referenzkunden zusammenbringen.

■ **Beziehungsmuster: Gemeinsamkeit – Unterschiede**
Gemeinsamkeitstypen verwenden Ausdrücke wie „das ist alles gleich" oder „das passt so, wie es ist". Sie wollen Veränderungen vermeiden. Unterschiedstypen suchen den Gegensatz. Sie finden nicht nur immer das Haar in der Suppe, nein, sie stellen grundsätzlich in Frage, ob es sich überhaupt um Suppe handelt. Zwischen beiden Typen gibt es einen Mischtyp – den so genannten Mismatcher. Die größte Zahl der Menschen gehört zu diesem Mischtyp. Das sind genau die Leute mit der Satzstruktur „ja..., aber...". Diese Mismatcher erkennen bis zu einem gewissen Punkt die Gemeinsamkeit Ihres Vorschlags an, deshalb „ja ...," um dann aber auch den Unterschied, die Differenz zu sehen „aber ...".

Bei einem Gemeinsamkeitstyp können Sie zum Erfolg kommen, wenn Sie in Ihrer Argumentation immer wieder den Bezug zu dem bereits eingesetzten Produkt und Ihrem Produkt und Ihrer Lösung herstellen. Der Unterschiedstyp erklärt Ihnen sofort, was Sie in Ihrer Ansprache oder in Ihrer Präsentation falsch gemacht haben und was grundsätzlich falsch ist an Ihrem Produkt oder Ihrer Lösung. Wenn Sie auf einen Unterschiedstypen als Kunden treffen, sollten Sie die Unterschiede, die Ihr Kunde ansprechen wird, in Ihrer Argumentation vorwegnehmen: „Die Lösung, die ich jetzt im Kopf habe, wird Ihnen nach dem, was ich eben von Ihnen erfahren habe, wahrscheinlich nicht zusagen. Die gesamte Lösung wird weit mehr kosten, als Sie ursprünglich investieren wollten." Sie antizipieren quasi seine Einwände und führen ihn dann so in die andere Richtung. Nicht selten wird der Unterschiedstyp Ihnen dann sagen: „Ja, und das … kommt noch dazu …., nur das alles halte ich für vernachlässigbar. Viel wichtiger erscheint mir …!"

■ **Spektrumsmuster: Spezifisch – Global**
Spezifische Menschen wollen so viele Detailinformation wie möglich erhalten. Selbst wenn Sie sich auf der Vorstandsebene bewegen und mit dem CIO sprechen, werden Sie von solchen spezifischen Typen nie den Satz hören: „Sie müssen mir hier nicht die Bits und Bytes erklären!". Eine solche Aussage käme eher von einem global denkenden Gesprächspartner.

Der spezifische Gesprächspartner will das Wie und Warum kennen lernen. Der globale Typ will zunächst ein Gesamtbild. Er bringt nur wenig Geduld für die Detailbesessenheit seines spezifisch denkenden Kollegen auf.

Hier haben wir eine echte Herausforderung im Lösungsvertrieb, die nicht jedermanns Sache ist, zumindest keinesfalls die eines spezifisch denkenden Verkäufers. Ein globaler Typ kann sich einfacher auf einen spezifischen Gesprächspartner einstellen als ein spezifischer auf einen global denkenden. Nicht zuletzt deshalb gibt es manchmal Probleme, wenn ein erfolgreicher, spezifisch denkender Pre-Sales-Mitarbeiter in die Account-Manager-Rolle wechseln will. Gerade auf Management-Ebene haben wir es zumeist mit globalen Typen zu tun, die von solchen spezifischen Typen schnell „genervt" sind.

■ **Arbeitsmuster: Sequentiell – Zufällig, wahllos**
Der sequentielle Kunde ordnet die Information nacheinander an. Entsprechend verlangt er von einem Verkäufer, dass er regelgeleitet und aufeinander aufbauend argumentiert und präsentiert. In seinen Ausführungen bewahrt er immer eine streng logische Gliederung. Den zufällig, wahllos veranlagten Gesprächspartner erleben Sie dagegen als einen Menschen, der planlos, spontan, ja manchmal aus reiner Willkür handelt und in seinen Schlussfolgerungen wahllos hin- und herspringt. Hier müssen Sie Ihre eigene Abfolge ständig im Kopf behalten. Sie müssen sofort einordnen, wo sich Ihr, anscheinend wahllos denkender, Kunde gerade befindet. Machen Sie nicht den Fehler, ihm Ihre Abfolge aufzuzwingen. Streichen Sie im Geiste durch, was bereits behandelt wurde.

Insgesamt gibt es 20 solcher Muster, so genannte Meta-Programme. Diese Meta-Programme sind keine Erfindung der heutigen Trend-Verkaufspsychologie. Vielmehr kann man Parallelen zu den Persönlichkeitstypen von C.G. Jung oder dem so genannten Meyers-Briggs-Typen-Indikator feststellen.

❶   **Fazit & Erkenntnis**

Meta-Strukturen sind Denkstrukturen, die alle Menschen mehr oder weniger nutzen. Erkennen wir solche Denkmuster bei uns und bei unserem Gesprächspartner, so erleichtert dies die Kommunikation extrem. Gerade in Gruppenbesprechungen hilft das Erkennen solcher Denkstrukturen, die Kommunikation zu verbessern.

Schritt 19: Wie Sie Einwände gekonnt behandeln

Es ist richtig, dass Sie bei Einwänden Ihres Prospects sofort auf diese eingehen und damit Konfliktsituationen deeskalieren. Wenn Sie von einem Einwand hören, besprechen Sie diesen unverzüglich und warten nicht bis zu Ihrem nächsten Termin. Versuchen Sie auch sofort, der Zirkulation von populären Einwänden zu begegnen. Anders verhält es sich, wenn die Einwände in einer Gruppenbesprechung immer nur von einem Teilnehmer vorgetragen werden. Bitten Sie diesen um Verständnis, dass Sie Ihre Präsentation zunächst fortsetzen und im Anschluss auf seine Einwände eingehen – wenn möglich in einem Zweiergespräch.

Der Einwand „Kein Interesse!" kann viel bedeuten: Hat der Kunde kein Interesse an dem, **was** Sie ihm gerade gesagt haben? oder Hat er kein Interesse an dem, was **Sie** ihm gerade gesagt haben?. Hinter diesem Einwand verstecken sich die W-Fragen: was, wer, wann (siehe oben bei Meta-Modell der Sprache).

Im Wort „Einwand" stecken die Begriffe „Eine Wand". Nur, diese Wand spielt sich in Ihrem Kopf ab. Der Gedanke, dass der Kunde wirklich keine weiteren Informationen will, liegt ja auf der Hand. Aber es gibt bei jedem Einwand etwas, das Sie noch unbedingt für sich persönlich wissen wollen. Sie wollen unbedingt etwas lernen, und sei es nur zu erfahren, was Sie in Ihrer Ansprache bei ihm falsch gemacht haben.

Was sich da in Ihrem Kopf abspielen kann, ist die Überinterpretation einer Aussage wie „Ich kaufe nichts!" oder „Keine Zeit!", „Kein Geld!". Diese einfachen Einwände bergen einen weiteren Informationsgehalt in sich, der durch W-Fragen: Wer genau? Was genau? Wie? Wann dann?" von Ihnen ermittelt werden kann.

Im Folgenden lernen Sie eine simple Struktur für Ihre Einwandbehandlung kennen. Dabei blicken wir kurz auf das Meta-Modell der Sprache zurück. Auf diese Weise wird Ihnen am Beispiel der Einwandbehandlung die Kraft dieses Modells deutlich.

Es gilt bei der Einwandbehandlung zu verstehen, was die Gründe für den Einwand Ihres Kunden sind. Denn eins ist klar: Sie beide haben unterschiedliche Ziele. Um gemeinsame Ziele zu erkennen, muss man die Standpunkte des Gegenübers kennen. Und hierbei helfen die oben angesprochenen Fragenkomplexe. Also fragen Sie nach, wenn Sie Schlüsselwörter der folgenden Kategorien hören:

■ unspezifische Verben wie „verstehen", „machen",

■ ungenauer Inhaltsbezug wie „Experten haben ermittelt, dass ...!",

■ unspezifische Nominalisierungen wie „Chancen und Risiken",

■ unbestimmte Zeit- und Mengenangaben wie „alle", „immer", „man".

■ Regeln und Riten, die zumeist durch Wörter wie „sollen", „müssen", „notwendig", „üblich" ausgedrückt werden.

■ Vergleiche, die Sie anhand von Wörtern wie „besser", „am schnellsten", „leichter" entdecken können.

Viele Einwände oder ähnliche Äußerungen des Kunden lassen sich entkräften, indem Sie sie einfach spezifischer machen. „Das ist nicht richtig!" – Was genau ist nicht richtig? „Das können Sie nicht tun" – Was genau kann ich nicht tun, und was würden Sie machen? „Das Produkt ist mir zu teuer!" – Was genau ist zu teuer? – Zu „teuer" im Vergleich mit der eigenen Lösung oder mit dem Wettbewerbsprodukt? – Um wie viel ist das Produkt teurer? Sie können nicht nur die W-Fragen was, wer, wie, wo, wann nutzen, sondern auch Wörter besonders betonen, wenn Sie den Satz des Kunden noch einmal wiederholen.

Einwände sind sicherlich Widerstände. Aber Widerstände sind keine unüberbrückbaren Hindernisse. Sie können manchmal auch nur Missverständnisse sein. Missverständnisse, die es zu klären gilt.

■ **Die subjektive Wirklichkeit aus Sicht des Kunden bei Einwänden: Es geht oftmals nur um fehlende Informationen.**
Die Philosophie des „Radikal-Konstruktivismus" besagt, die „Landkarte ist nicht das Gebiet *(the map is not the territory)*". Damit ist gemeint, dass wir Menschen uns alle eine eigene Wirklichkeit, ein eigenes Abbild von der Wirklichkeit machen. Wenn Sie mit dieser Einstellung die Einwandbehandlung betrachten, ist Ihnen von vorneherein bewusst, dass Sie nur über Fragen Einwände behandeln können. Dem Kunden fehlen Informationen. Diese fehlenden Information verpackt er in eine hohe abstrakte Beschreibung: „Das ist alles viel zu teuer!" etc. Dies sagt Ihnen zweierlei: Ihr Gegenüber hat sich bei einem hohen abstrakten Einwandsniveau noch nicht im Detail mit Ihrer Lösung beschäftigt und ihm fehlen nach seiner Meinung immer noch Informationen.

■ **Der Kunde will Wahlmöglichkeiten haben.**
Vergegenwärtigen Sie sich, dass Ihr Kunde mit diesem Einwand – egal wie aggressiv oder kritisch er von ihm vorgetragen wurde – auch etwas Sachliches, Konkretes mitteilt und dass dieses Einwandverhalten die für ihn beste Wahl aus seinem Verhaltensrepertoire ist. Er kann nicht anders.

Versuchen Sie, den negativen Aspekt seines Verhaltens von der eigentlichen positiven Absicht zu trennen. Entkoppeln Sie gedanklich die eigentliche Sachfrage vom Negativen des Angriffs. Für Ihr eigenes Wohlbefinden ist dies unerlässlich. Gehen Sie immer davon aus, dass der Kunde doch weitere Möglichkeiten kennen lernen möchte. Bieten Sie ihm Alternativen an, indem Sie die Lösung in Pakete aufteilen wie beispielsweise Produktlizenz, Projektmanagement, Installation, Dokumentation, verschiedene Preismodelle.

■ **Einwände gehören zum Erfolg dazu.**

Aus einer Studie von Achieve Global geht hervor, dass bei „Gesprächen ohne Zweifel" die Wahrscheinlichkeit eines Misserfolgs 1,8-mal so hoch ist wie bei „Gesprächen mit Zweifeln"[5]. Und: „In [erfolgreichen] Fortsetzungsgesprächen hat der Kunde deutlich häufiger Zweifel geäußert als in erfolglosen Gesprächen (im Durchschnitt mehr als dreimal so häufig). […] Bei Gesprächen mit Missverständnissen oder Nachteilen war die Wahrscheinlichkeit eines Erfolgs 1,2-mal so hoch wie bei Gesprächen ohne Missverständnisse oder Nachteile."[6]

■ **Einwände sind Qualitätstests.**

Geschulte Einkäufer testen nicht zuletzt durch Einwände die Qualität Ihrer Vertriebsarbeit. Einwände geben Ihnen zudem den Hinweis, dass Sie einige Informationen noch nicht verständlich genug vermittelt haben. Ihre Reaktion auf Einwände gibt dem Einkäufer aber auch einen Anhaltspunkt, welche Stellung Sie in Ihrem eigenen Unternehmen besitzen. Dies wiederum lässt Rückschlüsse darauf zu, wie sich Ihr Unternehmen nach dem Abschluss diesem Kunden gegenüber verhalten wird.

❶   **Fazit & Erkenntnis**

Wenn Sie keine Einwände zu hören bekommen, können Sie davon ausgehen, dass Ihr Gesprächspartner sich nicht wirklich mit Ihnen auseinandersetzt. Er will das Gespräch schnell zum Abschluss bringen. Einwände sind also zunächst etwas Positives und schlichtweg nur das Zeichen für Sie, dass Ihrem Gegenüber noch Informationen fehlen. Ihre Ausführungen sind also noch nicht verstanden worden bzw. reichen nicht aus. Hinterfragen Sie Einwände genau, und Sie werden das Informationsdefizit in Ihrer Kommunikation entdecken.

Schritt 20: Nutzen Sie die Chance der professionellen Präsentation

Präsentationen vor dem Kunden, insbesondere vor dem „Buying-Center", bergen Chancen und Risiken in sich und müssen deshalb sorgfältig vorbereitet werden. Für eine wirklich erfolgreiche Präsentation müssen Sie die Persönlichkeit und die bisher eingenommene Haltung aller Beteiligten berücksichtigen. Der Kunde überprüft bei Präsentationen nicht nur Ihre Lösung, sondern auch Ihre Fähigkeiten, ob Sie Ressourcen schnell zur Verfügung stellen können und wie Sie und Ihr Team miteinander agieren. Gerade daraus schließt er auf die spätere Projektabwicklung. Hier einige Tipps, wie Sie Ihre Präsentationen professionell gestalten.

Das Vorgespräch und die Agenda

Die Agenda und Ihre Kernpräsentation sollten Sie vorher mit dem Kunden besprechen. Ideal ist, wenn Sie in der Kundenorganisation einen Ansprechpartner haben, der Sie wie

---

5   Achieve Global/Learning International: PSS: Froschungsergebnisse, Düsseldorf 1998, S. 20.
6   ebenda.

ein Mentor oder Coach in Bezug auf dieses Projekt unterstützen kann. Lassen Sie bei der Vorbesprechung immer wieder Freiräume auf den einzelnen Folien, so dass Ihr Gesprächspartner eigene Gedanken einfließen lassen kann. Halten Sie aber auch bei der eigentlichen Präsentation einige Zeilen frei, um den Eindruck zu vermitteln, dass hier noch Ergänzungsmöglichkeiten bestehen und Diskussion erwünscht ist.

Gehen Sie mit Ihrem Coach und Mentor auch die Teilnehmer der Präsentation sorgfältig durch. Wenn Sie bereits die Teilnehmer kennen, bitten Sie Ihren Coach und Mentor, die Teilnehmer, deren Stellung und Haltung zu beschreiben. Dadurch prüfen Sie Ihre bisher gewonnenen Erkenntnisse und können mögliche Fehleinschätzungen im Vorhinein korrigieren.

Besprechen Sie auch die Agenda im Hinblick auf mögliche positive wie negative Reaktionen bei den einzelnen Punkten und vor allen Dingen in Bezug auf die Erwartungshaltungen der Teilnehmer.

Legen Sie die Verantwortlichkeiten gemeinsam mit Ihrem Präsentationsteam fest:

- Ziel der Präsentation,

- einleitende Worte,

- Vorstellungsprozedere,

- einzelne Themenbereiche,

- Erstellung des Protokolls (versuchen Sie, diese Aufgabe zu übernehmen).

Denken Sie immer daran, Ihr Coach und Mentor unterstützt Sie, weil er durch Sie seine Ziele verwirklichen will. Oftmals verfolgt er ein Ziel, das völlig unabhängig von dem eigentlichen Produktnutzen ist. Dies könnte beispielsweise sein, dass er durch Ihre Lösung weniger interne Ressourcen aus einem anderen Bereich benötigt und damit unabhängiger wird. Oder aber er profiliert sich mit dieser Lösung unmittelbar für einen Aufstieg. Prüfen Sie deshalb, inwieweit seine persönlichen Ziele langfristig stabil mit Ihnen und Ihrer Lösung verbunden sind.

Die richtige Teilnehmerzahl

Es gibt Unternehmensberatungen oder Hersteller mit Partnern, die mit einem riesigen Stab an Mitarbeitern beim Kunden erscheinen. Diese quantitative Präsenz soll ausdrücken, dass sie sich um den Kunden mit geballter Kraft kümmern und ihm alle Ressourcen zur Verfügung stellen werden. Das funktioniert vielleicht im Mittelmanagement des Kunden, nicht aber auf der Top-Entscheiderebene. Entscheider lassen sich nicht durch Quantität beeindrucken, hier zählt einzig und allein die Qualität.

Einerseits gibt es aber auch Kunden, die einen solchen Aufmarsch in einer Besprechung befürworten, weil sie so sicherzustellen glauben, dass alle Fragen möglichst eingehend behandelt werden. Andererseits empfinden manche Kunden diese „Masse an Ansprechpartnern und Rollenverteilungen" als regelrechte Bedrohung. Oft werden sie deswegen versuchen, ein Patt in der Gruppenstärke zu erreichen. Dadurch wird der Kunde indirekt gezwungen, viele Kollegen und Mitarbeiter mit in den Entscheidungsprozess für die Präsentation und Diskussion zu integrieren. Dies sind seine Kollegen und Mitarbeiter, die danach wieder aus dem „Informationsloop" genommen werden müssen, damit nicht permanent alle über den Fortgang des Projektes informiert werden müssen.

Mit zunehmendem Spezialistentum bei den Herstellerunternehmen ist der Verkäufer oftmals geradezu verpflichtet, ein möglichst breites und gleichzeitig fundiertes Wissen zur Präsentation beizutragen. Wenn er viele seiner Kollegen mit in die Präsentation einlädt, vergibt er sich aber die Chance, sich selbst als kompetent darzustellen. In den Augen des Kunden wird er zum Moderator und zu demjenigen, der die Ressourcen im eigenen Haus für den Kunden allokieren kann. Das sind Assistenz- und Sekretariats-Funktionen. Es ist schon erschreckend, welche Auffassung einige Account Manager von ihrer Tätigkeit haben. Sie koordinieren Termine, gehen schön brav mit dem Kunden essen, machen „geschicktes Namedropping", haben aber kaum tiefer gehende Kenntnisse über die Produkte, geschweige denn über die Lösungen.

Ändern Sie das: Sie als Verkäufer sind derjenige, bei dem alle Informationen zusammenfließen, die zum Kunden weitergeleitet werden. Sie filtern und bewerten. Eine solche Funktion ist in einer Präsentation extrem wichtig, denn sie bewerten als Kommentator und Moderator die Fachbeiträge Ihrer Kollegen. Sie schaffen den unmittelbaren Nutzen, indem Sie Ihrem Kunden erklären, welcher kaufmännische und technische Vorteil „gerade aus dieser Lösungseigenschaft" zu erwarten ist und welchen Nutzen andere Referenzkunden hieraus gewonnen haben.

Egal, wie groß die Gruppe bei der Erstpräsentation beim Kunden ist, es ist immer sinnvoll, dass nur der Verkäufer selbst und der Pre-Sales-Mitarbeiter zugegen sind. Alle nach einer Präsentation offen gebliebenen Fragen können auf einem separaten Flipchartblatt notiert werden. Diese Fragen ermöglichen Ihnen weitere Termine bei den Kundenteilnehmern. Bei Präsentationen vor den so genannten „CxO" und Top-Entscheidern, sollten der Vertriebsleiter und der Geschäftsführer die Lösungspräsentation selbst halten. Vertriebsleiter und Geschäftsführer sollten sich nicht damit begnügen, ihr Unternehmen oder ihre geschäftliche Sichtweise über das Kundenunternehmen darzustellen. Vielmehr sollten sie sich selbst als diejenigen präsentieren, die ihre Produkte und die erarbeitete Lösung kennen und für die Funktionalität dieser Lösung beim Kunden garantieren.

Den Raum in Besitz nehmen

Wenn Sie zum Präsentieren vor die Gruppe treten, nehmen Sie diesen Platz als Ihren zentralen Standort und als Ihren Ausgangspunkt ein. Nehmen Sie sich einen Moment Zeit, atmen Sie durch und zentrieren Sie sich. Bleiben Sie, wenn es irgendwie geht, in der Mitte des Raumes.

Machen Sie sich vor Beginn der Präsentation mit Ihrem neuen Blickwinkel vertraut. Lassen Sie Ihren Blick den ganzen Raum einnehmen, gerade so, als ob Sie auch den letzten Winkel mit einer Taschenlampe ausleuchten wollten. Halten Sie dabei Blickkontakt mit den Teilnehmern, die sich auf dem jeweiligen „Taschenlampenstrahl befinden".

Die Arbeit mit dem Flipchart

Heutzutage wird zumeist der Beamer genutzt, um die Folien an die Wand zu projizieren. Trotzdem sollten Sie zur besseren Visualisierung für einzelne Themen das Flipchart nutzen, vor allem für offene Fragen, als Themenspeicher und für das „Abklopfen" der Erwartungshaltung.

Wenn Sie wichtige Informationen festhalten, stellen Sie das Flipchart rechts von sich auf, also vom Publikum gesehen links. Die Wahrnehmungspsychologie hat festgestellt, dass das Publikum durch die Augenbewegung gezwungen ist, nach oben links zu schauen. Auf diese Weise werden die Gehirnzentren aktiviert, die für das „visuelle Erinnern" verantwortlich sind. Probieren Sie es doch mal selbst aus: Fragen Sie jemanden in Ihrer Nähe, welche Farbe sein zweites Fahrrad hatte, als er Kind war. Achten Sie auf die Augenbewegung: In 90 Prozent der Fälle wird Ihr Gegenüber für einen kurzen Moment nach oben links schauen, um sich an das Bild zu erinnern. Die Informationen, die Sie auf diesem rechts von Ihnen stehenden Flipchart oder der Beamer-Projektionsfläche festhalten, werden so leichter vom Publikum erinnert und festgehalten.

Die offen gebliebenen Fragen sollten Sie jedoch links von sich bzw. vom Publikum aus gesehen rechts auf einem gesonderten Flipchart festhalten oder besser noch an die linke äußere Wand hängen. So laufen Sie nicht Gefahr, dass die Teilnehmer vor allem diese offenen Fragen im Gedächtnis behalten und womöglich die Einzigartigkeit Ihrer Lösung völlig in den Hintergrund tritt.

Der Aufbau der Präsentation

1. Auch wenn Sie die Erwartungen der Teilnehmer kennen sollten, beginnen Sie mit Ihrer Sicht der Dinge. Zum Beispiel mit folgenden Themen: Wie Sie das Kundenunternehmen sehen, wie der aktuelle Markt dieses Kunden aussieht, was die Konkurrenz anders macht, was das Problem des Kunden aus der Sicht des Marktes und seines Wettbewerbers ist usw.

2. Fordern Sie nach diesem Entree die Kundenteilnehmer zu Ergänzungen Ihrer Ansichten auf.

3. Gehen Sie dann auf eine ähnliche Problemsituation bei einem Ihrer Kunden ein, der nicht aus diesem Umfeld kommt, aber doch nahe verwandt ist: Banken-Versicherungen, Telekommunikation-Energieversorger, Dienstleister-Touristik etc.

4. Danach betrachten Sie wieder die Branche des Kunden, stellen eine Liste Ihrer Referenzkunden aus dieser Branche vor und gehen auf einige Namen und die dort entwickelten Lösungen ein.

5. Erst zu diesem Zeitpunkt sollten Sie ein oder zwei allgemeine Folien (bitte nicht mehr!) über Ihr eigenes Unternehmen auflegen. Die zweite Folie über Ihr Unternehmen beschreibt, wie Sie sich auf diesen Kunden und insbesondere auf den heutigen Tag vorbereitet haben, mit wem Sie über was gesprochen haben (beim Kunden, bei dem jeweiligen Verband usw.) und welche Studien Sie hinzugezogen haben.

6. Erst jetzt beginnen Sie mit der Detailsicht des Problems und nehmen den Faden von der allgemeinen Problembeschreibung und -Lösung wieder auf.

Wichtig für den sinnvollen Aufbau einer Präsentation ist, dass man die individuellen Lernstile der Menschen berücksichtigt. Ähnlich wie verschiedene präferierte Sinnessysteme und Meta-Denkstrukturen existieren, gibt es verschiedene Lernstile. Ein recht einfaches Modell stellen die Lernstile von Bernice McCarthy dar:

- Ca. 35 Prozent sind Warum-Menschen: Diese behalten und verstehen am besten, wenn Sie als Präsentator ihnen Fragen und Diskussionsanregungen liefern (deshalb auch die weiter oben erwähnten leeren Ergänzungspunkte auf jeder Folie).

- Die Was-Menschen machen ca. 22 Prozent der Bevölkerung aus. Diese Menschen machen sich viele Notizen, haben gern eine enorme Fülle an Einzelinformationen und lieben „Data-Sheets", CD-ROMs, Broschüren etc.

- 18 Prozent sind Wie-Menschen. Die Mitglieder dieser Gruppe wollen etwas tun, und sie leben auf, wenn es um einen Besuch im „Demo-Center" oder eine Live-Demo vor Ort geht.

- Die Was-Wenn-Menschen, 25 Prozent der Bevölkerung, entwickeln bei Ihrer Präsentationen eigene Lösungsansätze und hinterfragen manchmal Teile Ihrer Lösung nach dem Schema: „Was wäre, wenn wir X verändern, und welche Auswirkungen hätte dies auf Y?"

Beginnen Sie mit dem *Was*, gehen dann auf das *Warum* ein, um über das *Wie* zu dem *Was-Wenn* beim Abschluss Ihrer Präsentation zu gelangen. Versuchen Sie, in Ihrer Präsentation und in Ihrem Ablauf diesen Lernstilen, aber auch den präferierten Sinnessystemen Ihres Publikums Rechnung zu tragen.

Auf die Sprache achten

Vermeiden Sie Floskeln und Füllwörter, von denen Sie wissen, dass Sie sie als Überbrückungshilfen im Redefluss gern verwenden, die aber unnötig und nichtssagend sind: „wie ich bereits sagte", „eigentlich", „wie ich meine", „gestatten Sie mir", „natürlich", das schlussfolgernde „also" am Beginn Ihres allerersten Satzes usw.

Gemeinsame Stimmungen im Publikum erzeugen und für sich nutzen

Humor am Anfang lockert die Atmosphäre auf! Dies ist ein weit verbreiteter Irrglaube. Ein Witz zu Beginn kann viel kaputt machen, weil eben noch nicht alle Teilnehmer bereit sind, sich auf Sie, Ihr Unternehmen oder die Veranstaltung einzulassen. Zu oft kann man in Podiumsdiskussionen oder allgemeinen Kundenpräsentationen den Eindruck gewinnen, dass der Witz nur dem Präsentierenden dient, weil er sich damit von seiner Anspannung lösen will.

Aber: Ein Witz an geeigneter Stelle innerhalb der Präsentation kann eine andere Bedeutung haben, die immer wieder unterschätzt wird. Ist ein Witz gelungen, machen alle Beteiligten das Gleiche: Sie lehnen sich zurück, beugen sich dann nach vorne, wobei das Zwergfell zusammengedrückt wird, und, gepaart mit dem Versuch, wieder Luft zu holen, entsteht ein Lachen. Durch diese Gemeinsamkeit erzeugen Sie relativ einfach eine verbindende Stimmung, die alle im Raum teilen, auch Sie.

Darüber hinaus gibt es die Möglichkeit, über andere „Zustände" bzw. „Emotionen" wie beispielsweise Wut, Anteilnahme, Motivation, Spannung oder Neugierde eine gemeinsame Stimmung und Schwingung zu erzeugen. Eine solche gemeinsame Stimmung zu erzeugen, ist eine der Kernaufgaben Ihrer Präsentation. Man schwingt gemeinsam, man ist gleicher Stimmung, man ist sich gleich, Kunden wie auch Verkäufer.

Bauen Sie sich gedanklich neben Ihrer Präsentation eine Kette von Stimmungen auf, die Sie bei Ihrem Publikum hervorrufen wollen: Neugierde, Wut, Überraschung, Verwirrung, Zustimmung, etwas Wertvolles entdecken und die Motivation, etwas zu tun. Entwickeln Sie zu jeder dieser Stimmungen eine Anekdote, Geschichte oder Metapher. Diese Geschichten und Metaphern sollten leicht nachvollziehbar oder direkt von jedem Einzelnen in der einen oder anderen Form schon mal erlebt worden sein. Gehen Sie mit Ihrem Publikum auf eine gemeinsame Urlaubsreise oder erzählen Sie, was Ihnen neulich Wundersames beim Anruf auf einer Kundenservice-Hotline passiert ist.

Tragen Sie jeweils nach zwei Folien eine solche Geschichte oder Metapher vor. Dadurch erzielen Sie während Ihrer gesamten Präsentation eine gleich bleibende Schwingung zwischen Ihnen und dem Publikum.

Zum Abschluss noch ein wertvoller Hinweis, auch wenn der eine oder andere ihn nicht gern hören möchte: Egal, wie oft Sie generell bereits präsentiert haben, und egal, wie oft Sie bereits vor diesem speziellen Kunden präsentiert haben, Sie sollten die Präsentation im Vorfeld mindestens einmal in einer Art Generalprobe mit Ihren Kollegen durchspielen. Sie werden erleben, dass sich immer wieder unerwartete Fragen ergeben, auf die Sie sich so gezielt vorbereiten können.

❶   Fazit & Erkenntnis

Wer eine Lösung präsentiert, präsentiert in erster Linie sich selbst. Eine Präsentation ist die einmalige Chance, sich als einen wertvollen Gesprächspartner zu empfehlen. In zweiter Linie präsentieren Sie Ihr Unternehmen und die Qualität Ihrer Lösung. Dies sind alles „Imagefaktoren", die auf Ihre eigentliche Lösung ausstrahlen. Ihre Präsentation berücksichtigt im Aufbau und bei der Verwendung von Metaphern und Beispielen die Lernstile der Zuhörer zum richtigen Zeitpunkt.

Kundenbezogene Ziele, Strategien, Einflussfaktoren

Schritt 21: Definieren Sie Ziele als Umsatz- oder Kostengröße und als inneres Bild

Sie haben nach den ersten Gesprächen mit dem Kunden konkretere Vorstellungen über seinen Bedarf und darüber, was Sie ihm liefern können und müssen, um die für ihn einzigartige Lösung zu schaffen. Sie wissen, welche Ressourcen Sie einsetzen müssen, um diese Lösung zu entwickeln. Sie haben erste Vorstellungen entwickelt, wie Sie Ihre Lösung beim Kunden positionieren müssen. Nun bringen wir alles in ein strukturiertes „Gebäude" aus Aktivitäten und Strategien.

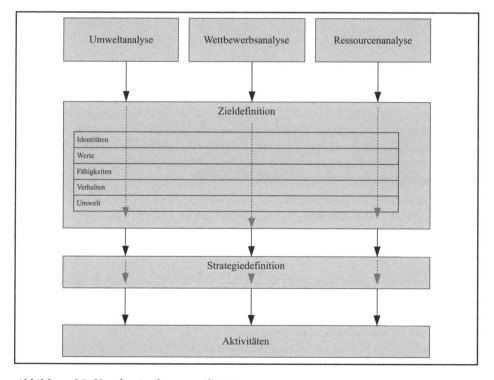

Abbildung 16: Von der Analyse zur Aktivität

Ihr konkreter Aktivitätenplan richtet sich immer an Ihrem Ziel und dem Kundenziel aus. Dabei ist es wichtig, einen Mentor in der Kundenorganisation zu finden, der Sie hierbei unterstützt und der Ihre Strategie bis hin zum Ziel begleitet und das kundenbezogene Ziel nie aus den Augen verliert.

Ziele sollten gemäß den „SMART"-Bedingungen spezifisch, messbar, „achievable" (erreichbar), relevant und „time bound" (zeitlich befristet) definiert werden. Das heißt, das Ziel enthält

- das Zielobjekt,

- die Zieleigenschaften (z. B. wirtschaftlich, qualitativ, nützlich etc.),

- die Zielmaßstäbe (Messvorschriften),

- das Zielausmaß (Ausmaß der Zielerfüllung),

- den zeitlichen Bezug, die Operationen (Handlungen und Ressourcen) und

- Aussagen zur Konsistenz und Kompatibilität zu anderen Zielen oder übergeordneten Strategien.

Sie lernen im Folgenden eine Struktur kennen, die Ihnen die für die Formulierung einer Strategie notwendigen Blickwinkel aufzeigt: das Ziel, die Umwelt, die Ressourcen und die Fähigkeiten. Das hört sich zunächst sehr allgemein an. Aber Sie werden eine echte Differenzierung gegenüber dem Wettbewerb nur dann erreichen, wenn Sie bereits in Ihrer Zieldefinition auf diese Blickwinkel achten.

Letztendlich ist es Ihr Ziel, Ihren Prospect, also Ihren Interessenten, zum Kunden zu machen. Sicher ist dies schon ein formuliertes Ziel; aber Ihr Wettbewerber verfolgt genau das gleiche Ziel. Deshalb müssen Sie sich von ihm unterscheiden! Dies geht nur über Differenzierungskriterien, die darauf abzielen, die Individualität Ihrer Person, Ihres Unternehmens und Ihres Produktes einzubinden und als gesamte, einzigartige Lösung anzubieten. All diese Aspekte werden auf diese Weise Teil Ihrer individuellen Zielformulierung. Achten Sie bei der Zielformulierung auf folgende Kriterien:

- Das Ziel benennt Ihr persönliches Ziel. Es ist exakt, sinnesspezifisch (also visuell, auditiv, kinästhetisch) und eindeutig beschrieben in Ort, Zeit und einem real möglichen Ausmaß der Zielerreichung.

- Das Ziel ist positiv formuliert.

- Das Ziel enthält keine Vergleiche zu vergangenen Projekten, sondern ist individuell auf das konkrete Projekt abgestimmt.

- Die Zielformulierung motiviert alle Beteiligten, Verantwortung zu übernehmen und ihre Aktivitäten kontrolliert umzusetzen.

Lassen Sie uns diese Kriterien in der Praxis anschauen. Wenn Sie der Ansicht sind, für eines Ihrer aktuell existierenden Projekte eine Zielformulierung gefunden zu haben, beantworten Sie für dieses Projekt die folgenden Fragen. Können Sie auf die meisten der Fragen eine Antwort geben, dann haben Sie die obigen Differenzierungskriterien bei Ihrer Zielformulierung konstruktiv berücksichtigt:

■ **Umweltebene:** Wo und wann möchte ich das Ziel erreichen? Wer ist noch beteiligt an meiner Zielerreichung?

■ **Verhaltensebene:** Was muss ich unternehmen, um das Ziel zu erreichen? Bin ich mir aller zielführenden Aktionen bewusst, auch derer, die beim Kunden stattfinden müssen?

■ **Fähigkeitsebene:** Welche meiner Fähigkeiten und der meines Unternehmens werde ich maßgeblich für die Zielerreichung einsetzen? Bin ich in der Lage, die Erwartungen des Kunden an meine Lösung in meinem Unternehmen durchzusetzen? Welche meiner Fähigkeiten könnten beim Kunden wichtig sein, welche bei meinen Kollegen oder allgemein innerhalb meines Unternehmens?

■ **Werteebene:** Was veranlasst mich, daran zu glauben, dass ich dieses Ziel auch erreichen kann, und welche ungeschriebenen Gesetze, Regeln, Notwendigkeiten muss ich einhalten, um das Ziel zu erreichen?

■ **Identitätsebene:** Wer bin ich, wenn ich dieses Ziel erreiche? Wie möchte ich mich selbst und wie sollen andere mich sehen? Soll beispielsweise eine Veröffentlichung erfolgen? Wie soll mein Kunde nach der Zielerreichung dastehen? Wie soll die Kunden-Lieferanten-Beziehung aussehen?

Zugegeben, diese Fragen klingen zum Teil wie die eines Psychiaters. Wenn Sie bei den meisten erst intensiv über eine Antwort nachdenken mussten, dann ist Ihre Zielformulierung bislang unvollständig. Aber Sie haben jetzt die Möglichkeit, sie einfach zu ändern.

Sinn und Zweck dieser Übung ist es, eine stimmige Grundlage für die nachfolgenden Schritte zu schaffen, nämlich die richtige Strategie und einen möglichst vollständigen Aktivitätenplan zu entwickeln. Diese Grundlage ermöglicht es, dass alle Aktivitäten für Sie, Ihre Mitarbeiter und Kollegen wirklich motivierend sind. Denn nur so werden Sie sicherstellen können, dass Sie die Ressourcen erhalten, von denen Sie vorher nie gedacht haben, dass sie im Unternehmen überhaupt vorhanden sind.

Schritt 22: Führen Sie die Ergebnisse der Umwelt- und Wettbewerbsanalyse zum Ziel und zur Strategie zusammen

Kurze Umweltanalyse durchführen

An dieser Stelle kommt es darauf an, dass Sie sich aller Konsequenzen sowie aller wichtigen Zusammenhänge in Bezug auf Ihren Verkaufsprozess bewusst werden: Welche ökonomischen, technologischen und politischen Trends und Gesetzesinitiativen zeichnen sich ab und können auf Ihre Handlungen während des gesamten zeitlichen Ablaufs des Verkaufsprozesses Auswirkungen haben? Welche Auswirkungen haben diese Faktoren auf Ihr Ziel? Ist Ihre Zielformulierung dann noch schlüssig? Da diese Analyse wegen ihrer Komplexität ausufern kann, sollten Sie sich hier auf ein paar wichtige Dinge beschränken.

Stellen Sie ein Mindmap auf, in dem Sie sich und den Kunden in die Mitte setzen. Von dieser Mitte ausgehend, ziehen Sie mehrere Linien, an deren Enden Sie die Haupt-Umweltaspekte beschreiben. Diese Aspekte können sein:

- die Aktivitäten beim Kunden in der Neukundengewinnung,

- Verbesserungsmaßnahmen in der Qualität,

- Aktivitäten in den Verbänden, in denen Ihr Kunde Mitglied ist,

- seine Mitarbeiter,

- Ihr Unternehmen usw.

Lassen Sie sich von diesen wichtigen Umweltaspekten so viele wie möglich einfallen, insbesondere die Aspekte, die unmittelbar für Ihren aktuellen Verkaufsprozess wichtig erscheinen.

Im nächsten Schritt markieren Sie mit verschiedenen Farben die besonders wichtigen Umweltaspekte. Zu jedem dieser farbig unterschiedlich markierten Umweltaspekte notieren Sie drei Antworten auf die folgenden drei Fragen:

1. Historie: War der Umweltaspekt X in der Vergangenheit schon einmal aktuell? Welche Bedeutung hatte er in diesem Zusammenhang?

2. Hier und Jetzt: Welche Bedeutung hat der Umweltaspekt X heute? Welche Anreize existieren für den Umweltaspekt X heute, um ihn zur Entfaltung zu bringen? Welche Ziele verfolgt der Umweltaspekt X heute?

3. Zukunft: Welche Bedeutung kann dieser Umweltaspekt X in Bezug auf den Verkaufserfolg entwickeln? Welche Hindernisse hat der Umweltaspekt X in der Zukunft zu bewältigen, um sein Ziel zu erreichen?

Kurze Ressourcenanalyse im Projekt

Die gleiche Vorgehensweise wiederholen Sie für die Ressourcenaspekte. Erstellen Sie auch hier ein Mindmap und schreiben Sie Ihren Namen und den Ihres Kunden wiederum in die Mitte. Markieren Sie mit verschiedenen Farben die notwendigen Ressourcen, die Sie und Ihr Kunde benötigen, um das Ziel zu erreichen: zum Beispiel Marketing, Logistik, Personal, F&E, Arbeitsklima, kulturelle Unterschiede, Finanzen usw.

Historie: Welche Fähigkeiten innerhalb dieses Ressourcenaspekts Y waren in der Vergangenheit für den Erfolg ausschlaggebend? Wovon hat dieser Ressourcenaspekt Y lange Zeit profitiert?

Hier und Jetzt: Welchem der Ressourcenaspekte Y kommt für die Zielerreichung eine besondere Bedeutung zu? Wie ist der aktuelle Status dieses Ressourcenaspekts Y? Wo muss heute investiert und gehandelt werden, um morgen das Ziel zu erreichen?

Zukunft: Angenommen, die Defizite der verschiedenen Ressourcenaspekte Y sind gelöst, ist damit die Zielerreichung möglich?

Wettbewerbsanalyse im Projekt

Wahrscheinlich kennen Sie Ihren Wettbewerb im jeweiligen Projekt genau. Üblicher- und kurioserweise denkt Ihr Wettbewerbskollege das gleiche. Alle hoffen insgeheim darauf, dass die Beteiligten sich wie in der Vergangenheit verhalten. Und weil oft keiner fortlaufende Wettbewerbsanalysen durchführt, wird die Hoffnung im Kopf aller Beteiligten zum Faktum.

Eine wiederholte und genaue Wettbewerbsanalyse im jeweiligen Projekt erfüllt aber auch einen anderen Zweck: Je mehr Informationen Sie über den Wettbewerb besitzen, umso weniger kann der Kunde Ihnen in den Preisverhandlungen oder in den Verhandlungen um die Mehrwertdienste mit dem Wettbewerb drohen.

Eine Wettbewerbsanalyse kann immer nur eine Momentaufnahme sein! Beherzigen Sie deshalb folgenden Tipp: Wenn Sie mit Ihrem Kunden einen engeren Kontakt haben, zwingen Sie sich bei jedem Treffen, auf Ihrem Kontaktplan für das aktuelle Gespräch eine kurze Frage zum Wettbewerb mit Hilfe der SWOT-Analyse zu stellen. (SWOT steht für Strengths, Weaknesses, Opportunities und Threats, also Stärken-Schwächen-Möglichkeiten & Chancen-Gefahren). Die SWOT-Analyse bietet sich für die gesamte Verkaufsanalyse an. Nach unserer Erfahrung wird die SWOT-Analyse am besten jedoch nur auf die Wettbewerbssituation bezogen.

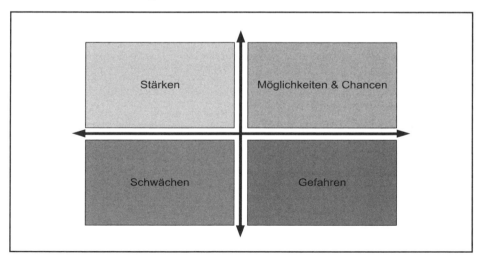

Abbildung 17: SWOT-Analyse

Die SWOT-Analysen zum Wettbewerb sollen sich auf folgende Themen beziehen: Produkt, Technologie- und sonstiges Know-how, Kapitalstruktur, Partnerschaften usw. Sie geben ein kurzes, aber hilfreiches Abbild davon, wie sich das Wettbewerbsunternehmen im konkreten Projekt verhält. Dabei erhalten Sie Antworten auf folgende Fragen:

- Welche Stärken und Schwächen hat der Wettbewerber?

- Beruhen diese Stärken und Schwächen auf der Stellung, die der Wettbewerber grundsätzlich bei jedem Prospect hat, oder sind es originäre Stärken und Schwächen in Bezug auf das aktuelle Projekt?

- Welche besonderen Ansatzpunkte und Möglichkeiten hat der Wettbewerb in diesem Projekt?

- Welche Bedrohungen kommen auf den Wettbewerber kurz-, mittel und langfristig zu, wenn er sich auf dieses Projekt einlässt? Gehört das konkrete Projekt wirklich zum Kerngeschäft des Wettbewerbers?

Zeichnen Sie die unter Stärken, Schwächen, Chancen und Bedrohungen ermittelten Punkte grafisch auf. Wenn Sie diese dann im Zeitablauf verfolgen, können Sie auf einfache Weise feststellen, wie Ihre eigenen Aktivitäten wirken.

Die SWOT-Analyse liefert Ihnen erste Hinweise über den Status des Wettbewerbs bei Ihrem Kunden. Nun geht es darum, diese erste Sicht zu vertiefen und auch zu prüfen, ob die vorherige „geschätzte" SWOT-Analyse der Wirklichkeit entspricht. Stellen Sie sich auch die Frage, welche Informationen Ihr Wettbewerb über Sie hat und ob er vielleicht besser oder schlechter informiert ist als Sie – zugegeben, das sind hypothetische Fragen, die manchmal nur schwer zu beantworten sind!

Im Folgenden lernen Sie die Wettbewerbsanalyse anhand einer Tabellenlösung kennen. Markieren Sie die Felder, die zutreffen, mit Plus (Informationen vorhanden) oder mit Minus (Information nicht vorhanden). Wenn Sie sich nicht sicher sind, ob der Wettbewerb diese Infomation hat, tragen Sie einen Pluspunkt bei Ihrem Wettbewerber ein.

Kriterien	Ihr Unternehmen		Wettbewerber	
	+	-	-	+
Wissen um das aktuelle Geschäftsproblem				
Wissen um das anstehende Projekt zur Lösung des Problems				
Wissen um die finanzielle Stellung des Prospects und das Projektbudget				
Wissen um die formalen Entscheidungskriterien in diesem Projekt				
Wissen um die informellen, weichen Entscheidungskriterien in diesem Projekt				
Produkteigenschaften, die als Teil der Problemlösung geeignet sind				

Kriterien	Ihr Unternehmen		Wettbewerber	
	+	-	-	+
Angebotene Mehrwertdienste				
Wissen um das Beziehungsgeflecht beim Kunden in diesem Projekt				
Wissen um die Durchdringung des Beziehungsgeflechts bezüglich dieses Projekts				
Aufbau und Pflege des persönlichen Netzwerks				
Kundenunterstützung auf Entscheiderebene bezüglich dieses Projekts				
Kundenunterstützung auf sonstigen „Ebenen"				
Wissen um und Beziehung zu Partnerschaften, die in diesem Projekt von besonderer Bedeutung für den Erfolg sind				
Politische oder wirtschaftliche Verbindungen zum Kunden				
Referenzkundenressource				
Gesamtsumme				

Abbildung 18: Checkliste: Wettbewerbsinformations-Analyse

Zählen Sie Plus- und Minus-Punkte zusammen. Wenn Ihr Wettbewerber mehr als doppelt so viele Pluspunkte wie Sie hat, denken Sie nochmals intensiv über Ihre Prospectkriterien nach und überlegen Sie, ob Ihre Ressourcen bei diesem Prospect den erwünschten Erfolg bringen.

Alle Felder in der Spalte Ihres Unternehmens, die negativ markiert wurden, signalisieren Ihnen Ihren „Aktivitätenbedarf". Diese Punkte müssen Sie in den Aktivitätenplan einpflegen. Die positiven Felder der Wettbewerber bedeuten für Sie ebenfalls Aktivitäten, die in den Aktivitätenplan eingehen müssen. Sie zeigen aber zusätzlich auf, ob Ihre Aktivitäten die richtige Strategie verfolgen. Außerdem machen sie Ihnen deutlich, ob Sie im taktischen Bereich den richtigen Weg verfolgen und vor allen Dingen, was Sie bisher versäumt haben zu tun.

Schritt 23: Definieren Sie Ihre Vertriebsstrategie

Es gibt viele Arten von Strategien: marktanteilserhöhende Strategien, Wachstums-, Gewinn-, Marktspezialisierungs-, Sanierungs-, Liquidations-, Kostenführungs-, Differenzierungsstrategien etc. Allen diesen Strategien ist eins gemeinsam: Um wirksam zu sein, muss ein Handlungsrahmen erstellt werden.

Die meisten Vertriebsbeauftragten beschäftigen sich mit Strategien und können diese wie vom Tonband abspulen. Nur muss das nicht immer auch eine wirkliche Strategie sein. Sie wird nicht gelebt, sondern lediglich für das Vertriebsmanagement aus der Schublade gezogen. Kaum ein Vertriebsleiter fragt in den Reviews nach dem „Fit" zwischen Strategie und Durchführung einer Aktivität. Stephan E. Heiman hat die Formel für eine wirklich erfolgreiche Strategie in „The New Strategic Selling" auf den Punkt gebracht: *„The objective of a good sales strategy is to get yourself in the right place, with the right people at the right time so that you can make the right tactical presentation."* [7]

Eine gute Strategie kann sehr wohl eines erreichen, nämlich dass Sie sich nicht mit ständig neuen Nebenaktivitäten verzetteln.

Es gibt Strategien, die den Wettbewerber eher als eine Art Kriegsfeind sehen. Es ist ja ganz nett und manchmal auch amüsant, den Konkurrenten als solchen zu klassifizieren. Das macht die Sache viel greifbarer und auch einfacher. Und so schwören seit einigen Jahren viele Verkaufstrainer auf das Buch von Sun Tzu „Die Kunst des Krieges". Dort finden Sie Aussagen wie *„Wenn Deine Kampfstärke 10-mal so groß ist wie die Deines Gegners, dann umzingle ihn; wenn sie 5-mal so groß ist, dann attackiere den Gegner; wenn sie 2-mal so groß ist, dann zerschlage Deinen Gegner in zwei Hälften, wobei die eine Hälfte von vorne attackiert wird und die andere von hinten."* Und das geht ellenlang so weiter. Auch schön ist der Satz: *„Der Schlüssel zum Sieg ist nicht das Schlagen des Feindes, sondern das Schlagen der Strategie des Feindes, darin liegt seine Verletzbarkeit."* Vielleicht ist das auch alles ganz nützlich zu lesen. Bilden Sie sich hierzu Ihre eigene Meinung. Und doch: Solche plakativen Aussagen sind manchmal hilfreich, wenn man sich ein Problem zunächst einmal bewusst machen möchte.

Es gibt keine Strategieklassifikation! Es gibt kein so oder so, zumindest nicht in unserem Lösungsgeschäft. Es gibt nur eines, nämlich eine Strategie *mit* dem Kunden. Und weil es sehr viele verschiedene Kunden gibt, gibt es auch eine Vielzahl verschiedener Strategien. Natürlich wird der Kunde nicht mit Ihnen gemeinsam Ihre Strategie diskutieren. Er wird Ihnen aber genügend Hinweise auf die Art und Weise geben, wie er sich die Zusammenarbeit mit Ihnen vorstellen kann und wie er von Ihnen überzeugt werden will.

Eine Strategie ist für Menschen gemacht. Im Vertrieb ist eine Strategie für Sie und Ihr Team da und nicht für den Vertriebsleiter. Das heißt in diesem Fall, dass Sie anhand Ihrer Strategie eine Art Leitfaden erhalten, wie Sie vorzugehen haben und wie Sie beim Kunden auftreten sollten. Ihre Kundengespräche haben Ihnen bereits genügend Informationen dazu geliefert, ob Sie mit Ihrer Branchen-, Unternehmens- und Wettbewerbsanalyse richtig lagen. Diesen Informationsstand haben Sie in den fortlaufenden Gesprächen immer mehr verbessert und Ihren Stärken und Schwächen gegenübergestellt. Daraufhin können Sie mit Blick auf Ihr Ziel eine geeignete Strategie festlegen.

Auch wenn Sie jetzt gleich mehr über einige typische Strategien erfahren, lassen Sie sich nicht davon abhalten, Ihre eigene, individuelle Strategie kurz und knapp, aber doch exakt zu formulieren. Im Folgenden beschränken wir uns auf vier grobe Kategorien von Strategien: direkt, indirekt, Nischenstrategie und Verteidigungsstrategie. Sehen Sie in den beschriebenen Ansätzen lediglich Anregungen, die Sie in die Formulierung Ihrer Strategie einfließen lassen.

---

7   Stephan E. Heiman: The New Strategic Selling, New York 1998, S. 45.

Direkte Strategie

Die direkte Strategie zielt auf das gesamte Kerngeschäft des Unternehmens oder zumindest auf seine wichtigsten Bereiche.

■ Grundbedingungen für die direkte Strategie

– Ihr Produkt und Ihre Dienstleistung sind den bestehenden Lieferanten und denen der Wettbewerber deutlich überlegen. Sie lösen damit exakt die Geschäftsprobleme des Kunden.

– Sie verfügen über die richtigen Beziehungen und über die richtigen Referenzkunden, die Sie auch unterstützen.

– Es ist der richtige Moment gekommen, der es Ihnen aufgrund einer besonderen organisatorischen Situation gestattet, das gesamte Produktportfolio und die ganze Kraft der Lösung samt ihrer Einzigartigkeit mit einem Mal anzubieten.

– Sie verfügen über so viel Marktmacht, dass der Kunde keine Wahl hat und Sie berücksichtigen muss.

■ Aktivitätenfokus

– Bei der Wettbewerbsanalyse müssen Sie hinterfragen, wie der Wettbewerber handelt, nachdem Sie direkt und massiv aufgetreten sind. Denn eine direkte Strategie ist zumeist offensichtlich, für viele erkennbar und nachvollziehbar.

– Die direkte Strategie setzt Schnelligkeit voraus, um die unternehmenseigenen Ressourcen beim Kunden zum Einsatz zu bringen. Der Aktivitätenplan ist mit dem Kunden abgesprochen und für gut erachtet worden. Er wird exakt und schnell abgearbeitet.

– Dies setzt selbstverständlich voraus, dass Sie auf die notwendigen Ressourcen Zugriff haben. Es gibt nichts Schlimmeres, als eine direkte und frontale Strategie zu fahren und plötzlich zu erleben, dass beispielsweise der Senior Director des Product Development Ihres Unternehmens nicht zur Verfügung steht.

Indirekte Strategie

Die indirekte Strategie konzentriert die Aktivitäten auf einen neuen, aus Ihrer Sicht wesentlich wichtigeren Blickwinkel im Unternehmen. Sie sehen die Schwierigkeiten in der Vermarktung Ihrer Lösung und arbeiten deshalb gegebenenfalls mit Partnern zusammen. Indirekte Strategie bedeutet aber nicht, dass Sie nur über Partner agieren. Vielmehr vernachlässigen Sie den direkten Angriff und konzentrieren sich indirekt auf einen erweiterten Problemkreis. Sie zeigen dem Kunden auf, welche Probleme mit dem eigentlichen Problem zusätzlich in Verbindung stehen. Die Sicht des Kunden wird sich ebenfalls verändern, und die Wettbewerbslösung wird als zu einseitig und nicht komplett betrachtet werden.

■ Grundbedingungen für die indirekte Strategie

    – Zumeist wird die indirekte Strategie gewählt, wenn die Wettbewerber eine stärkere Position haben und eine Lösung bieten, die das Geschäftsproblem des Kunden besser abdeckt. Die Unsicherheit innerhalb des Kundenunternehmens ist groß, ob ein bestimmtes Geschäftsproblem auf die eine oder andere Weise, mit der einen oder anderen Lösung gelöst werden kann.

    – Es gibt eine Person innerhalb des Kundenunternehmens, die Sie unterstützt.

    – Sie können dem Kunden eine Lösung bieten, die nicht nur den Wettbewerb und das von ihm identifizierte Kundenproblem adressiert, sondern sogar ein aus Ihrer Sicht größeres Problem lösen kann.

    – Sie verfügen über ausreichende Branchenkenntnisse und Referenzkunden.

■ Aktivitätenfokus

    – Ihre Aktivitäten sind zu Beginn eher beratender Natur. Entsprechend ist der Beratungsrechercheaufwand hoch. Die Kosten für wirkliche Markt- und Unternehmensanalysen sind dabei nicht zu gering einzuschätzen.

    – Sie verändern und erweitern durch Ihre Beratung die Entscheidungskriterien und deren Gewichtung beim Kunden. Im Englischen sprechen wir vom „Move the Goal Post!". Sie verändern die Gewichtung der Entscheidungskriterien und erweitern durch Ihre Aktivitäten den Blickwinkel des Kunden auf das Problem.

    – Bei dieser indirekten Strategie ist es wichtig, den richtigen Zeitpunkt zu erkennen, wann Sie von der Beratung auf den aktiven Verkauf umschalten müssen. Eine Paradedisziplin, die die großen Top-Management-Beratungen zu einem „Beste-Prozesse-Katalog" zusammengestellt haben, in den so genannten „Best-Practices" .

Nischenstrategie

Die Nischenstrategie bedeutet, dass Sie sich zwar mit dem Geschäftsproblem beschäftigen, sich aber nur auf Teilaspekte konzentrieren.

■ Grundbedingungen für die Nischenstrategie

    – Das Teilproblem gibt so viel Potenzial her, dass der Deckungsbeitrag I Ihres Verkaufs positiv ist und gleichzeitig die Aussicht besteht, in Zukunft weitere Verkäufe zu tätigen.

    – Ihr Unternehmen hat in diesem Problemnischensegment einen exzellenten Ruf. Der Wettbewerber akzeptiert Ihre Aktivitäten, weil er sie entweder überhaupt nicht wahrnimmt oder die Gefahr für sich unterschätzt.

■ Aktivitätenfokus

    – Ihre Handlungen zielen darauf ab, „einen Fuß in die Tür zu bekommen", erste Kontakte zum gewünschten Kunden zu knüpfen und dies für einen weiteren geschäftlichen Ausbau zu nutzen.

– Dabei müssen Sie gleich zu Beginn beweisen, dass Sie dem Kunden in diesem Problemteil erfolgreich helfen können.

– Ist erst einmal das erste Projekt abgeschlossen und ein Folgeprojekt im gleichen Umfeld geplant, können Sie sukzessive Ihr unterstützendes Netzwerk ausbauen. Sie tasten sich immer weiter im Unternehmen vor und versuchen mehr und mehr, Projekte zu gewinnen, die Ihr Kerngeschäft ausmachen.

Verteidigungsstrategie

Die Verteidigungsstrategie will nur Ihre bisherige Position sichern und festigen.

■ Grundbedingungen für die Verteidigungsstrategie

– Wettbewerber versuchen, Ihnen Ihre Position streitig zu machen, und treten immer aggressiver auf.

– Neue Wettbewerber mit sehr guten Ressourcen treten auf.

– Ihr Kunde ist aufgrund einiger Projektfehlschläge oder Ihrer bisherigen Machtposition gewillt, andere Lieferanten ebenfalls hinzuzuziehen.

– Durch organisatorische Veränderungen beim Kunden, insbesondere durch Neubesetzung von Entscheiderpositionen von außen, kommt es zu einer veränderten Sichtweise auf Ihre Wettbewerber, und Ihre Lage verändert sich immer mehr zu Ihren Ungunsten.

■ Aktivitätenfokus

– Ihre Energie geht massiv in den Ausbau des sozialen Netzwerks. Sie werden durch Ihre Aktivitäten noch mehr ein Teil der Organisation.

– Dabei zielen Ihre Aktivitäten nicht nur darauf ab, Ihr Produkt zu verkaufen und weiter „im Einsatz zu belassen", sondern Sie versuchen auch, durch einen erhöhten Beratungsaufwand einen besonderen Mehrwert für das Unternehmen und die einzelnen Kundenmitarbeiter zu schaffen. Über Mehrwertservices erreichen Sie eine noch stärkere Verflechtung in die Prozesse Ihres Kunden.

– Bei dieser Strategie müssen Sie ständigen Benchmarkanalysen Ihres Wettbewerbsumfelds besondere Aufmerksamkeit widmen. Verhindern Sie, dass Wettbewerber einen Brückenkopf aufbauen können. Sie können die Wettbewerber aber in Nischen zulassen. Insbesondere betrifft dies Wettbewerber, die nicht das gesamte Spektrum der Geschäftsprobleme abdecken können. Seien Sie besonders wachsam und hellhörig, wenn sich Entscheidungen für Ihre Beratungsleistungen und einzelne Upgrades verzögern.

– Auch das Partnergeschäft spielt hier eine Rolle. Für Geschäftsprobleme, die zu weit von Ihrem Kerngeschäft entfernt sind, bringen Sie Ihre exklusiven Partner ins Spiel, die von einer anderen Seite das Netzwerk weiter für Sie ausbauen. Machen Sie sich noch intensiver als zuvor mit den sonstigen Lieferanten vertraut.

Weitere mögliche Strategien, wie beispielsweise die Folgestrategie nach Vertragsabschluss, nach Zielerreichung oder eine Entwicklungsstrategie, um langfristig eine tiefe Kundenbeziehung aufzubauen, seien hier nur der Vollständigkeit halber genannt.

Stellen Sie sich Ihre individuelle Strategie wie eine Schnur vor, die von Ihrer heutigen Position bis zum Ziel reicht. An diese Schnur knüpfen Sie alle Haupt- und Nebenaktivitäten. Durch eine Strategie konzentrieren Sie Ihre Ressourcen und Kräfte auf das Ziel, das Sie und Ihr Kunde gemeinsam erreichen wollen.

❶   Fazit & Erkenntnis

Definieren Sie Ihre Ziele mit der SMART-Terminologie und leiten Sie mit Blick auf die konkrete Umwelt-, Ressourcen- und Wettbewerbsanalyse Ihre Strategie und vor allen Dingen klar definierte und zeitlich begrenzbare Aktivitäten ab. Prüfen Sie, ob Ihre Aktivitäten wirklich der definierten Strategie folgen.

Politische Struktur und innerer Kreis

Schritt 24: Ermitteln Sie die formellen und informellen Strukturen bei Ihrem Kunden

Sie sind nun einige Schritte weiter: Sie haben Ihren Kontaktplan aufgestellt. Sie haben die Reihenfolge der Ansprache beim Kunden und die Themen festgelegt. Jetzt müssen Sie beschreiben, wer mit wem in der Organisation zusammenarbeitet und wer wen intern unterstützt. Dies wird Ihnen Hinweise zur informellen Organisationsstruktur liefern, damit Ihre Aktivitäten nicht ins Leere zielen.

Suchen Sie nach greifbaren Hinweisen über das Zusammenwirken von Themen, Entscheidungen und Interessen der Menschen in der Kundenorganisation. Bedenken Sie dabei, dass Sie es immer mit Menschen zu tun haben. Menschen, die bestimmte Sinnessysteme bevorzugen, die eher technisch oder geschäftlich orientiert sind, die gewisse Meta-Programme benutzen und sich in der Organisationsstruktur mit ihren eigenen Interessen und Karrierezielen durchzusetzen versuchen. Das alles unter dem Gesichtspunkt „des höheren Unternehmenszwecks", nämlich den Geschäftserfolg zu sichern, den Unternehmenswert zu steigern und die jeweiligen persönlichen Ziele zu erreichen.

Die formale Organisationsstruktur lässt sich aus dem Organigramm eines Unternehmens ablesen und ist in den allermeisten Unternehmen schriftlich fixiert.

Viel schwieriger ist es, die informelle Organisationsstruktur bzw. sozial-politische Struktur zu eruieren. Häufig handelt es sich um mehrere solcher politischen Strukturen gleichzeitig. Grundsätzlich gibt es jedoch eine allgemeingültige Struktur, die den Ausgangspunkt für die informelle Struktur liefert.

Unternehmen funktionieren wie eine Art lebender Organismus. Deshalb können Sie nicht immer davon ausgehen, dass Sie bei jeder das Kerngeschäft betreffenden Entscheidung auf die gleiche politische Struktur treffen. Sie können allenfalls aufgrund der existierenden Seilschaften auf einen politischen Zusammenhang schließen. Das wahre politische Zusammenspiel einzelner Organisationsmitglieder bestimmt sich aber immer erst in der aktuellen Entscheidungssituation.

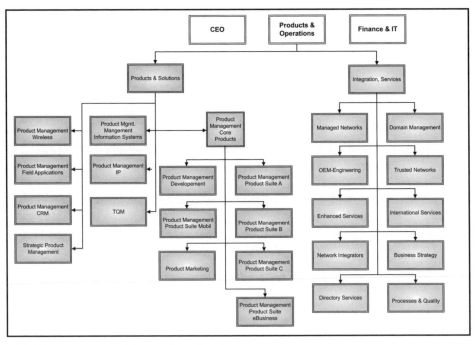

Abbildung 19: Beispiel für ein formales Organigramm

Im Folgenden erfahren Sie, wie Sie die politische Struktur aufdecken und eine solche Struktur für sich nutzen können. Sie werden dadurch Aktivitäten für Ihren und mit Ihrem Kunden bewirken, die so in kurzer Zeit nie durchgeführt worden wären. Die oft komplexen soziologischen Strukturen in einem Unternehmen sind für Ihre Aktivitäten, deren Erfolg oder Misserfolg sowie für Ihren Zugang zu den verschiedenen Entscheiderebenen wichtig. Umso mehr gilt es für Sie, Einsicht in das Soziogramm des Kundenunternehmens zu haben. Es nutzt Ihnen wenig, wenn ein Mitarbeiter des mittleren Managements Ihre Pläne eifrig befürwortet, den der Entscheider auf der Vorstandsebene nicht leiden kann.

Eine formale Organisationsstruktur sieht, je nach Unternehmen, unterschiedlich viele hierarchische Ebenen vor: Vorstand, Geschäftsführung, Hauptabteilungs- oder Bereichsleiter, Abteilungsleiter, Gruppen- und Projektleiter und letztendlich die einzelnen Mitarbeiter. Dazwischen gibt es auf den verschiedenen Ebenen Stabsabteilungen, die mehr oder weniger wichtig sind.

Für Sie sind nur die Entscheidungskompetenz und die Einflussnahme auf den verschiedenen Ebenen interessant, denn sie werden sich auch im Entscheidungsorganigramm widerspiegeln.

Sie haben insgesamt drei Organisationsstrukturen zu ermitteln:

■ die formale Organisation,

■ die informelle, politische Organisation und

■ die aktuelle Entscheidungs- und Beeinflussungsorganisation.

Informationen über die formale Organisationsstruktur werden noch am einfachsten zu erhalten sein. Zwar kann dies bei manchen Organisationen am Anfang schwieriger sein. Aber wenn Sie einen Mentor gefunden haben, wird er Ihnen diese relativ früh in Ihrer Beziehung auch aufzeigen, damit Sie sich besser zurechtfinden.

Die informelle, politische Organisationsstruktur lässt sich nur durch beharrliches und geschicktes Nachfragen ermitteln. Sie kennen die Key Player oder Sie können zumindest mit Ihrem Menschenverstand und Ihrer Erfahrung ableiten, wer ein Key Player sein müsste/könnte. Sie kennen das Problem des Kunden, und Sie wissen, was der Kunde entscheiden soll. Stellen Sie sich selbst ein paar einfache Fragen:

■ Wenn Sie in der Lage Ihres Kunden wären, wen würden Sie in der Entscheidergruppe bzw. im Buying-Center aus fachlicher Sicht gern dabei haben? Marketing, Controlling, Fertigung, F&E, Vertrieb, Vorstand usw.?

■ Wenn die Verantwortung bei Ihnen liegen würde, welcher hierarchischen Ebene sollte der jeweilige Mitarbeiter aus dieser Fachabteilung angehören? Seien Sie realistisch, indem Sie die Budgetgröße in Ihre Überlegung einbeziehen: Ein sehr großer Auftrag für Sie muss auf Kundenseite nicht notgedrungen die Beteiligung eines Vorstandsmitglieds bedeuten.

Wenn Sie sich hierzu sehr früh Gedanken machen, fallen Ihnen auch Unterschiede zwischen „Ihrem ermittelten" Entscheidungsteam und dem vom Kunden eingesetzten Team auf. Hinterfragen Sie prägnante Abweichungen. Diese können persönliche oder politische Gründe haben.

Fragen Sie also für jedes Teammitglied des Entscheidungsprozesses nach:

■ Warum wurde dieses Teammitglied ausgesucht?

■ Wer von den benannten Mitarbeitern hat bereits vorher zusammengearbeitet?

■ Zu wem gehen die Beteiligten im Unternehmen, wenn sie einen Rat oder eine Anweisung haben möchten?

■ Wer will unbedingt Teil dieses Entscheidungsprozesses sein?

Die Entscheidungs-Organisationsstruktur ist immer ein Teil der politischen Organisation. Da beide Organisationsstrukturen sehr eng miteinander verbunden sind, können Sie davon ausgehen, dass Sie es nicht nur mit dem Entscheidungsteam zu tun haben. Sie werden auf zahlreiche Seilschaften treffen, die direkt oder indirekt mit diesem Team in Beziehung stehen und somit das gesamte Unternehmen erfassen können.

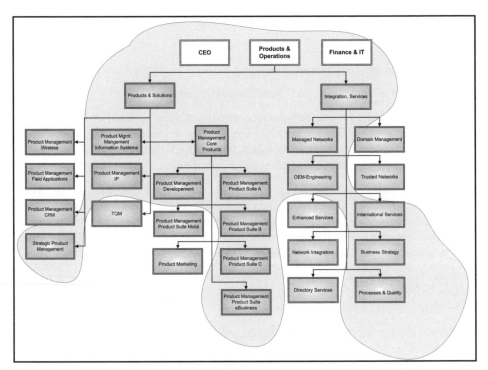

Abbildung 20: Politische Struktur innerhalb der Organisation

Der idealtypische Einflussprozess und einige Besonderheiten:

■ Die einzelnen Mitglieder in der Entscheidungsgruppe erfüllen eine soziale und fachliche Rolle. Fachlich, indem sie ihr Fachwissen in den Entscheidungsprozess einbringen. Sozial, indem sie sich für einen effizienten Entscheidungsprozess im Sinne einer harmonischen Teamarbeit einsetzen.

■ Jedes Entscheidungsteammitglied hat auch eine politische Rolle.

■ Jedes Entscheidungsteammitglied kommt in der Regel aus einer anderen Gruppe oder sogar aus einer anderen Abteilung bzw. einem anderen Unternehmensbereich.

■ Eine Entscheidergruppe bzw. ein Buying-Center besteht zumeist aus verschiedenen Gruppen. Da ist die größere Gruppe der Nutzer, die im Vorfeld zu ihren Anforderungen an die Lösung befragt werden. In großen Unternehmen gibt es meist zwei solcher „Benutzergruppen", die sich regelmäßig treffen. Die eine Gruppe ist mit Mitgliedern aus der höchsten Managementebene besetzt, die Mitglieder der anderen Gruppe kommen meist aus der operativen Ebene, den eigentlichen Nutzern.

■ Die Manager-Benutzergruppe befasst sich neben konkreten Anforderungen auch mit dem Fortgang von anderen Projekten und Prozessen, die das gesamte Unternehmen betreffen.

■ In jedem Fall wird in den regelmäßig stattfindenden Nutzerkreisen eine Idee aufge-
   worfen, die es zu evaluieren gilt. Einer aus dem Top-Management-Zirkel, dessen Fachbereich maßgeblich von dieser Idee betroffen ist, wird dann ein Vorgehenskonzept vor-
   legen, das den Zeitplan der Evaluierung und ihre Organisation beschreibt. Einige aus
   dem Nutzerkreis stimmen zu, andere sind skeptisch und wieder andere wollen mehr
   Einfluss ihres Bereiches geltend machen. Der Findungsprozess dauert einige Zeit, und
   als Ergebnis sind die Struktur des Buying-Centers und seine Prozess definiert! Natürlich wird man sich im Nachhinein noch einige Male darüber unterhalten müssen, wer
   letztendlich die Entscheidung trifft, aber prinzipiell steht die Struktur vorerst fest.

■ Diese Struktur sieht vor, dass es eine Evaluationsgruppe gibt, die sich mit den Eigenschaften der möglichen Lösung beschäftigt, die letztlich den konkreten Bedarf analysiert und den „Lösungsscope" definiert.

■ Je nach Projektaufwand wird ein Projekt-Teamleiter für die Gruppe benannt. Dieser
   berichtet zwar weiterhin an seinen Vorgesetzten. Er wird aber im Projektverlauf mehr
   und mehr, je nach Bedeutung und Verlauf des Evaluierungsprojekts, auch die Vor-
   stands- und Top-Managementebenen regelmäßig informieren.

Glauben Sie, dass es Unternehmen gibt, die einen solchen idealtypischen Einflussprozess
einhalten? Es ist selten, aber es gibt sicherlich löbliche Ausnahmen.

Immer wieder „hört man Gerüchte", dass in den USA laut einer Untersuchung ca. 45 bis
65 Prozent aller Großgeschäfte und Fusionen auf dem Golfplatz abgewickelt werden. Das
heißt aber nicht zwingend, dass dies bei uns auch der Fall ist. Die Grundregel: People Buy
from People wird in Amerika einfach stärker gelebt. Wenn sich amerikanische Vorstände am Ende eines Quartals auf die Closing-Tour nach Deutschland begeben, sind sie nicht
selten überrascht, wie sehr sich der deutsche Top-Entscheider bei einem Kunden auf die
Evaluierungsteams in seinem Unternehmen verlässt. Hinzu kommt noch, dass auch in
einem Buying-Center sicherlich mehr als die Hälfte der Entscheidungen aus Sympathie gefällt werden und zwar immer dann, wenn es keine klare Bewertung für eine Lösung gibt.

In einem Buying-Center gibt es die Entscheiderebene, die vermeintliche Entscheiderebene,
die Reporting-Gruppe und das Evaluierungsteam. Um diese Ansammlung an Funktions-
trägern bewegen sich viele weitere Gruppen. Viele Mitarbeiter und Kollegen, die oft auch
gerne im Team gewesen wären, wollen über die Aktivitäten des Buying-Centers Bescheid
wissen und darüber informiert sein, wozu man sich schon durchgerungen hat oder was
man gerade im Begriff ist zu entscheiden.

Es ist wichtig, dass Sie ein Gefühl für die Arbeit im Buying-Center bekommen und die
politische und soziale Arbeit der einzelnen Teammitglieder und ihren Einfluss übersichtlich für sich darstellen. Dafür benötigen Sie übersichtliche Beschreibungskategorien, mit
deren Hilfe Sie auf dieses Zusammenspiel der Mitglieder schließen können. Sie brauchen
also eine Übersicht, die es auf einen Blick erlaubt, die politische Struktur der Kaufentscheidung Ihres Prospects zu erfassen, und die Ihnen Informationen liefert über:

■ die involvierten Mitarbeiter,

■ die Einfluss nehmenden Mitarbeiter,

■ die wichtigen Kaufbeeinflusser,

■ die sonstigen Rollen im Buying-Center,

■ die Seilschaften und Sympathien innerhalb des Buying-Centers,

■ die wichtigen Seilschaften, die einen besonderen Einfluss auf die Kaufentscheidung haben (der so genannte innere Kreis),

■ die Haltung der Beteiligten Ihnen und Ihrem Produkt gegenüber,

■ die Kontakttiefe mit den einzelnen Beteiligten,

■ die individuellen Entscheidungskriterien, wenn es denn welche gibt und sofern sie von den formalen Entscheidungskriterien abweichen,

■ die sozial-psychologische Motivation der einzelnen Mitarbeiter.

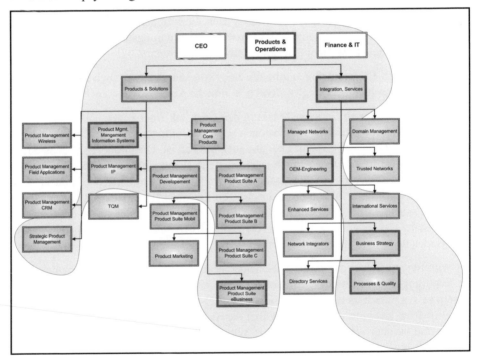

Abbildung 21: Key Player innerhalb der politischen Struktur

Und so erstellen Sie die Übersicht:

1. Bilden Sie die Organisationsstruktur in der Gesamtheit ab.

2. Markieren Sie die Organisationseinheiten, die von der Entscheidung am meisten betroffen sein werden.

3. Jede der von Ihnen aufgeführten Organisationseinheiten muss jetzt noch genauer beschrieben werden. Dabei sind Name, Titel, Aufgabe, Fachbereich usw. zu benennen.

4. Ermitteln Sie zunächst grob, wer zur politischen Struktur gehört! Wer ist Teil des Entscheidungsfindungsprozesses? Vom wem wissen Sie dies genau und von wem vermuten Sie es? Von wem wissen Sie, dass er definitiv nicht Teil des Entscheidungsprozesses ist und warum?

5. Beschreiben Sie die Personen, die in der politischen Struktur definitiv enthalten sind, anhand der folgenden Aufgaben und Rollen im Entscheidungsprozess.

Welche Aufgabenrolle hat der einzelne Mitarbeiter?

■ **Anwender/Nutzer**, der das Produkt direkt nutzen wird.

■ **Entscheider**, der nach der Analyse der Ergebnisse des Evaluierungsteams das Für und Wider von einer noch stärker geschäftsorientierten Warte aus betrachtet und abwägt. Er beschäftigt sich intensiv mit den Themen, die um die Lösung herum wichtig sind, wie Position des Herstellers im Markt, Image, Referenzkunden, Finanzkennzahlen des Herstellers usw.

■ **Genehmiger**, der entweder ein wirkliches Vetorecht hat oder aber als „graue Eminenz" ein indirektes Vetorecht besitzt, da er gewöhnlich vor der endgültigen Entscheidung nochmals vom Entscheider gehört wird.

■ **Prüfer**, der das Produkt nach formalen und vorher definierten Entscheidungskriterien analysiert und vergleicht und der nach dem Abschluss seiner Evaluation zu einer begründeten Handlungsempfehlung für den Entscheider kommt.

Neben diesen Aufgabenrollen spielt jeder Mitarbeiter eine bestimmte sozial-psychologische Rolle. Diese Rolle kann letztlich durch seine Motivation, seine Interessen, seine Ziele im Unternehmen und durch seine Art zu denken erklärt werden. Die sozial-psychologische Komponente ist die wichtigste, weil es gilt: „People Buy from People".

Deshalb müssen Sie auch nach den „menschlichen Aspekten" suchen:

■ Welches Sinnessystem präferiert der Mitarbeiter?

■ Welches Meta-Programm ist bei dem Mitarbeiter vorrangig aktiv?

■ Welche grundsätzliche Entscheidungsorientierung gibt es? Ist der Mitarbeiter eher ein geschäftlich oder ein technisch orientierter Mensch? Handelt er eher aufgrund von bestehenden sozialen Beziehungen?

■ Wer unterstützt uns als interner Berater, als Coach? Wer von diesen unterstützenden Mitarbeitern hat Entscheidungsmacht und kann bzw. will als Sponsor bzw. Power Sponsor für uns und mit uns auftreten? Ist er Mentor, Non-Supporter oder Gegner?

Bei diesen Aspekten können Sie oft aus dem „Gleich und Gleich gesellt sich gern" Rückschlüsse auf Freundschaften und Seilschaften zwischen den Mitgliedern im Entscheidungsteam ziehen. Es lässt Rückschlüsse zu, „wer mit wem wahrscheinlich gut kann".

Sie können auf diese Weise vermuten, wie und wo Informationen sehr schnell fließen und wo langsamer.

Legen Sie für jeden Ihrer Kontakte ein Formblatt wie in Abbildung 22 an.

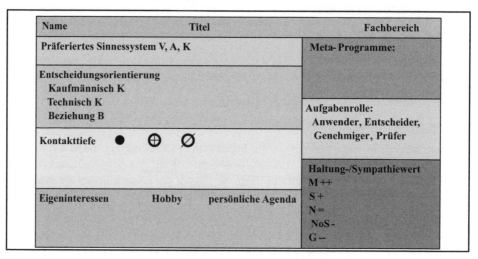

Abbildung 22: Formblatt für Kontaktbewertung

Erstellen Sie daraus ein Entscheidungsdiagramm und übernehmen Sie die Daten in Ihren Kontaktplan. Der Kontaktplan könnte beispielsweise so aussehen:

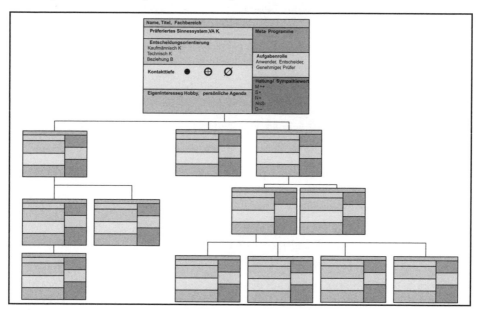

Abbildung 23: Der menschliche Faktor im Organigramm

In diesem Formblatt zur Kontaktbewertung werden folgende Themen und Aspekte berücksichtigt, die kurz erläutert werden:

- Präferiertes Sinnessystem

- Meta-Programmstruktur

- Kontakttiefe

- Eigeninteressen, persönliche Agenda, Hobbys

- Haltung- und Sympathiewert

Präferiertes Sinnessystem

In den Schritten 14 und 17 ging es um das präferierte Sinnessystem Ihres Gesprächspartners. Ergänzend finden Sie hier weitere Tipps, die Sie zur Ermittlung des präferierten Sinnessystems des Kundenmitarbeiters nutzen können.

Typische Aussagen, denen ein Visueller höchstwahrscheinlich zustimmt, sind:

- Wenn ich Aufgaben erledige, habe ich ein Bild von der Reihenfolge der Teilaufgaben im Kopf.

- Ich beobachte gern, wie sich Dinge entwickeln, wie Menschen miteinander umgehen und zusammenarbeiten.

- Mein Arbeitsplatz ist meist gut organisiert. Nur selten hinterlasse ich ein Chaos.

- Ich bin oft schneller in meinen Gedanken als mit meinen Worten.

- Ich verwende oft Wörter wie „das sehe ich ein!", „das sieht gut aus", „Vorstellung", „Perspektive", „meine Ansicht ist", „Fokus".

Visuelle Menschen haben zumeist eine klare Vorstellung von dem, was andere oder sie selbst vorhaben. Sie haben regelrechte Bilder im Kopf, auch wenn sie sich dieser Bilder gar nicht so bewusst sind. Sie neigen dazu, sich beim Sprechen im Stuhl zurückzulehnen und dabei die Arme im Nacken zu verschränken.

Typische Aussagen, denen ein Auditiver zustimmt, sind:

- Wenn ich neue Fremdwörter höre, spreche ich sie mir selbst ein paar Mal vor.

- Man sagt mir nach, dass ich gut und akzentuiert sprechen kann.

- Das Telefon ist das wohl wichtigste Arbeitsmittel für mich.

- Wenn ich etwas verstehen will, spreche ich mit anderen darüber.

- Nachrichten entnehme ich bevorzugt dem Radio und weniger der Zeitung.

- Ich verwende oft Wörter wie, „klingt gut", „habe ich schon mal gehört", „Diskussion", „Gespräch", „verstärken", „wortreich" usw.

Auditive Menschen neigen dazu, Informationen anhand des Tons, des Rhythmus oder der Tonlage zu bewerten. Sie akzentuieren zumeist sehr sauber und verwenden eine klare Satzstruktur. In der Regel haben sie eine gerade Körperhaltung, egal ob beim Sitzen oder Gehen.

Typische Aussagen, denen ein Kinästhet zustimmt, sind:

■ Der Händedruck sagt sehr viel über einen Menschen aus.

■ Überfüllte Räume, in denen man ständig mit anderen auf „Tuchfühlung" geht, machen mir nichts aus.

■ Ich spüre regelrecht, ob ich mit jemandem zurechtkomme oder nicht, auch wenn ich noch nie vorher mit diesem Menschen zu tun gehabt habe.

■ Mein Arbeitsplatz wirkt auf manche Kollegen eher unorganisiert und chaotisch.

■ Ich verwende Wörter wie: „aktiv", „fühlen", „tief", „Spannung", „eingeschlagen", „mobil" „wachsen", „Unterstützung", „Bewegung", „zusammenkommen" oder Floskeln wie „das ist untragbar", „das haut nicht hin".

Kinästhetische Menschen nehmen ihre Welt in erster Linie fühlend auf. Sie haben einen Hang zur beleibten Körperform. Sie spüren sich gern und bewegen sich, beispielsweise durch Vor- und Zurück-Wippen in Besprechungen.

Damit haben Sie einen ersten Eindruck gewonnen, wie jemand Informationen bevorzugt aufnimmt. Tragen Sie also in die Entscheidermaske für jeden Kontakt die grundsätzliche Sinnessystempräferenz ein: V für visuell, A für auditiv, K für kinästhetisch.

Meta-Programmstruktur

Ähnliche Denkmuster bei Menschen verleiten dazu, eine besondere Nähe zu den Menschen aufzubauen, die diese Denkmuster teilen. In Schritt 18 haben wir die wichtigsten so genannten Meta-Programme erläutert, also die Denkmuster, die wir unbewusst anwenden. An dieser Stelle gehen wir auf die Metastrukturen ein, die wirklich wichtig sind, um den inneren politischen Kreis zu bestimmen.

■ **Richtungsmuster: Hin zu etwas – von etwas weg**

Hin-zu-etwas-Typen wollen ein Ziel erreichen und einen Wunsch befriedigen. Von-etwas-weg-Typen wollen kein Problem; sie sind deshalb wenig zielgerichtet und bereit alles zu tun, nur um kein Problem zu haben.

■ **Beweggrundmuster: Wahlmöglichkeiten – Notwendigkeit**

Wahlmöglichkeitstypen haben fast schon einen Hang zum kreativen Entwickeln von alternativen Lösungen. Ein Problem stellt eine Chance für sie dar. Bei zu lösenden Problemen wird der Notwendigkeitstyp immer zuerst nach der Regel fragen, wie etwas in der Vergangenheit schon immer gemacht wurde.

■ **Beziehungsmuster: Gemeinsamkeit – Unterschiede**

Gemeinsamkeitstypen – auch Matcher genannt – haben ein Weltbild, in dem alles im Großen und Ganzen „in Ordnung" ist. Sicher, es gibt an bestimmten Stellen etwas zu tun, aber eigentlich kann man sich damit Zeit lassen. Dieser Typ kann der ausgleichende Faktor in einem Team sein. Er ist oft die Anlaufstation für die vielen Differenzen innerhalb der Gruppe, insbesondere für Mitglieder, die nicht so ganz zur Gruppe gehören. Vor allem kann er eine vermittelnde Funktion zu den Unterschiedetypen und dem Rest der Gruppe übernehmen.

Unterschiedetypen – auch Polarizer genannt – suchen die Differenz. Sie sind nie zufrieden mit der momentanen Situation. Wahrscheinlich haben sie in der Kindheit gelernt, dass sie nur die gewünschte Aufmerksamkeit bekommen, wenn sie das Gegenteil in den Vordergrund rücken. Idealerweise hat man in einem Team nicht zu viele solcher Unterschiedetypen.

Für das Team und für die reibungslosere Arbeit im Team ist der Mischtyp zwischen Gemeinsamkeits- und Unterschiedetyp wichtiger. Dieser Mischtyp – auch Mismatcher genannt – erkennt zwar die Gemeinsamkeit an, sieht aber noch den Unterschied. Seine typische Satzstruktur ist daher „Ja..., aber...".

■ **Spektrumsmuster: Spezifisch – Global**

Spezifische Menschen erarbeiten sich aus den einzelnen Informationen ein Gesamtbild. Den anderen Weg geht der globale Typ. Er will zunächst das Gesamtbild, um dann in die Einzelheiten zu gehen. Im Evaluierungsteam ist es durchaus sinnvoll, nicht zu viele globale Typen zu haben. Gerade ein Evaluierungsteam benötigt eher spezifische, detailversessene Typen. Der globale Typ sollte eher die Teamleitungsfunktion haben. Er achtet darauf, dass das Gesamtziel samt Zeitplan eingehalten wird.

■ **Arbeitsmuster: Sequentiell – Zufällig, wahllos**

Der sequentielle Typ denkt in der Aneinanderreihung von Arbeitsschritten. Der wahllose, zufällige Typ dagegen agiert aufgrund von Assoziationen, die er sofort in Arbeitshandlungen umsetzt, ob sie jetzt „passen" oder nicht.

Nachdem Sie die Mitglieder bewertet haben, tragen Sie die grundsätzlichen Meta-Programme jeden Mitglieds im Buying-Center in das Entscheidungsorganisationsdiagramm ein.

Entscheidungsorientierung

Jeder Mitarbeiter hat aufgrund seiner Aufgaben im Unternehmen eine grundsätzliche Orientierung bzw. Entscheidungsstruktur; abhängig davon, für was er sich interessiert und auf was er sich zuerst konzentriert.

Auf den gehobenen Managementebenen haben Sie es zumeist mit einer vorwiegend **kaufmännischen Orientierung** zu tun. Selbst in den technischen Fachabteilungen sind die Bereichsleiter eher kaufmännisch orientiert. Der kaufmännisch orientierte Typ wird sich zumeist auf den Projektverlauf, auf die Teilziele und das Ergebnis an sich sowie die Passform in das Gesamtunternehmen konzentrieren. Für ihn sind das Gesamtbild entscheidend und die höhere Bedeutung für den Sinn und Zweck, der auf der operativen Ebene „erarbeitet" wird. Er ist maßgeblich an den Kosten (Total Costs of Ownership – TCO) und dem Return on Investment (RoI) interessiert. Zudem richtet er seinen Blick auf Daten zur Produktivitätssteigerung und Qualitätsverbesserung.

Für **Beziehungs- und Sozialorientierte** findet das Denken im gemeinsamen Miteinander statt. Die Denkweise geht in die Richtung, dass ein Verkäufer ein potenzieller Partner werden könnte. Diese Menschen haben ein Gespür für die Seilschaften und Beziehungen in einem Unternehmen. Beziehungsorientierte Personen haben eine essentielle Aufgabe, nämlich die Harmonie in einer Gruppe aufrechtzuerhalten. Sie stellen sicher, dass Informationen an die richtige Stelle kommen und der höhere Systemzweck erreicht wird. Sie stellen die Nahtstelle zwischen den kaufmännisch und technisch Orientierten dar.

Die Funktionalität eines Produktes, sein Verbreitungsgrad und sein Innovationswert sind für die **technisch Orientierten** wichtige Faktoren. Es sind die entscheidenden Faktoren, um sich überhaupt näher mit einem Produkt oder einer Lösung zu beschäftigen. Sie können kein noch so erfolgreiches Produkt in einem Unternehmen platzieren, wenn das Evaluierungsteam mit rein technisch orientierten Mitarbeitern besetzt ist und diese davon überzeugt sind, dass es sich bei Ihrem Produkt um eine veraltete Technik handelt. Dies gilt auch dann, wenn die neue Technologie noch gar nicht greifbar ist. Allerdings werden die technisch Orientierten Garanten dafür sein, dass das Projekt funktioniert, wenn sie sich dafür entscheiden. Der technisch Orientierte will sichergehen, dass die gewünschten Spezifikationen in der vorgegebenen Zeit zuverlässig erfüllt werden. Er will wissen, welche Auswirkungen das Produkt auf seine Arbeit haben wird, wie es seine Effizienz erhöht, ihm die Arbeit erleichtert und welchen Aufwand das Erlernen der neuen Lösung bedeuten wird.

Prinzipiell reichen diese drei Entscheidungs-Orientierungsmuster für eine effektive Bewertung aus. Es gibt sicherlich noch etwas differenziertere Betrachtungen, wie Finanzorientierung oder eine abstrakt juristische Orientierung. Aber diese würde Ihnen bei der Identifikation der sozialen Struktur nicht viel mehr weiterhelfen. Tragen Sie nun auch die Entscheidungsorientierung der betrachteten Personen in das Entscheidungsorganigramm ein.

Kontakttiefe

In einem weiteren Feld vermerken Sie zu jedem aufgelisteten Mitarbeiter der Organisation, wie oft Sie mit ihm gesprochen haben. Hatten Sie bereits mehrere Vier-Augen-Gespräche mit ihm? Oder gab es bisher nur wenige Gespräche und waren andere zugegen? Wen haben Sie bisher vorrangig in einer Gruppendiskussion kennen gelernt, und mit wem haben Sie bisher überhaupt nicht gesprochen.

Tragen Sie bei denjenigen, die Sie nach Ihrer Meinung bereits ausreichend kennen gelernt haben, das Symbol • ein. Bei denjenigen Gesprächspartnern, mit denen Sie bisher nur wenige Gespräche geführt haben, tragen Sie das Symbol ⊕ ein. Wen kennen Sie nur ganz oberflächlich? Hier benutzen Sie das Symbol ∅. Bei allen anderen lassen Sie das Feld frei.

Haltung und Sympathiewert

Im letzten Feld tragen Sie Ihre Einschätzung dazu ein, welche Haltung der jeweilige Ansprechpartner Ihnen und Ihrer Lösung gegenüber einnimmt. Ist er Ihnen eher wohl gesonnen? Will er Sie unterstützen? Wer unterstützt Sie als interner Berater, als Coach? Wer von diesen unterstützenden Mitarbeitern hat Entscheidungsmacht und kann bzw. will als Sponsor für Sie und mit Ihnen auftreten? Wer möchte überhaupt nicht, dass Sie Fuß fassen?

Das heißt, wir haben es hier mit einer Skala zu tun von „begeisterter Befürworter" über „unterstützt uns", „einverstanden mit uns", „interessiert an uns", „neutral", „nicht interessiert an uns", „eher negativ eingestellt", „positiv gegenüber Ihrem Wettbewerb eingestellt" bis „Gegner".

Es gibt verschiedene Bezeichnungen und Klassifikationen von Befürwortern. Eine der eingängigsten und besten Klassifikationen stammt von Target Marketing International[8] (nach Aufkauf durch OnTarget, dann Siebel Multimedia, heute unter Oracle). Dieser Seminaranbieter unterscheidet zwischen Mentor, Supporter, Neutral, Non-Supporter und Gegner. Wobei sich eigentlich noch zusätzlich der Sponsor und Power Sponsor identifizieren lassen.

Ein **Mentor** ist jemand, der sich mit Ihrem Projekterfolg identifiziert. Er betrachtet Ihre Lösung als besonders wichtig für den weiteren Erfolg des eigenen Unternehmens und hat zumeist ein ureigenstes Interesse am Projekterfolg. Es entspricht zudem auch seinen persönlichen Interessen und Zielen im Unternehmen. Er unterstützt Sie durch viele Aktionen. Er diskutiert mit Ihnen die Vorgehensweise, berät Sie bei den anstehenden zukünftigen Vertriebsaktivitäten. Je nach seiner hierarchischen Position kann er Sie auf verschiedene Arten unterstützen. Ist er eher auf der oberen hierarchischen Managementebene einzuordnen, kann der Mentor als Power Sponsor bezeichnet werden. Ist der Einfluss eher gering, kann man ihn immer noch als Sponsor bezeichnen. Wenn Sie meinen, einen Mentor gefunden zu haben, dann tragen Sie ein **„M"** in das Organigramm ein.

Der **Supporter** unterstützt Sie, so gut er kann. Er befindet sich im Gegensatz zum Mentor aber in einem Spannungsfeld zwischen dem eigenen Unternehmen und Ihren Zielen. Er ist Ihnen behilflich, Sachverhalte zu verstehen, und hilft Ihnen das zu vermeiden, was Sie besser nicht tun sollten. Er wird sich allerdings selten bei seinen eigenen Mitarbeitern und Kollegen offen zu seiner Sympathie für Ihre Lösung bekennen. Tragen Sie ein **„S"** in das Entscheidungsdiagramm ein.

Der **Neutrale** hat sich noch keine Meinung über Sie und Ihre Lösung gebildet, zumindest hat er sie Ihnen noch nicht kundgetan. Er wägt ab. Er behält den Systemzweck des Unternehmens und des Evaluierungsprojekts im Auge. Auch bleibt er vorsichtig, solange die soziale Gruppe noch keine klare Meinung in die eine oder andere Richtung geäußert hat. Nach den obigen Meta-Programmen, ist er der typische Gemeinsamkeitstyp. Tragen Sie ein **„N"** in Ihr Entscheidungsdiagramm ein.

---

8   Target Account Selling: Advanced Strategies Workbook, Target Marketing International Inc. 1984

Der **Non-Supporter** ist schwer einzuschätzen. Er deckt die Bandbreite von „Ich werde mich nicht widersetzen" über „ich bin nicht interessiert" bis „ich bin Ihnen gegenüber eher negativ eingestellt". Er wird sich nicht immer offen zu seiner Antipathie bekennen. Er präferiert alternative Lösungen – nicht unbedingt die Ihres Wettbewerbers, sondern vielleicht eine eigene Lösung. Das typische Meta-Programm kann der Polarizer bzw. Mismatcher sein. Aber seien Sie mit einer solchen Kategorisierung vorsichtig. Tragen Sie in das Organigramm bei Personen, die eher als Non-Supporter zu bezeichnen sind, ein **„NoS"** ein. Wichtig für Sie ist zu wissen, warum er Sie nicht unterstützt. Liegt es an Ihrer Person, an Ihrem Unternehmen, an Ihrem Wettbewerb oder ist es wirklich eine fehlende fachliche Lösungseigenschaft? Beim Non-Supporter müssen Sie abschätzen, ob es Sinn macht, ihn zum Supporter zu entwickeln, oder ob Sie riskieren können, dass er zum Gegner wird.

Der **Gegner** ist eine Person, die sich offen zu seiner Antipathie Ihnen bzw. Ihrer Lösung gegenüber bekennt. Er ist fest davon überzeugt, dass Ihr Erfolg ihm oder seinem Unternehmen schaden wird. Ein Gegner kann auch eine „Hidden Agenda" haben, indem er eine alternative Lösung zu Ihrer präferiert, weil Ihre „Supporter" grundsätzlich seine Feinde sind. Solche Gegner wissen, dass sie mit ihrem Verhalten dem Unternehmen schaden, und tun es trotzdem.

Der Gegner versucht ständig, neue informelle Entscheidungskriterien in formelle zu wandeln, die dann für Sie Knock-Out-Kriterien sein können. Im Organigramm markieren Sie Ihren Gegner mit einem **„G"**. Er kann erreichen, dass Sie Präsentationen und Angebote nur noch auf seine Move-the-Goal-Post-Strategie ausrichten und damit eigentliche Kerninhalte vernachlässigen. Wichtig ist es, den Gegner durch weniger Informationen in gewisser Weise „auszublenden" und damit eine kleinere Angriffsfläche zu bieten. Dafür benötigen Sie aber das Wissen, warum er Ihr Gegner ist und warum er statt Ihrer Lösung eine andere favorisiert.

Eigeninteressen, persönliche Agenda, Hobbys

Die Eigeninteressen eines Kundenmitarbeiters für das Projekt lassen sich nur über eine gute Beziehungsebene ermitteln. Sie sollten letztlich versuchen, Fragen folgender Art an den Kundenmitarbeiter zu stellen: „Wenn Ihr Projekt erfolgreich sein wird, ergeben sich daraus notwendigerweise Veränderungen, die organisatorischer und/oder finanzieller Natur sein können. Erkennen Sie ebenfalls die Notwendigkeit einer Veränderung? Was ist Ihre Meinung, wie weit diese Einsparungen gehen? Was wird durch die erhöhte Produktivität geschaffen?"

Zu Anfang wird Ihr Gesprächspartner Ihnen nicht seine ureigensten Interessen mitteilen, sondern zumeist ein oder zwei formale Entscheidungskriterien nennen, die er für besonders wichtig hält. Beispiele dafür wären: den Implementierungsaufwand, Ihr Branchen- und Service-Know-how, das Sie bereit sind, dem Unternehmen mit zur Verfügung zu stellen, den Preis, die Integration in das internationale Geschäft usw. Wenn sich jedoch Ihre Beziehung intensiviert, wird er auch „intimere" Fragen beantworten.

Weitere Eigeninteressen lassen sich ermitteln, wenn Sie ihn nach den Karrierezielen fragen. Welche Karriereziele verfolgt der Mitarbeiter im Unternehmen? Welche Karriereziele sind offiziell bekannt? Welche Bindung hat er an das Unternehmen? Wie lange ist er bereits für das Unternehmen tätig?

Erst wenn Sie eine sehr gute, vertrauensvolle Beziehung zu Ihrem Gesprächspartner aufgebaut haben, lassen sich sukzessiv Eigeninteressen anhand von Äußerungen vermuten wie:

- „Ich bin derjenige im Unternehmen, der immer auf dem neuesten Stand ist. Diesen Informationsgehalt muss ich mir bewahren."

- „Jede neue Technologie erweitert mein Know-how, und damit erhöht sie meinen Marktwert!"

Es werden eventuell Wörter fallen, wie „Macht", „Status", „eigene Attraktivität", „der Problemlöser im eigenen Haus", „Selbständigkeit", „Verantwortungsgefühl", „persönliche Risiken", „Führungsaufgaben", „Selbstwertgefühl", „Aufstieg", „das eigene Image innerhalb des Unternehmens", „andere Leute hören auf mich", „Arbeit in Verbänden und Interessensgemeinschaften", „Veröffentlichungen", „Teilnahme an Podiumsdiskussionen und öffentlichen Vorträgen" usw.

Es ist schwierig, Informationen über den detaillierten persönlichen Werdegang des Mitarbeiters zu bekommen. Einfacher ist es mit den privaten Interessen und Hobbys. Hier sind die Gesprächspartner im Allgemeinen eher bereit, Auskunft zu geben. Trotzdem: Je mehr Sie auch hier erfahren, umso einfacher ist es für Sie, auf die politische Struktur und den inneren Kreis für die Entscheidung zu schließen.

Registrieren Sie bei den Zusammenkünften mit Ihrem Geschäftspartner Kleidung, Auftreten, Kommunikationsstil mit Kollegen sowie Vorgesetzten und Mitarbeitern, Arbeitsstil usw. Dies sind alles Indikatoren, die es Ihnen erleichtern zu erkennen, mit wem dieser Mitarbeiter wohl besonders gut auskommt. Achten Sie vor allem auf folgende Besonderheiten:

- Welcher Stil und welche Form werden in den Konferenzen und Meetings immer gewahrt?

- Wer sitzt neben wem?

- Wer hält Blickkontakt mit wem?

- Wer spiegelt mit seiner Körperhaltung wen, also zwischen wem „stimmt die Chemie"?

- Wie groß ist die persönliche Nähe zwischen Meinungsführer, Entscheider und dem jeweiligen Mitarbeiter?

- Hierzu zählen auch die Fragen,

    - Wer unterstützt wen im Unternehmen?
    - Wer zieht wen nach in der Organisation?

- Wie oft ist das in der Vergangenheit bereits passiert?
- Wer unternimmt auch privat etwas zusammen?
- In welchen vergangenen Projekten war dieser Mitarbeiter tätig?
- Was sagen seine Kollegen, Vorgesetzten und Mitarbeiter über ihn?

■ Wer von den Mitarbeitern auf den unteren Ebenen hat durch besondere Projekte oder Erfolge Zugang zu den Top-Entscheidern?

■ Wer von diesen Top-Performern hat eine Lobby im Top-Management und kann als „graue Eminenz" bezeichnet werden?

Die Beziehungen der Mitarbeiter in der Organisation lassen sich gut durch Einflusspfeile oder besondere farbige Markierungen im Organigramm beschreiben.

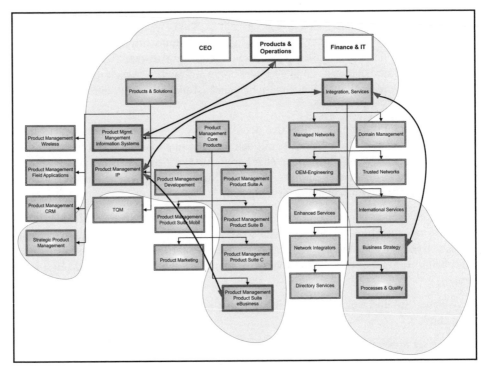

Abbildung 24: Beeinflussung der Key Player innerhalb der politischen Struktur

Nach dieser Analyse der sozialen Struktur werden viele Einflussmöglichkeiten auf das Evaluierungsteam sichtbar. Damit wird die politische Struktur immer offensichtlicher, und Ihr Kontaktplan wird immer detaillierter.

Politische Struktur und innerer Kreis

Wer ist wie maßgeblich in den Entscheidungsprozess integriert? Wer gehört zum inneren Kreis der Entscheider? Wer beeinflusst wen? Wer „müsste" eigentlich aufgrund seiner ähnlichen Veranlagung, wie Meta-Denkstrukturen, präferiertes Sinnessystem usw., mit wem gut zusammenarbeiten? Alle diese Fragen zielen darauf ab, ein Gefühl zu bekommen, wie sich die **politische Struktur** auf Ihr Projekt und Ihre Aktivitäten hin verhalten wird.

Machen Sie den inneren Kreis grafisch deutlich, indem Sie eine gestrichelte Linie um die Mitarbeiter ziehen, die in jedem Fall formal oder informell an der Entscheidung beteiligt sein werden. Überprüfen Sie nochmals die Beeinflussungspfeile, inwieweit bestimmte Mitarbeiter „einfach gut miteinander können müssen", weil sie eine gleiche Sinnespräferenz besitzen, gleiche Entscheidungsorientierung haben, ergänzende Eigeninteressen und Meta-Strukturen bestehen. Beispielsweise wird ein visuell und global denkender Mensch selten einen auditiv-spezifisch denkenden Kollegen als Freund haben.

Innerhalb der politischen Struktur gibt es einen Kreis von Insidern, den Sie nicht alleine auf den inneren Kreis der Entscheider beziehen sollten. Diese Menschen im Kundenunternehmen sind bestens über die Gedanken und angedachten Entwicklungen des Top-Managements informiert. Mitarbeiter im inneren Kreis, die eher den unteren Unternehmensebenen angehören, wissen zumeist um ihre Zugehörigkeit. Sie sind sich bewusst, dass sie überprüft werden, wie sie mit „Insider"-Informationen umgehen, weil sie wissen, was die Erwartungen an sie sind. Zumeist erfüllen sie ihre Aufgaben mit großem Erfolg oder haben zumindest einen solchen Ruf. Sie nehmen Einfluss auf die Kollegen, die sie selbst schätzen, und geben ihnen Hinweise, dass sie Mitglied in „ihrem" inneren Kreis sind. Sie durchdenken Probleme immer von zwei Seiten, nämlich aus der unmittelbaren Perspektive ihres täglichen Tuns und aus der Perspektive des Unternehmens.

Gerade zu Beginn der Zusammenarbeit werden alle Mitglieder im inneren Kreis Sie ständig testen, ob Sie beispielsweise bereit sind, besondere Leistung zu bieten. Sie werden überprüfen, wie schnell Sie Informationen oder Entscheidungen in Ihrem Haus herbeiführen können. Der innere Kreis will wissen, ob Sie zum inneren Kreis Ihres Unternehmens gehören. Wenn ja, dann werden alle Ihre Aussagen für Ihre Ansprechpartner auch eine besondere Bedeutung haben. Sie können sich deshalb lebhaft vorstellen, wie wichtig die Unterstützung Ihres eigenen Top-Managements für Sie ist.

Bilden Sie auch diesen Sachverhalt grafisch ab (siehe Abbildung 25). Ziehen Sie eine durchgehende Linie um alle Mitglieder, von denen Sie überzeugt sind, dass sie dem inneren Kreis angehören. Dabei beurteilen Sie jede Person nach den obigen Kriterien. Stellen Sie ruhig Vermutungen an. Betrachten Sie für diese Darstellung auch nochmals Ihre Beeinflussungspfeile.

Erst wenn Sie diese Analyse hinlänglich und in der Tiefe durchgeführt haben, können Sie beginnen, sich in diesem politischen System zu bewegen. Wenn Sie zu einer Person keine Information haben, setzen Sie bis auf weiteres alles auf negativ. Initiieren Sie bei der Arbeit mit dem inneren Kreis Konferenzen, Präsentationen und Referenzbesuche für die technische Gruppe und für die Top-Managementebene. Dosieren Sie Ihre Aktivitäten sorgfältig und stimmen Sie sich mit Ihrem Mentor ab. Auch wenn Sie beispielsweise noch keinen Mentor gefunden haben, sprechen Sie Ihre Vorgehensweise mit dem Kunden vorher durch und verfeinern Sie danach die Entscheidungsorganigrammstruktur. Die Reaktionen werden Ihnen genügend Aufschluss über Ihre bisher erreichte Stellung and Akzeptanz geben.

Sinn und Zweck ist letztendlich, einen echten oder zumindest subtilen Einfluss auf die informellen Prozesse und die Entscheider auszuüben. Erst wenn Sie neben den formellen Prozessen auch die informellen Prozesse kennen, können Sie Ihren Gesprächspartnern das Gefühl vermitteln, dass Sie ein „Insider" sind und sich intensiv mit dem Kundenunternehmen beschäftigt haben.

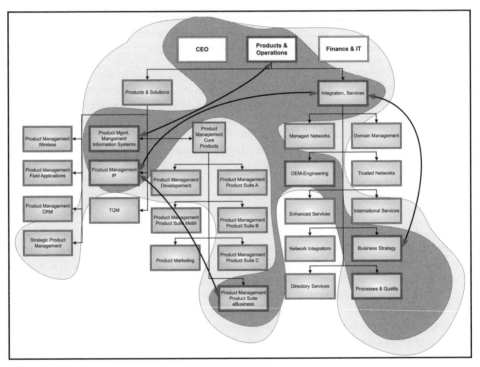

Abbildung 25: „Inner Circle" innerhalb des Organigramms

Schritt 25: Stellen Sie einen möglichst vollständigen Aktivitätenplan auf

Die Analysen der Kundenorganisation, der politischen Struktur und der informellen Organisation haben sich auf die Menschen in der Organisation konzentriert. Schließlich sind es diese Menschen, die Ihren direkten Kontakt darstellen, die Entscheidungen vorbereiten und in der Regel auch treffen. Nur eines sollten Sie bei der Beschäftigung mit dieser

„Menschenorganisation" nicht vergessen: Auch die Kundenprozesse sind wichtig! Der amerikanische Qualitätsguru W. Edwards Deming hat dies auf den Punkt gebracht, indem er behauptet, dass 85 Prozent der Gründe für eine Fehleinschätzung der Kundenbedürfnisse darin liegen, dass man sich zu wenig mit den wirklichen Kundenprozessen beschäftigt und stattdessen nur auf die einzelnen Menschen konzentriert.

Sie als Außenstehender müssen die Gratwanderung zwischen den formellen und informellen Prozessen vollbringen. Sie müssen bei Ihren „offiziellen" Aktivitäten dem formalen Prozess offiziell folgen und den informellen Prozess gesondert „bearbeiten". Bei Ihren Aktivitäten geht es immer darum, nicht nur den für Sie so wichtigen unmittelbaren Entscheidungsprozess des Prospects zu beachten und weiter kennen zu lernen, sondern auch alle Prozesse zu analysieren, die nur irgendwie mit dem identifizierten Geschäftsproblem zu tun haben. Sie erhalten durch alle Ihre Aktivitäten so viele Informationen, dass diese Sie fast zu einem Business-Process-Engineer machen.

Der Aktivitätenplan

Bereits bei der Abfolge im Kontaktplan haben Sie Ihren eigenen Themenplan anhand Ihrer Markt-, Branchen-, Unternehmens- und Wettbewerbsanalyse nach Ansprechpartner-Hierarchien so aufbereitet, dass der eigene Produkt- und Unternehmensnutzen im Vordergrund steht. Der Ansprechpartner hat Sie als kompetenten Menschen schätzen gelernt. Jetzt stellen Sie einen zusätzlichen Themenplan auf. Dieser neue Themenplan wird so effizient gestaltet sein, dass jedes Thema und jeder Argumentationspunkt nach einer bestimmten Anzahl von Aktivitäten im Kundenunternehmen angekommen und fest verankert sein wird. Diese Verankerung soll so tief sein, dass das Vertriebsargument vom Kunden schlichtweg als Fakt verstanden, akzeptiert und übernommen wird. Das kann so weit gehen, dass der Kunde Ihre Sprache spricht und mit Ihren Abkürzungen und Terminologien arbeitet.

Ein Aktivitätenplan besteht aus einzelnen Handlungenn, die wiederum durch so genannte Themen-Argumente gegliedert sind. Hinterfragen Sie jede Aktivität nach ihrem Wert für Ihren Kunden. Seien Sie kreativ! Jeder Ihrer Wettbewerber macht Demonstrationen, Firmenbesichtigungen, Referenzbesuche oder veranstaltet Konferenzen. Was unterscheidet Ihre Aktivitäten davon?

Denken Sie daran, dass manche Aktivitäten ein Muss sind. Fehlen diese Muss-Aktivitäten, dann wird sich Ihr Prospect beschweren oder zumindest unzufrieden sein. Manche Aktivitäten wiederum können Ihnen besondere Aufmerksamkeit verschaffen. Sind diese aber nicht gut organisiert, dann erzeugen Sie damit auch Unzufriedenheit und ein negativer Beigeschmack bleibt. Wiederum andere Aktivitäten werden als etwas so Besonderes erlebt, dass Ihr Prospect sich trotz eines möglicherweise schlechten Ablaufs zufrieden zeigt. Sie können beispielsweise eine Informationsveranstaltung organisieren, die allein durch die Auswahl der Key-Note-Speaker genau auf das Problem des Kunden zugeschnitten ist.

Fragen Sie sich also, **welche** Argumente Sie in **welcher** Reihenfolge bei **wem** im Kundenunternehmen **wie** verankern wollen, und richten Sie Ihre Aktivitäten auf diese Themen- bzw. Argumentenkette aus.

Weil Sie diese Aktivitätenliste nicht nur für einen, sondern zeitgleich durchaus für mehrere Prospects machen müssen, noch ein wichtiger Tipp: Beschränken Sie sich jeweils nur auf eine Sache und widmen Sie dieser Ihre volle Aufmerksamkeit. Wenn Sie immer wieder abgelenkt werden, weil Sie zu viele Aktivitäten zeitgleich umsetzen wollen, dann sind Sie nicht im „Hier und Jetzt", beeinträchtigen sich selbst und nehmen sich auch die Freude am Erfolg einer Aktivität.

Gerade zu Beginn des Vertriebsprozesses werden Sie je nach Vertriebsstrategie Ihre Aktivitäten mit dem Kunden absprechen. Sie werden Vorschläge unterbreiten, und er wird sie verwerfen oder befürworten. Nachdem Sie einige Gespräche beim Prospect geführt haben, entwickeln Sie eine Vorstellung über den Zeithorizont. In jedem Fall sollten Sie so genannte Schlüsselaktivitäten weit im Voraus einplanen, mit Ihrem Prospect diskutieren und den längeren Vorlauf in Ihrer Zeitplanung berücksichtigen.

Das Formblatt Aktivitätenplan ist klassisch und beinhaltet folgende Themen:

- Was ist der Argumentationspunkt, also das Hauptthema?

- Was wollen Sie mit dieser Aktivität erreichen und auf welches Themen- bzw. Argumentations-Sub-Ziel zielt diese Aktivität ab?

- Wer im eigenen Unternehmen wird bei der durchzuführenden Aktivität mit dabei sein? (Planen Sie auch eine mögliche zeitliche Bandbreite für die Verfügbarkeit dieser Person ein und informieren Sie diesen wichtigen Mitarbeiter ständig über das Geschehen.)

- Welche Ihrer Kollegen sind beim Kunden involviert?

- Wann soll die Aktivität erfolgen?

- Was wurde tatsächlich durch diese Aktivität bewirkt und erreicht?

Thema & Argumentations- schwerpunkt & „Highlight" i	Was & Wie: Aktivität$_j$	Ziel: Was soll durch die Aktivität erreicht werden?	Wer führt durch?	Wer ist noch intern in- volviert?	Ansprechpartner beim Kunden & wo soll Aktivität durch- geführt werden?	Wann	Kontrolle: Was wurde wirklich erreicht?
Thema 1: ...	Aktivität $_{1j}$: ...						
	Aktivität $_{1j}$: ...						
	Aktivität $_{1j}$: ...						
Thema 2: ...	Aktivität $_{2j}$: ...						
	Aktivität $_{2j}$: ...						
	Aktivität $_{2j}$: ...						
	Aktivität $_{2j}$: ...						

Abbildung 26: Arbeitsblatt Aktivitätenplan

Diese Aktivitäten zielen alle auf die inhaltliche Ebene ab und definieren dabei auch das Wie, also die Frage des eingesetzten Mittels. Sie haben ein bestimmtes Repertoire an einsetzbaren Mitteln: Einzelgespräche, Gruppendiskussionen, Referenzbesuche, Präsentationen usw. Bei jedem dieser Mittel müssen Sie sich vorher überlegen, welcher Themen- bzw. Argumentationsschwerpunkt mit welchem Mittel am besten dargestellt werden kann. Welches ist das richtige Mittel und zu welchem Zeitpunkt soll es eingesetzt werden, um Ihre Botschaft optimal zu überbringen? Die folgenden Mittel stehen Ihnen zur Verfügung (die Aufzählung ist nicht abschließend):

- Anrufe

- Produktdemonstrationen

- technische Präsentationen

- Präsentationen, die auf die geschäftliche Lösung abzielen

- Bestätigungsgespräche

- Kundenbesuche auf den verschiedenen Ebenen

- Einladungen zum Essen für persönlichere 4-Augen-Gespräche

- Kundenbesuche in Ihrem Haus mit entsprechender Unterstützung durch das eigene Top-Management

- allgemeine Angebotspräsentationen

- technische Angebotspräsentationen

- Angebotspräsentation für High-Executives

- Pilotprojekte & Teststellung

- Management Summaries

- kurze, so genannte „Test- und Demo-Besuche"

- Messen

- Einladungen zur aktiven Teilnahme Ihres Prospects an Podiumsdiskussionen

- besondere, speziell auf den Kunden zugeschnittene Veranstaltungen und Kongresse

- Besuche in der eigenen Unternehmenszentrale

- Referenzkontakte

- Referenzbesuche auf technischer Ebene

- Referenzbesuche auf geschäftlicher Ebene

- Referenzbesuche für das Top-Management

Selbstverständlich sollten Sie in Ihrem Aktivitätenplan Verlinkungen auf Checklisten ein-arbeiten, z .B.: Was ist zu tun bei einem Kundenbesuch in Ihren Räumen? Was muss bei einer Präsentation beim Kunden berücksichtigt werden? Welche Vorkehrungen müssen bei einer Testinstallation o. Ä. bedacht werden?

Für alle Aktivitäten, die den Kunden direkt betreffen, haben wir oben bereits ein Aktivitä-tenziel definiert. Zusätzlich sollten Sie aber bei jeder dieser kundenorientierten Aktivitä-ten immer eine besondere Information vermitteln: eine aktuelle Schlagzeile, die Sie, Ihren Wettbewerb oder Ihren Kunden betrifft; Neuigkeiten aus der Kundenbranche und der ei-genen Branche; Aussagen und Aktivitäten der Kundenkonkurrenz usw.

Dabei sollten Sie stets die folgenden **sechs Grundsätze** beachten:

1. Commitment und Entscheidungskompetenz liegen im Top-Management.

2. Die Einkaufs- und Entscheidungsstrategie des Prospects ist Grundlage für Ihre Argu-mentation.

3. Behalten Sie das Gesamtbild und die Strategie im Auge.

4. Bedenken Sie, dass der Kunde immer Alternativen hat zu dem, was er tut und was Sie tun wollen und sollen.

5. Aktivitäten lösen oft irgendwo informelle und formelle Konflikte bei den Mitarbeitern oder in den Prozessen des Kunden aus und kosten den Kunden Geld.

6. Der Erfolg der Aktivitäten muss gemessen werden.

Den Erfolg dieser Grundsätze können Sie auch daran erkennen, ob überhaupt und wie schnell der Kunde bereit ist, ein Test- oder Pilotprojekt einzugehen. „Get Him to the Cabin!" – diesen Slogan lernen amerikanische Textilverkäufer in den Warenhäusern als erstes. Ein Kunde, der ein Kleidungsstück anprobiert hat, kauft mit bis zu 45-prozentiger Wahrschein-lichkeit. Eine Teststellung ist eine „Form von Commitment" des Kunden, denn er muss selbst Ressourcen bereitstellen.

Ihre Aktivitäten hinterlassen Spuren im Unternehmen Ihres Prospects. Besonders erfolg-reiche Aktivitäten hinterlassen nicht nur Spuren, sondern verändern sogar Prozesse in der Kunden-Organisation. Und ganz, ganz besonders erfolgreiche Aktivitäten führen dazu, dass Sie Ihre Prozesse in die Prozesse des Prospects integrieren. Sie sind dann der verläss-liche Treiber des Projektes.

Der Umgang mit dem Top-Management

Es gibt eine Reihe von Besonderheiten, die Sie im Umgang mit dem Top-Management be-achten müssen. Diese Besonderheiten helfen zu verstehen, warum manche Verkäufer kein Glück haben bei der Kontaktanbahnung mit Top-Managern und andere geradezu als exter-ne Coaches von den gleichen Top-Managern zu Rate gezogen werden. Im Folgenden wol-len wir auf diese Besonderheiten kurz eingehen.

Nicht jede Entscheidung bedeutet gleich, dass das Top-Management Ihres Prospects involviert ist. Das Top-Management ist auf jeden Fall bei strategischen oder hochaktuellen Themen betroffen. Die Mehrheit der Top-Manager unterlässt es auch, in einen delegierten und laufenden Entscheidungsprozess ständig einbezogen zu werden. Sie konzentrieren sich zumeist auf den Anfang und das Ende. Wenn Sie das Top-Management Ihres Kunden ständig einbinden wollen, denken Sie zuerst über das Warum und das Wie nach.

Je strategischer und systemischer Sie Ihren eigenen Verkaufsprozess mit dem Kunden und dem Top-Management des Kunden gestalten, umso größer ist die Chance, dass Sie vom Top-Management Ihres Kunden auch als kompetent wahrgenommen werden. Außerdem ist es leichter, einen Termin bei einem Vorstandsmitglied zu bekommen, wenn Sie über die richtige Ansprache verfügen, die richtigen Empfehlungen haben, die Bekanntheit besitzen oder von unteren hierarchischen Ebenen empfohlen wurden.

Denken Sie bei der Terminfindung und zeitlichen Gestaltung auch daran, dass das Top-Management einen wesentlich höheren Stundenlohn bekommt als Sie. Wenn Sie sich überlegen, dass Sie mit dem von Ihnen angestrebten Meeting ein Vorstandsmitglied, womöglich seinen Assistenten und einen Bereichsleiter in Anspruch nehmen wollen, dann verdoppeln Sie den marktüblichen Berater-Tagessatz und Sie haben eine „Hausmarke", was dieses eineinhalbstündige Gespräch den Kunden intern kostet.

Beachten Sie bei allen Ihren Aktivitäten auf dieser Top-Management-Ebene Folgendes:

■ Stellen Sie Ihre Argumente aus Ihrer Geschäftssicht vor und zwar gepaart mit Neuigkeiten, die für diesen Ansprechpartner wirklich neu sein könnten.

■ Machen Sie deutlich, dass Sie das Geschäft verstehen, indem Sie auch in Ihren Fragen und Antworten die Sprache der Branche nutzen.

■ Stellen Sie Ihren Nutzen kundenindividuell dar, indem Sie gezielt zuhören und einleitende Sachfragen stellen.

■ Stellen Sie Ihre Lösung und den Zeitpunkt der Fertigstellung in den Vordergrund und nicht den Weg dorthin.

■ Treten Sie professionell und strukturiert auf und seien Sie zu jedem Zeitpunkt flexibel.

■ Verteilen Sie keine Hochglanzbroschüren.

■ Versuchen Sie dem Inhalt des Gesprächs ohne schriftliche Notizen zu folgen.

Sie müssen in allen Aktivitäten, insbesondere in den ersten Gesprächen, sicherstellen, dass Sie:

■ vertrauenswürdig und verantwortungsvoll wirken,

■ sich wirklich mit dem Unternehmen und seinen Mitarbeitern beschäftigt haben,

■ den Eindruck vermitteln, dass dies nicht das erste Projekt dieser Art für Sie ist, und

■ in der Lage sind, einen flexiblen Folgeaktivitätenplan zu erstellen.

Zu solchen Folgeaktivitäten gehört auch Ihre Fähigkeit, in Kürze Ressourcen aus dem eigenen Unternehmen für den Kunden zur Verfügung zu stellen sowie ein Gespräch mit Ihrem eigenen Top-Management und dem des Kunden zu arrangieren. Solche Top-Gespräche dienen dazu, die gleiche „Rangstellung" der Gesprächspartner zwischen beiden Häusern zu festigen. Seien Sie auf jeden Fall dabei.

Folgende Vorgehensweise kann Ihnen bei Ansprache des Top-Managements von großem Nutzen sein:

1. Besprechen Sie die Adressierung des Kunden-Top-Managements mit Ihrem Mentor. Was hält er davon? Welchen persönlichen Nutzen kann er aus einem solchen Gespräch ziehen?

2. Gibt es eine Veranstaltung, auf der Ihr Ansprechpartner sprechen wird oder an der er zumindest teilnimmt? Wenn ja, bereiten Sie sich gut auf diese Veranstaltung vor und nehmen Sie die Gespräche am Rande genau auf. Sie dienen Ihnen als Quelle von Neuigkeiten.

3. Wenn Sie Ihr Top-Management bitten, ein Gespräch mit dem Top-Management Ihres Kunden zu initiieren, bereiten Sie Ihre Manager ausführlich darauf vor. Die Vorbereitung und Moderation des eigentlichen Gesprächs ist dann Ihre Aufgabe. Es ist in Deutschland zwar nicht so wie in Amerika: Power Buys from Power. Hierzulande erfüllen die Top-Manager-zu-Top-Manager-Gespräche aber ebenfalls den Zweck einer engeren Kundenbeziehung. Anders als in den USA haben so genannte „Executive Closing"- Gespräche in Deutschland kaum eine Bedeutung.

4. Erstellen Sie für alle Ihre Kundenauftritte einen Besuchsbericht. Fassen Sie nach den Gesprächen den Inhalt und das Ergebnis in einem Brief an den Kunden zusammen. Gehen Sie immer davon aus, dass diese Schreiben vom Top-Management und den Entscheidern Ihres Kunden gelesen werden. Derartige Resümees in Briefform sind ein probates Mittel aufzuzeigen, dass bestimmte Problemkreise auf der Top-Management-Ebene zu diskutieren sind.

Folgeaktivitäten

Alle Aktivitäten, die über den normalen Abschluss hinausgehen, laufen auf einen neuen, größeren Abschluss oder gar auf eine längerfristige Zusammenarbeit hinaus. Hier setzen die eigentlichen Folgeaktivitäten an. Sie haben als Ziel, die Qualität der Kundenbeziehung, die Kundenbindung und Kundenzufriedenheit zu erhöhen.

Diese Kundenbindung kann den Kunden fast schon in eine gewisse Abhängigkeit versetzen. Eine Abhängigkeit von Ihrem exzellenten Service, wenn Ihr Produkt prinzipiell austauschbar ist. Eine Abhängigkeit von technischem oder auch geschäftlichem Beratungs-Know-how. Je länger beispielsweise Ihr Berater vor Ort im Einsatz ist, umso eher wird er Teil der Organisation und quasi eine institutionelle Selbstverständlichkeit.

Bevor Sie anfangen, einen Folgeplan für Ihre Aktivitäten aufzustellen, begeben Sie sich mit Ihrem Kunden auf eine Zeitreise in die Zukunft. Die Lösung, die Sie heute etabliert haben, kann morgen veraltet sein. Wann ist Ihr Kunde soweit, sich eines zukünftigen weiteren Problems anzunehmen?

Wenn Sie eine echte Systemlösung bei Ihren Kunden etablieren wollen, dann integrieren Sie die Mitarbeiter des Kunden auch an allen möglichen und sinnvollen Stellen Ihrer eigenen Unternehmensaktivitäten. Das kann in regelmäßigen, gemeinsamen Workshops, Schulungen, Messeauftritten, Presseveröffentlichungen usw. erfolgen. Solche Veranstaltungen sind die Grundlage für gemeinsame Zukunftsvisionen. Folgender Ablauf ist denkbar:

- Die Zukunftsworkshops können durch ein einstündiges Brainstorming während der regulären Workshops initiiert werden.

- Sie erstellen gemeinsam mit Ihrem Mentor auf der Basis dieses kurzen Brainstormings einen Projektplan oder ein Diskussionspapier, das mehr Fragen als Antworten enthält. Es soll schließlich zur Diskussion anregen.

- Im nächsten regulären Workshop dehnen Sie das Zeitintervall aus, in dem die Zukunftsvision diskutiert werden soll. Wieder erstellen Sie ein zusammenfassendes Diskussionspapier, sodass im Unternehmen ein Multiplikatoreffekt entsteht. Dabei sollen die angesprochenen zukünftigen Probleme immer öfter Inhalte der alltäglichen Gespräche unter den Mitarbeitern werden.

Nicht Sie, sondern die Mitarbeiter Ihres Kunden sollen dann im nächsten Schritt einen besonderen Zukunftsworkshop, also den dritten Workshop, initiieren. Aufgabe dieser Mitarbeiter ist, ihr Unternehmen zu motivieren, sich Zeit zu nehmen, die aufgeworfenen Zukunftsprobleme ausführlich zu diskutieren und zu behandeln.

Wählen Sie für den gemeinsamen Zukunftsworkshop einen besonderen Rahmen und Raum. Für die allgemeinen Integrationsworkshops reicht ein nahe dem Kundenstandort gelegenes Hotel. Für die nachfolgenden Workshops sollten Sie allerdings ein attraktiveres Ambiente wählen, um damit Fortschritt und Güte der bisherigen Arbeit zu unterstreichen.

Der Aktivitätenplan des Kunden

Bedenken Sie immer, dass Sie nicht im Besitz der „Aktivitätenmacht" sind. Ebenso wie Sie durchläuft der Kunde einen eigenen Aktivitätenplan, gegebenenfalls multipliziert mit der Anzahl der Wettbewerber, wenn es sich um eine Ausschreibung handelt. Ebenso wie Sie erstellt er nach jedem Gespräch ein Gesprächsprotokoll. Nur durch Ihre Ideen und Anregungen und einen früh mit dem Kunden diskutierten eigenen Aktivitätenplan können Sie ihn dazu veranlassen, seinen Aktivitätenplan nach Ihrem Plan auszurichten und so gemeinsame „Milestones" zu entdecken. Deshalb: Je früher Sie beim Kunden vorstellig werden, umso größer ist die Chance, dass er Ihnen folgt und niemand anderem. Wenn Ihr Kunde mit Ihnen, Ihren Vorschlägen und deren interner Überprüfung beschäftigt ist, kann er sich nicht mit dem Wettbewerb beschäftigen.

Implizit steuern Sie durch Ihren frühzeitig vorgelegten Aktivitätenplan auch die Evaluationsschritte. Bitte bedenken Sie: Wenn Ihr Wettbewerb mit einer Move-the-Goal-Post-Strategie versucht, verschiedene Entscheidungskriterien in ihrer Bedeutung zu verändern, wird er das mit besonderen Aktivitäten versuchen zu initiieren.

Helfen Sie Ihrem Kunden, seinen eigenen Aktivitätenplan aufzustellen und umzusetzen. Fassen Sie nach jeder Ihrer Aktivitäten Ihre gemeinsamen Erkenntnisse zusammen. Verbinden Sie in Ihrem zusammenfassenden Brief die Aktivitäten, die beim Kunden gelaufen sind. Denken Sie immer daran: Diese Zusammenfassungen können dem Top-Management des Kunden als Entscheidungsgrundlage dienen, um sich unmittelbar vor einer Entscheidung nochmals schnell einzulesen. Ihr unmittelbarer Ansprechpartner beim Kunden wird Ihnen dankbar sein, dass Sie ihn und seine Aktivitäten in diesen Schreiben erwähnen und so seine Fähigkeit zur effizienten Zusammenarbeit darstellen. Zeigen Sie auf, wie Ihre Aktivitäten und die des Kunden zum Wohle des Kundenunternehmens ineinander greifen. Aber bevor Sie das tun, versichern Sie sich, dass das Image dieses betreffenden Mitarbeiters intern sehr gut ist. Es bringt Ihnen nichts, wenn Sie einen Mitarbeiter in Ihren Schreiben über den grünen Klee loben, er aber relativ unten in der Soziostruktur des Unternehmens steht. Bleiben Sie dabei immer sachlich.

Es gibt eine Reihe von Aktivitäten, auf die der Kunde selbst kommen sollte. Hat er keine Vorstellung von einer adäquaten Vorgehensweise und diesen Aktivitäten, etwa weil er neu in diesem Geschäft oder in dieser Position ist, dann arbeiten Sie mit Beispielen Ihrer Referenzkunden. Wie haben sich diese Referenz-Unternehmen in der Vorphase und im eigentlichen Projekt organisiert? Was waren deren Erfahrungen? Was gilt es aufgrund dieser Erfahrung zu vermeiden?

Abgesehen von seinem allgemeinen Aktivitätenplan muss der Kunde ständig neu entscheiden, wen er in seinem Evaluationsteam haben will, also wer an den Besprechungen, Diskussionen und Workshops teilnehmen soll. Wenn Sie einen Mentor gefunden haben, diskutieren Sie diese Veränderungen in den Besetzungen mit ihm und versuchen, Einfluss zu nehmen. Lassen Sie auch Gegner zu. Der Mensch neigt nun einmal dazu, einer vermeintlich wunderbar strahlenden Welt skeptisch und misstrauisch gegenüberzustehen. Eine Gruppenbesprechung ist erst dann konstruktiv, wenn auch die extrem kritischen Punkte diskutiert werden. Selbst Ihre Befürworter und Sympathisanten wollen das.

Schritt 26: Feedbackschleife 3 – Welche Ihrer Aktivitäten unterstützt Ihr Kunde

Wir könnten dazu geneigt sein zu behaupten: „Der Kunde hat einen internen Aktivitätenplan, und wir haben einen. Beide zusammen stellen den gemeinsamen Aktivitätenplan dar." Ein gemeinsamer Aktivitätenplan unterscheidet sich aber erheblich von Ihrem eigenen Aktivitäten- und Folgeaktivitätenplan und dem des Kunden. Das heißt, der Kunde hat ein Ziel und eine Strategie und Sie ebenfalls. Diese Ziele und Strategien sind in den meisten Fällen unterschiedlich. Ein gemeinsamer Aktivitätenplan definiert also nicht nur die gemeinsamen Aktivitäten, sondern verfolgt eine ganz eigene, gemeinsame Strategie und ein ganz eigenes Ziel. Markieren Sie in Ihrem Aktivitätenplan diejenigen Aktivitäten, an denen der Kunde einen erheblichen Anteil zur Mitarbeit hat, wie z. B. die Beisteuerung von Ressourcen.

Diese gemeinsame Zielsetzung und Strategie zu definieren ist wohl der schwierigste Moment im systemischen Verkaufsprozess. Der positive Effekt dabei ist jedoch, dass Sie, wenn Sie dieses Thema mit dem Kunden „andenken", sich schnell bei einer wesentlich längerfristigen Perspektive und einem weiten Planungshorizont wiederfinden. Hier geht es um das Grundsätzliche:

■ Wie stellen sich der Kunde und Sie die Zusammenarbeit vor?

■ Welche Ziele verfolgt der Kunde zusätzlich und stehen diese im Widerspruch zu Ihren Zielen?

Bedingt durch Zielkonflikte und Strategieunterschiede ist daher die Gefahr groß, dass jeder seine eigenen Wege geht. Dies kann natürlich keine stabile Grundlage für eine echte Partnerschaft sein.

Das Ankern und Future Pace

Jedes Mal, wenn Sie einen Kunden in einem erfolgreichen und positiven Entscheidungsmoment erleben, können Sie diesen Entscheidungsmoment für die Bearbeitung zukünftiger entstehender Zweifel nutzen.

„Ankern" Sie den Erfolgsmoment, in dem Ihr Kunde sich entschieden hat. Dieser Moment ist natürlich für Sie nicht immer transparent, denn meist findet eine solche Entscheidung nicht in einem Gespräch mit Ihnen statt, sondern eher im Kreis der Entscheider beim Kunden. Aber Sie können danach fragen, wie die Entscheidung gefallen ist und wie sich die Situation abgespielt hat. Veranlassen Sie Ihren Kunden, sich dieses Hochgefühl noch einmal zu vergegenwärtigen, indem Sie danach fragen. Wenn der Kunde bereit ist, das zu tun, „verankern" Sie das Gefühl beispielsweise mit einem akustischen Laut: Schnippen Sie mit den Fingern oder machen Sie eine Geste, wie beispielsweise auf den Schenkel klopfen. Unter „Ankern" versteht man die Verknüpfung eines äußeren Reizes mit einem momentanen Gefühl oder Zustand, z. B. einem Wunsch oder einer Erinnerung (die klassische Konditionierung eben).

Gehen Sie dann mit Ihrem Gesprächspartner auf eine Reise in die Zukunft. Stellen Sie das Problem dar und beschreiben Sie eine mögliche zukünftige Entscheidungssituation. Fordern Sie ihn auf, sich die bereits heute existierenden Bedenken und Zweifel vorzustellen. Achten Sie auf die Reaktion Ihres Gegenübers und „feuern" Sie dann den Anker und zwar in dem Moment, in dem der Kunde vor einer Entscheidung steht. Es ist verblüffend, dass Sie mit Hilfe dieser Technik eine andere, positive Atmosphäre erzielen, die wesentlich zielgerichteter ist und die zu einer konstruktiveren Arbeit führt.

Aus der Neuro-Psychologie wissen wir, dass es einen Automatismus in unserem Gehirn gibt, der negative Erinnerungen zunehmend verschwinden lässt und positive bewahrt. Ähnliches erfolgt auch bei Überlegungen, die weit in die Zukunft gerichtet sind. Alle die Zukunft betreffenden Vorstellungen werden maßgeblich vom Verhalten und von den gegenwärtigen Gefühlen bestimmt. Tendieren diese Gefühle eher in eine positive Richtung wie „Positive Entscheidung" und „Gemeinsame Zukunft", dann können Sie sich trotz noch bestehender Zweifel und aktueller Unterschiede eine positive gemeinsame Zukunft vorstellen. Sie nivellieren in einem gewissen Grad die aktuellen negativen Gefühle, wenn Sie gemeinsam an eine weit entfernte Zukunft denken.

Deckungsgleichheit auf allen Ebenen

Es gibt eine recht einfache und eingängige Vorgehensweise, um die aktuellen Ziel- und Strategieunterschiede mit Blick auf die gemeinsame Zukunft systematisch in Richtung einer Deckungsgleichheit zu ändern. Ein soziales System – ein Unternehmen, ein Unternehmensbereich, eine Abteilung, eine Gruppe, ja sogar eine Person – lässt sich durch die oben bereits angesprochenen folgenden Kategorien beschreiben:

- Ein Kunde hat eine **Identität** als Mitarbeiter eines Unternehmen: Wer sind wir? Wofür stehen wir? Zum Beispiel: „Wir sind das innovativste Elektronikunternehmen in Deutschland!", „Ich bin der Bereichsleiter Datenverarbeitung mit der modernsten IT-Infrastruktur, die man sich vorstellen kann!"

- Ein Kunde verfolgt bestimmte **Werte und Glaubenssätze**, wie zum Beispiel: „Wir haben eine besondere soziale Verantwortung unseren Mitarbeitern gegenüber!", „Unser Unternehmen kann sich seine Geschäftspartner aussuchen!" oder „Ich bin davon überzeugt, dass mein Bereich einen wichtigen Teil zum Unternehmenserfolg beiträgt!"

- Ein Kunde hat **Fähigkeiten**, die den eigentlichen Erfolg des Unternehmens ausmachen und maßgeblich prägen, die sich aber nicht zu jeder Zeit in ihrer Gesamtheit im Unternehmensverhalten widerspiegeln wie zum Beispiel „Unser Unternehmen kann sich sehr schnell entscheiden!" oder „Die Akquisition eines unserer Wettbewerber im letzten Jahr war ein Schritt, den wir nicht zum ersten Mal erfolgreich unternommen haben!" oder „Ich kann die Beziehung zwischen Ihrer Lösung und unserem Geschäftsproblem erkennen!" oder „Ich weiß, was Projektmanagement heißt!"

- Ein Kunde drückt seine Identität, seine Werte und seine Fähigkeiten in seinem **Verhalten** aus.

- Ein Kunde ist nicht losgelöst von seiner **Umwelt**. Er erlebt ständig neue Umwelteinflüsse als Reaktion auf seine Aktivitäten. Ständig muss er sich bewusst sein, wie eine bestimmte Handlung von seiner Umwelt aufgenommen wird.

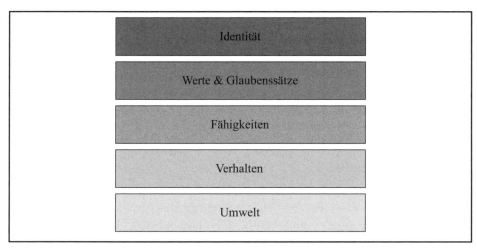

Abbildung 27: Ebenenmodell

Im Folgenden finden Sie ein Fragenmodell, das Sie für Ihr Unternehmen und den Kunden individuell erstellen sollten. Im konkreten Verkaufsprozess stellen Sie sich selbst und Ihren Kunden folgende Fragen:

Umwelt

■ Fragen an den Kunden: Wie sehen für Sie die äußeren Umstände für Ihre Leistung heute aus? Was erwartet Ihr Unternehmen von der Zukunft? Wohin steuert das Unternehmen? Wer Ihrer Wettbewerber kann für Sie durch seine Innovationen zum wirklichen Problem werden? Was sind die heutigen Begleitumstände, die über Sie und Ihren weiteren beruflichen Werdegang entscheiden?

■ Fragen an Sie selbst: Wie abhängig ist mein Erfolg von der zukünftigen Zusammenarbeit mit diesem Kunden? Mit welchen Problemen hat mein Unternehmen hauptsächlich zu kämpfen und wie wird es sich in der Zukunft gegenüber Kunden wie diesen verhalten?

Verhalten

■ Fragen an den Kunden: Wie wollen Sie sicherstellen, dass Sie die zukünftigen Probleme in Ihrem Bereich, in Ihrem Unternehmen rechtzeitig erkennen? Was tun Sie, um sich gegenüber Ihrem Wettbewerb abzusetzen?

■ Fragen an Sie selbst: Welche Aktivitäten richten sich schon heute auf Probleme, die der Kunde morgen haben wird? Wie muss ich mich weiterhin verhalten, um als Verkäufer eine wichtige Rolle bei den Entscheidungen meines Kunden zu behalten oder zu erreichen?

Fähigkeiten

■ Fragen an den Kunden: Was lässt Sie vermuten, dass Sie die Probleme rechtzeitig in den Griff bekommen? Wenn Sie an die Innovationen Ihrer Wettbewerber denken, was ist nötig, um zumindest mitzuhalten?

■ Fragen an Sie selbst: Was benötige ich, um bei diesem Kunden neue Potenziale zu entdecken und auch Folgegeschäfte abzuschließen? Wo muss ich dazulernen? Was muss ich noch lernen, um ein zukünftiges Problem gemeinsam mit dem Kunden professionell diskutieren zu können? Welchen Nutzen will ich dem Kunden dabei liefern?

Werte und Glaubenssätze

■ Fragen an den Kunden: Warum glauben Sie, dass alle die von Ihnen angesprochenen Ressourcen für Sie auch zur Problemlösung zur Verfügung stehen werden? Was spricht für Ihre Überzeugung, dass Sie auch diesmal die Lösung in kurzer Zeit erarbeiten können, wenn Sie noch gar kein Gefühl für die Tragweite des zukünftigen Problems haben?

■ Fragen an Sie selbst: Wenn ich mir die bisherigen Antworten meines Kunden durch den Kopf gehen lasse, was veranlasst mich zu glauben, dass hier eine weitere Zusammenarbeit möglich ist? Wovon bin ich überzeugt, wenn ich an diese Zusammenarbeit oder an die Folgegeschäfte denke?

Identität

■ Fragen an den Kunden: Was macht Sie so sicher, dass Sie Ihr Unternehmen hinsichtlich dieser Problemlösung in die richtige Richtung bewegen können? Wenn Sie sich Ihrer Rolle im Unternehmen bewusst werden, können Sie sicherstellen, dass auch das zukünftige Projekt in Ihrem Bereich, Ihrer Abteilung verankert sein wird?

■ Fragen an Sie selbst: Welche Rolle wollen Sie in diesem neuen Projekt übernehmen, obgleich das zukünftige Projekt z. B. noch beratungsaufwendiger und komplexer werden wird als das letzte? Können Sie das vor Ihren Zielen verantworten?

Jede Antwort des Kunden sollten Sie hinterfragen. Je intensiver Sie dies tun, umso sicherer können Sie sich der individuellen Standpunkte Ihres Kunden sein.

Diese Methode hat den Zweck, die Ziel- und Strategieunterschiede zu verdeutlichen. Also zu zeigen, auf welcher Ebene noch Gemeinsamkeiten herrschen und ab welcher Ebene nicht mehr. Wenn Sie der Meinung sind – also den Glaubenssatz haben – dieses Unternehmen von Ihrer Lösung überzeugen zu können, Ihr Ansprechpartner Ihnen jedoch diese Fähigkeit nicht zutraut, dann haben Sie ein Problem – einen Konflikt. Dieser Konflikt wird sich auf die darüber liegenden Ebenen fortpflanzen. Es treten Divergenzen zutage, da beide Seiten von unterschiedlichen Ebenen an das Problem herangehen.

Solange Sie und Ihr Kunde sich auf Ebenen befinden, auf denen Sie ihm zustimmen können, ist die Welt in Ordnung. Kritisch wird es bei den Ebenen, auf denen Konflikte evident werden. Versuchen Sie hier, Aktivitäten und Lösungen vorzuschlagen und gemeinsam zu diskutieren, bis Sie der Ansicht sind, dass die Konflikte bereinigt wurden. Zumeist werden Sie und Ihr Kunde sich gegenseitig in Ihren zukünftigen Verhaltensweisen ergänzen. Sie werden gemeinsam Fähigkeiten und Werte entwickeln und etablieren. Dies ist selbstverständlich umso einfacher, je länger Sie diesen Kunden kennen, insbesondere wenn Sie mit ihm in vorherigen Projekten zusammengearbeitet haben.

In den ersten Gesprächen geht es darum, eine Vorstellung von den Ebenen des anderen zu entwickeln und zu überprüfen, inwieweit ähnliche oder gleiche Ansichten zwischen beiden Parteien vorliegen:

- Wie hoch ist der Deckungsgrad?

- Sieht Ihr Kunde die Probleme in seiner Umwelt ähnlich wie Sie?

- Traut er Ihnen die Fähigkeiten zu, die Sie ihm vermittelt haben?

- Sind Sie der Meinung, dass Sie und Ihr Gegenüber die gleichen Werte über Arbeitskultur, Professionalität, Einstellung gegenüber Kunden und Lieferanten usw. teilen?

- Wie hoch ist die Kompatibilität der beiden Unternehmensidentitäten?

Sie und Ihr Kunde gehen diese Gemeinsamkeiten bereits unbewusst in Gedanken durch. Besprechen Sie die Ebenen Schritt für Schritt von der Umweltebene bis zur Identitätsebene. Ihren Kunden müssen Sie nicht über die Anwendung dieses Modells informieren. Sie können aber gern dieses Modell Ihrem Mentor vorstellen und mit ihm dieses Thema beleuchten und sein Feedback dazu einholen.

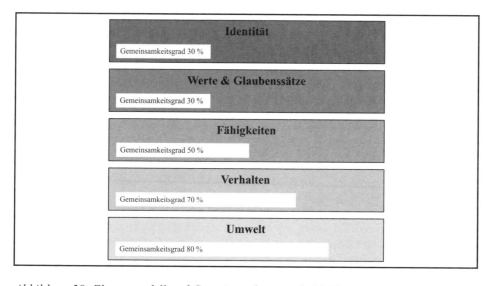

Abbildung 28: Ebenenmodell und Gemeinsamkeitsgrad abbilden

Es ist unerlässlich, diese Analyse selbst ab und an für sich selbst durchzuführen. Ansonsten besteht die Gefahr, dass Sie von falschen Voraussetzungen ausgehen. Sie haben mit dieser Methode des grafischen Ebenenmodells eine einfache Möglichkeit

■ zu überprüfen, inwieweit Fremd- und Selbstbild auseinanderklaffen, und

■ festzustellen, inwieweit Ihre Aktivitäten erfolgreich wahrgenommen werden.

Sie werden bei der Analyse auf den Ebenen auch tragfähige Gemeinsamkeiten entdecken, um weitere Gemeinsamkeiten auf anderen Ebenen zu initiieren, die automatisch zu einer guten Zusammenarbeit führen. Das können Visionen sein wie die gemeinsame Produkt- oder Dienstleistungsentwicklung oder die gemeinsame Gestaltung von Aktivitäten wie Proof of Concept, Referenzbesuche, Besuche in den Unternehmenszentralen oder Messen.

Das Ebenenmodell hilft Ihnen, Konflikte schneller zu erkennen. Konflikte entstehen bekanntlich auch dann, wenn die Gesprächspartner von unterschiedlichen Ebenen aus argumentieren. So kann beispielsweise der Kunde auf seinen Eindruck von Ihrem Verhalten auf einer Messe zu sprechen kommen; beim Verkäufer kommt diese Aussage jedoch auf der Fähigkeitsebene an. So können Sie beispielsweise die Aussage machen, dass in Ihrem Haus der „Shareholder-Value" die Bedeutung schlechthin hat. Ihr Kunde wird sich dann fragen, welchen „Bedeutungsrang" er dann überhaupt noch einnimmt.

Ein Beispiel für ein Konfliktgespräch zeigt Abbildung 29. Gehen wir davon aus, der Verkäufer ist ein grundsätzlich pünktlicher Mensch, der sich jedoch immer „auf den letzten Drücker" am Empfang anmeldet. Beim Kunden kann dies auf der Fähigkeitsebene im Sinne von „Der Verkäufer ist nicht in der Lage, seine Zeit richtig zu planen" ankommen. Oder im schlimmeren Fall geht der Kunde auf Grund dieses Verhaltens davon aus, dass er dem Verkäufer nicht wichtig ist (Werteebene). Der Kunde kann nun seinerseits noch „einen drauf setzen" und fragen, quasi in Richtung Identität: „Sind Sie sicher, dass Ihr Unternehmen wirklich noch zeitgemäß kundenorientiert arbeitet?"

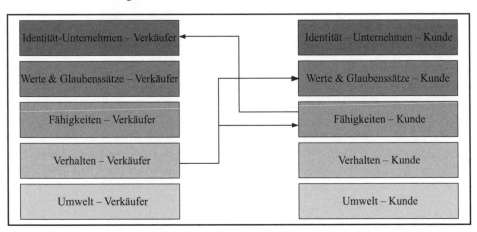

Abbildung 29: Beispiel Ebenenmodell im Konfliktgespräch

Ein konfliktfreies Gespräch kann beispielsweise so aussehen. Beide Partner verständigen sich auf der gleichen Ebene. Ein Ebenenwechsel wird von einem der Gesprächspartner mit einem neuen Thema eingeleitet.

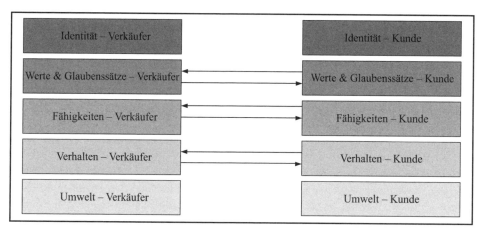

Abbildung 30: Beispiel Ebenenmodell im konfliktfreien Gespräch

Analysieren Sie möglichst jedes Gespräch dahingehend, auf welcher Ebene gesprochen wird. Eine kleine Hilfe: Ich-Sätze stehen zumeist für die Verhaltens- und Fähigkeitsebene. Sätze, die sich auf Werte, Glaubenssätze und die Identität beziehen, werden zumeist mit „wir" begonnen.

Konfliktfreie Gespräche können nur bei einer wirklich guten Beziehung zwischen den Gesprächspartnern geführt werden. Aber wenn die „Chemie stimmt" und Sie sich einen echten Mentor aufgebaut haben, dann macht Ihrem Kunden diese strukturierte Fragetechnik sehr viel Spaß und er ist sich des produktiven Ergebnisses bewusst.

Nachdem Sie gemeinsam die Antworten gefunden und Sie sich auf ein gemeinsames Ziel geeinigt haben, werden Sie feststellen, dass die Definition der Strategie ebenso erfolgreich verlaufen wird. Trotzdem werden Sie über bestimmte Aktivitäten immer wieder kleine Auseinandersetzungen führen, die Sie aber einfach durch die Rückführung auf die gemeinsame, konfliktfreie Ebene lösen können.

❶ Fazit & Erkenntnis

Die formellen Strukturen zu kennen, ist eine relativ einfache Sache im Vergleich zu der „wirklichen", informellen Struktur. Es ist die informelle Struktur in einem Unternehmen, die die Geschicke des Unternehmens und den Erfolg maßgeblich mitbestimmt. Wer kann mit wem, warum wird ein bestimmter Mitarbeiter immer wieder hinzugezogen etc. Die informelle Struktur ist organisatorisch eine andere als die formale Struktur. Sie zu kennen und vor allem erst einmal zu erkennen, ist eine der Königsdisziplinen im Lösungsvertrieb. Die hier vorgestellten Aspekte bei der Darstellung der Personen innerhalb der Organisation liefern Ihnen zahlreiche Hinweise, aus denen Sie die informellen Kommunikations- und Entscheidungswege ableiten können. Und noch eins: Wenn Sie beim Kunden sind, ist der Wettbewerb nicht da! Einfache Weisheit, aber das Schöne ist, es ist wirklich so! Und je öfter Sie beim Kunden sind, umso besser werden Sie, umso selbstsicherer treten Sie bei Ihrem Kunden trotz unbestimmter Informationen auf.

Schritt 27: Virtuelle Vertriebsteams – beziehen Sie Ihre Kollegen in Ihren Aktivitätenplan ein

Gerade in der Qualifikationsphase für Neukunden ist es oft für den zuständigen Account Manager schwierig, sein Unternehmen von der Notwendigkeit des Einsatzes interner Ressourcen zu überzeugen. Der Vertriebsleiter ist in der Verantwortung, die vorhandenen Ressourcen zielgerichtet zuzuordnen und entsprechend den optimalen Einsatz zu organisieren. Aber auch wenn die Verantwortung hierfür beim Vertriebsleiter liegt, sollte der Vertriebsmitarbeiter alles in Bewegung setzen, diese internen Ressourcen für sich zu mobilisieren.

Dies ist übrigens ein typisches Charakteristikum für einen erfolgreichen Vertriebsbeauftragten bzw. Account Manager. Er verkauft sich schließlich nicht nur nach außen, sondern auch nach innen. Wenn er bisher sein eigenes Netzwerk aufgebaut und gepflegt hat und er ein Sympathieträger ist, wird er bei der Mobilisierung zusätzlicher Ressourcen im eigenen Unternehmen keine Probleme haben, auch wenn er hierfür nicht die direkte Befugnis hat.

Unabhängig vom offiziellen „Go" Ihres Vertriebsleiters sollten Sie versuchen, ein Vertriebsteam für Ihren Prospect zu etablieren. Dabei wird es sich zu Beginn eher um ein loses Gebilde handeln. Aber auch bereits zu diesem Zeitpunkt muss sichergestellt werden, dass es diejenigen Kollegen sind,

■ die wirklich das Know-how haben,

■ mit denen Sie gern zusammenarbeiten,

■ die als ein eingespieltes Team vor dem Prospect auftreten.

Prinzipiell unterscheidet man zwischen dem Kernteam und dem erweiterten Verkaufsteam: Das Kernteam besteht aus den Kollegen, die Sie unmittelbar in Ihrem Verkaufsprozess benötigen. Dazu gehört oftmals die technische Beratung bzw. das Pre-Sales-Team. Ferner ein Berater, der die Probleme der Branche Ihres Prospects genau kennt. Dieses Kernteam wird durch Sie ständig informiert, so dass dem Kernteam auch die Historie des Prospects bewusst ist. Beachten Sie vor allem folgende Punkte:

■ Alle Mitglieder des Kernteams müssen eine klare Vorstellung haben, was ihre Aufgaben und Verantwortungen sind. Dafür sind Sie verantwortlich!

■ Ziehen Sie immer die für das jeweilige Projekt besten Mitarbeiter und Kollegen heran.

■ Das Team agiert zunächst umsichtig nach innen. Kritik sollte direkt angesprochen werden. Sollte Ihnen als Account Manager eine berechtigte und grundlegende Kritik über eines Ihrer Teammitglieder von Dritten zugetragen werden, versuchen Sie, egal um welche Position oder hierarchische Stellung es sich bei dieser Person handelt, diese aus dem Kernteam herauszunehmen.

■ Treffen Sie von Anfang an Vereinbarungen für die Zusammenarbeit im Team, z.B. was die Einhaltung der Abgabezeitpunkte betrifft.

■ Versuchen Sie immer, das Kernteam so klein wie möglich zu halten.

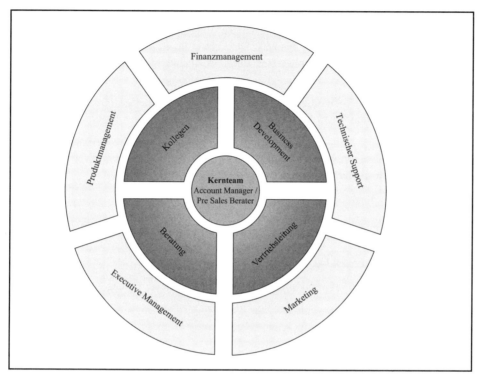

Abbildung 31: Unternehmensinterne Abteilungen und das virtuelle Verkaufsteam

Das erweiterte Team besteht in der Regel aus dem Business Development Manager, den Account-Manager-Kollegen, dem Vorgesetzten, einem Mitglied Ihres Top-Managements, einem Juristen, einem Mitglied aus dem internationalen Marketing, einem Mitglied des Finanzbereichs. Gegebenenfalls sollte man noch einen weiteren Vertriebskollegen hinzuziehen, der als Sparringpartner fungiert, aber auch die Abwesenheitsvertretung (z. B. bei Urlaub) übernimmt. Dieses erweiterte Verkaufsteam wird nur selten in seiner Gesamtheit hinzugezogen werden. Es sollte aber über kurze „Briefing-Papiere" laufend auf dem aktuellen Stand gehalten werden.

Achten Sie darauf, dass Sie keinen der typischen „Anhänger" im Team haben. Diese tauchen meistens dann auf, wenn das Projekt entsprechend groß ist und womöglich „positive interne Reputation" verspricht. Ziehen Sie Ihre Kollegen zu Rate, um solche Mitarbeiter zu identifizieren.

Diskutieren Sie mit Ihren Kollegen Ihre Vorgehensweise bei diesem Projekt und die Gründe dafür und bitten Sie darum, dass diese Vorgehensweise konstruktiv hinterfragt wird. Achten Sie auch vor gemeinsamen Kundenbesuchen darauf, dass der Business Development Manager die Kollegen aus dem Vertriebsmarketing informiert hat. Gerade diese Kollegen verfügen zumeist über einen sehr breiten Blickwinkel. Bedingt durch ihre Aufgaben haben sie auch die Fähigkeit, allgemeine Trends im Markt mit Blick auf das eigene Unternehmen und auf das Prospectunternehmen zu erkennen. Letztere können Sie darin unterstützen, Ihren Produkt- und Leistungsnutzen Ihrem Prospect aus der Geschäftsperspektive noch verständlicher zu machen. Sie liefern Ihnen auch die Neuigkeiten Ihrer eigenen Branche, die Sie als kompetenten Branchen-Insider vor dem Prospect erscheinen lassen.

Zusätzlich müssen Sie noch einen weiteren Kreis um Ihre bisherige Teamzusammenstellung ziehen. In diesem Kreis befinden sich die Kollegen aus der Produktion, Technik, Logistik usw.

Jeder Unternehmensbereich ist von einem Neukunden mehr oder weniger stark betroffen. Deshalb achten Sie auch auf Folgendes:

- Sind die neuen Kundenstammdaten aufgenommen worden?

- Wurde der Finanzbereich frühzeitig informiert, damit er eine intensive Bonitätsprüfung durchführen kann?

- Gibt es Besonderheiten bei der angestrebten Lösung?

- Muss deshalb die Produktion umgestellt werden? Wenn ja, welche Kosten sind damit verbunden?

- Welche Auswirkungen hat die angestrebte Lösung womöglich auf Ihre Logistik und Ihren Support?

- Kann Ihre IT-Infrastruktur diese Besonderheiten abdecken?

- Will der Neukunde eine besondere Rechnungsstellung, womöglich noch mit einem Rechnungslauf außer der Reihe?

- Müssen eventuell weitere Prozesse in der kaufmännischen Abwicklung verändert werden?

Es ist für Ihr Image im eigenen Unternehmen unerlässlich, dass Sie den offiziellen Weg für diese Anfragen einhalten. Trotzdem sollten Sie die betroffenen Unternehmensbereiche vorab informieren. Sie werden es Ihnen danken.

Das eigene Netzwerk aufbauen und pflegen

Der Verkäufer steht nicht selten allein da, wenn, ja wenn er nicht über ein soziales Netzwerk im eigenen Unternehmen verfügt. Ein Netzwerk, das aus Menschen besteht, die gewillt sind, mit ihm, und nur mit ihm, die „Extra Mile" zu gehen. Es sind Menschen, die mit ihrem Spezialisten-Know-how im operativen Geschäft so eingebunden sind, dass ihnen nicht selten schlichtweg die Zeit fehlt, sich auch noch „um den Verkauf" zu kümmern.

Das interne, soziale Netzwerk beinhaltet alle notwendigen Ressourcen, die für den Erfolg des Verkaufens notwendig sind. Je nach Kunden und Bedarf entstehen hier recht unterschiedliche virtuelle Teams. Der Begriff „virtuell" stammt aus dem Lateinischen und hat die gleiche Wortwurzel wie „Virtualität" (Kraft, Möglichkeit). Das Wort beschreibt damit sehr treffend das Potenzial von Teams, ob virtuell-informell oder formell, wenn sie denn funktionieren.

Dabei sind diese Teams oft in zweierlei Hinsicht virtuell. Zum einen organisatorisch, da die einzelnen Teammitglieder in der Aufbauorganisation unterschiedlichen Bereichen angehören und damit keine direkte Weisungsbefugnis besteht. Zum anderen räumlich virtuell, wenn die benötigten Teammitglieder zudem noch an verschiedenen Standorten tätig sind. Der Leim, der diese virtuellen Teams zusammenhält, ist nicht die direktive Anordnung von oben, sondern die soziale, emotionale Kompetenz des Verkäufers und nicht selten des Pre-Sales-Mitarbeiters.

Der Erfolg des Prinzips „Go the Extra Mile" hängt aber nicht nur vom Charisma des jeweiligen Verkäufers ab, sondern auch von den jeweiligen Strukturen, sprich ob Aufbau- und Ablauforganisation eine solche „Extra Mile" überhaupt zulassen. Nur in wenigen Fällen hat ein Projekt eine Größe, die es erlaubt, Mitarbeiter aus den verschiedenen Unternehmenseinheiten dafür „abzustellen". Nur in den seltensten Fällen verzichten die bisherigen „Chefs" auf ihre disziplinarische Verantwortung; denn noch immer lebt in den Köpfen deutscher Manager das Dogma „Macht ist ein Äquivalent zur Anzahl der Mitarbeiter" fort. Und nur in den ganz wenigen Fällen gibt es im Hintergrund ein Berichtswesen, eine Personalverwaltung und eine Kostenrechnung, die solchen Strukturen Rechnung tragen kann.

Seien wir doch mal ehrlich, multidimensionale Matrixorganisationen, entworfen von strategischen Stabsabteilungen, funktionieren oft nicht, weil der Mitarbeiter letztlich doch immer nur von einem Vorgesetzten beurteilt wird. Seine Gewichtung gibt den Ausschlag für das Gehalt und die weitere Karriereentwicklung. Letztlich will ein Mitarbeiter eine positive Beurteilung erzielen für seinen direkten Beitrag am Erfolg. Nur die wenigsten Menschen leben auf der butterweichen Welle der „selbst aktualisierten, intrinsischen Motivation". Sie wollen wissen, wie sie am Erfolg partizipieren können.

Eine solche virtuelle Organisationsstruktur und die damit einhergehenden Aufbau- und Ablaufaspekte umzusetzen, verlangt enorme Anstrengungen in den Köpfen der Manager und der Mitarbeiter. Es ist betriebswirtschaftlich, psychologisch und informationstechnisch ein Prozessbuch für sich. Irgendwann wird man auch in Deutschland dahinter kommen, dass es nur einen Ausweg aus dem Dilemma gibt, nämlich die Einführung von doppelt verrechnetem Projekterfolg, was natürlich auf die Marginbetrachtung Auswirkungen hat.

Deshalb konzentrieren wir uns hier auf typische projektbezogene virtuelle Teams, die wahrscheinlich um die 90 Prozent der komplexen Verkaufsprojekte ausmachen. Es sind Teams, die zusammengehalten werden durch das soziale Netzwerk des Verkäufers. Er ist permanent auf der Suche nach den richtigen Mitarbeitern für sein virtuelles Team. Eine Mitarbeiterveranstaltung, wie ein Kick-off oder ein Sommerfest, ist für ihn daher nicht ein „nettes Zusammensein", sondern eine unruhige Suche nach „neuen, qualifizierten Menschen" für das eigene Netzwerk. Deshalb sind erfolgreiche Verkäufer auch schon daran zu erkennen, dass sie sich eben nicht immer mit den gleichen Kollegen unterhalten.

Ein solcher Verkäufer weiß, wie wichtig diese Ressourcen für den Projekt- und seinen persönlichen Erfolg sind. Er verspricht seinen Mitgliedern und Kollegen nicht nur, dass er sich für den Erfolgsanteil jedes Einzelnen einsetzen wird, sondern er tut es nach dem Projektabschluss wirklich; denn er weiß, dass er die gleichen Ressourcen spätestens im nächsten Projekt wieder benötigt. Darüber hinaus vergisst er aber auch nicht die jeweiligen Manager dieser Ressourcen. Sie sind es schließlich, die wegen der „Extra Mile" ihrer Mitarbeiter einige Ziele womöglich nicht erreichen werden.

Was macht solche virtuellen „Team-Builder" aus? Sie haben eine sehr hohe soziale Kompetenz. Sie sehen nicht nur vorrangig die Aufgabe, sondern haben ein Gespür für den Menschen und die momentane Stimmung. Diese Menschen wirken sehr gewinnend auf ihre Umgebung und begeistern sie für Neues. Dabei wissen sie, dass nichts selbstverständlich ist, sondern dass sie durch ihr Tun und Handeln Realitäten erzeugen.

Im Folgenden erfahren Sie, wie Sie es schaffen, mit ihrem virtuellen Team wirklich erfolgreich zu sein. Dabei gehen wir auf folgende Bereiche ein:

- Innerbetriebliche Netzwerke

- Teamzusammenstellung

- Formelle Berichtslinien

- Kommunikation

- Motivation

- Konflikte

- Projektabschluss

Innerbetriebliche Netzwerke

Das Arbeiten in virtuellen Teams beginnt, schon weit bevor ein eigentliches Projekt ansteht. Es ist vielmehr eine bewusste Beziehungspflege, mit der Sie sich andauernd beschäftigen sollten. Nur wenn Sie die Beziehungen zu potenziellen Teammitgliedern fortwährend pflegen, steigern Sie die Wahrscheinlichkeit, dass diese Mitarbeiter auch im „Ernstfall", sprich wenn Sie deren Hilfe benötigen, wirklich für Sie da sind. Diese Beziehungspflege ist ähnlich wie das Netzwerkmanagement in Ihren externen Netzwerken. Deshalb müssen Sie mit diesen innerbetrieblichen Netzwerken genau so behutsam umgehen wie mit Ihren externen Netzwerken. Mit der Einstellung „wir gehören doch alle zur selben Firma, deshalb werden die anderen schon funktionieren, wenn ich sie brauche" werden Sie nicht weiterkommen.

Wesentlicher Erfolgsfaktor ist Vertrauen aufzubauen und auch zu pflegen. Dies ist keine einmalige Angelegenheit – Vertrauen ist etwas sehr Persönliches und muss Zeit haben zum Wachsen. Dabei sind gezielte vertrauensbildende Maßnahmen sehr wichtig.

Eine der wesentlichsten vertrauensbildenden Maßnahmen ist eine kontinuierliche und professionelle Kommunikation. Sprechen Sie die für Sie wichtigen Mitarbeiter im Unternehmen mit dem Ziel an, eine Beziehung aufzubauen. Sie haben hierfür sehr viele Möglichkeiten. Nutzen Sie dies vor allem z.B. bei Kick-off-Meetings, Schulungen oder Firmenfeiern. Aber nicht nur diese formellen Events sind geeignet, auch die informellen können viele Gelegenheiten bieten. Verbringen Sie die Mittagspause mit verschiedenen Mitarbeitern, treffen Sie Ihre Kollegen am Abend zum Essen, besuchen Sie gemeinsam ein Konzert oder gehen Sie zusammen ins Kino. Zeigen Sie sich interessiert an der Arbeit Ihres Kollegen. Vermitteln Sie Ihrem Gegenüber, dass Sie verstehen, welchen Anteil er an der Gesamtleistung des Unternehmens hat. Wichtig ist auch, dass Sie nicht nur über Sachthemen sprechen, sondern sich selbst dem Menschen näherbringen. Sprechen Sie über gemeinsame Interessen und Einstellungen. Seien Sie offen und ehrlich.

Eine weitere wichtige vertrauensbildende Maßnahme ist Ihre eigene Zuverlässigkeit und Erreichbarkeit auch außerhalb der Projektarbeit. Wenn ein Mitarbeiter eine Anfrage an Sie hat, beantworten Sie diese zeitnah und helfen ihm weiter. Wenn Sie aus zeitlichen oder fachlichen Gründen dazu nicht in der Lage sind, geben Sie ihm schnelles Feedback, nennen Sie die Gründe dafür und versuchen Sie, ihm Alternativen zu benennen. Wenn Sie gute Gründe haben, wird er Sie verstehen und nicht übel nehmen, dass Sie ihm nicht helfen konnten.

Ebenso wichtig ist Fairness. Behandeln Sie alle Kollegen gleich, auch wenn Sie unterschiedliche Sympathien haben. Bevorzugen oder benachteiligen Sie keinen, denn zum einen ist dies kein professionelles Verhalten und außerdem wissen Sie nicht, wie „wichtig" der Kollege zu einem späteren Zeitpunkt, sprich wenn es um ein konkretes Projekt geht, für Sie sein kann. Deshalb: Seien Sie integer!

Teamzusammenstellung

Immer wieder wird der große Fehler begangen, dass lediglich die fachliche Eignung der Teammitglieder im Vordergrund steht. Dabei ist die Persönlichkeit ebenso wichtig und das in zweierlei Hinsicht. Zum einen müssen die Teammitglieder von der Persönlichkeit zusammen passen. Dies betrifft insbesondere die Teammitglieder, die auf die Vorarbeit der anderen Kollegen angewiesen sind. Und zum anderen muss die Persönlichkeit der Teammitglieder zu den Besonderheiten des jeweiligen Kunden passen. Nur wenn alle Richtungen übereinstimmen, kann ein Kunde überzeugt werden.

Beschäftigen Sie sich mit diesem Thema im Vorfeld. Wenn Sie potenzielle Teammitglieder im Laufe von anderen Projekten kennen gelernt haben, ist es um einiges einfacher. Sie wissen über die Arbeitsweisen und Eigenarten des Menschen Bescheid und können entscheiden, ob eine produktive Zusammenarbeit möglich ist. Auch wenn das Bauchgefühl hier die entscheidende Rolle spielt, sollten Sie sich dies rational begründen. Führen Sie sich deshalb die wichtigsten Erfolgskriterien und Meilensteine für das individuelle Projekt einzeln vor Augen, und das am besten schriftlich.

Kennen Sie die potenziellen Teammitglieder nicht oder nicht besonders gut, kann Ihnen die Personalabteilung behilflich sein. Die Personalabteilung versteht sich mehr und mehr als Business-Partner. Ein guter Personaler kennt die Mitarbeiter seines Betreuungsbereichs. Bei ihm werden die Beurteilungen sowie alle anderen Angelegenheiten der Mitarbeiter gesammelt. Natürlich wird Ihnen ein guter Personaler keine vertraulichen Informationen über den Mitarbeiter geben, er kann Ihnen aber helfen, eine Einschätzung zu treffen, ob ein Mitarbeiter in Ihr Team passt. Wenn der Personaler dazu nicht in der Lage ist, hat er sich schon zum Verwalter der Personalstammdaten degradiert. Suchen Sie dann das Gespräch mit den jeweils direkten Vorgesetzten, was aber umständlicher sein kann.

Formelle Berichtslinien

Die Einheiten Verkäufer, Pre-Sales und Business Consultant aus Abbildung 32 sind zumeist im Vertrieb aufgehängt. Alle drei Gruppen haben aber im Detail unterschiedliche Zielvorgaben, so dass nicht selten Zielkonflikte zwischen den Gruppen auf der Verkaufsbereichsleiterebene bereinigt werden müssen. Dort muss ein Ausgleich geschaffen werden, wenn es darum geht, Ressourcen aus allen drei Gruppen zu nutzen. Verstärkt wird der Zielkonflikt, wenn in der Verkaufsphase noch die verschiedenen „Delivery Einheiten" dazukommen. Das sind die „Engineers" und Berater, die die Lösung beim Kunden entwickeln, umsetzen und in den Betrieb überführen. „Engineers" und „Betrieb" haben wiederum andere Berichtswege, so dass für ein solches Team drei Berichtslinien irgendwo, nicht selten erst auf Vorstandsebene, zusammenlaufen. Kein Wunder also, dass in den meisten Unternehmen die Vorstandsbeschlussvorlagen riesenhaften Gipfelcharakter haben, ganz zu schweigen von den Kosten, die mit einer solchen Bürokratie entstehen, und dem Zeitverlust, bis endlich eine Entscheidung gefällt wird.

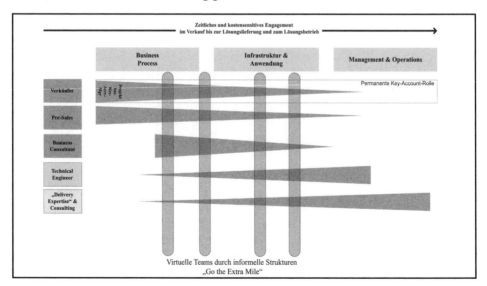

Abbildung 32: Funktionsweise virtueller Verkaufsteams

Zu bedenken ist, dass Sie auf die Mitglieder Ihres virtuellen Teams keine direkte Weisungsbefugnis haben. Es gibt in der Regel einen direkten Vorgesetzten für jedes Teammitglied. Neben diesen direkten Vorgesetzten sind die Kollegen oft in Matrixstrukturen eingebunden. Bevor Sie den formalen Weg gehen und eine Entscheidung von oben erwirken, sollten Sie versuchen, den direkten Vorgesetzten zu überzeugen, dass dieser Mitarbeiter in Ihrem virtuellen Team mitarbeiten muss, um einen wichtigen Kunden zu gewinnen.

Binden Sie deshalb alle Beteiligten im Vorfeld früh genug ein und erklären Sie die Notwendigkeit des Einsatzes gerade dieses Mitarbeiters. Wenn möglich treffen Sie die Beteiligten persönlich und bereiten Sie sich auf diese Besprechung genauso vor, wie Sie einen externen Kunden überzeugen. Falls Sie es nicht schaffen zu überzeugen, versuchen Sie, Verbündete im Unternehmen zu finden, die Ihnen helfen, den Vorgesetzten zu gewinnen. Seien Sie aber sehr vorsichtig, denn die betroffenen Personen können sich sehr schnell „auf den Schlips getreten" fühlen und Sie werden bei späteren Angelegenheiten kein gutes Standing haben. Erklären Sie dem Vorgesetzten deshalb die Vorteile für seine Person und seine Ziele.

Projektplanung

Sie und Ihre Kollegen müssen eine klare und vor allen Dingen gemeinsame Vorstellung von dem Ziel und den anstehenden Aufgaben entwickeln. Durch die Diskussion „was wollen wir eigentlich" entsteht ein Wir-Gefühl, das Ihnen und Ihren Kollegen hilft, sich zu motivieren, das zeitlich begrenzte Projekt „den Kunden gewinnen" effektiv zu bearbeiten.

Auch wenn Ihnen das Ziel klar erscheint, so muss dies bei den anderen Kollegen noch lange nicht der Fall sein. Binden Sie daher Ihre Kollegen in die Zielfindung mit ein. Und ganz wichtig: Alle Beteiligten müssen die Gelegenheit haben, ihre Vorstellungen einzubringen.

Geben Sie das Ziel nicht vor, sondern vereinbaren Sie es gemeinsam unter Berücksichtigung der Kundenerwartungen. Achten Sie darauf, dass Sie die unterschiedlichen Vorstellungen zusammenführen. Sie moderieren, protokollieren und schreiben „gemeinsam Erkanntes" auf das Flipchart. Auch wenn der Prozess viel Zeit in Anspruch nimmt, nehmen Sie sich diese. Denn es spart Ihnen später viel Zeit, wenn so Unstimmigkeiten oder Unklarheiten vermieden werden können.

Seien Sie bei der Zielformulierung (SMART) so klar wie möglich und definieren Sie aus dem Hauptziel die einzelnen Arbeitspakete. Weisen Sie in der Gruppe diesen Arbeitspaketen einen Hauptverantwortlichen und einen Stellvertreter zu. Erst dann definieren Sie wiederum gemeinsam Ziele für diese Arbeitspakete. Jetzt weiß jeder Mitarbeiter ihres virtuellen Teams, welchen Anteil er zum erfolgreichen Abschluss des Projektes liefern muss.

Am besten wird dieser Zielfindungsprozess während eines Projekt-Kick-off-Meetings durchgeführt. Zum einen ist es die effektivste Art, diesen Prozess zu gestalten. Zum anderen ist es von enormer Wichtigkeit, dass sich die Mitarbeiter zu Beginn wirklich treffen und so die Möglichkeit haben, eine Beziehung aufzubauen, um das Projekt effektiv zu bearbeiten. Dies ist umso wichtiger, wenn diese Mitarbeiter nur selten zusammenarbeiten und/oder unterschiedlichen Abteilungen angehören oder gar an verschiedenen Standorten arbeiten.

Kommunikationskultur im Team

Vereinbaren Sie mit Ihrem virtuellen Team leicht verständliche und umsetzbare Kommunikationsregeln, die Sie am besten schriftlich fixieren, und legen Sie diese Richtlinien für jeden zugänglich ab. Motivieren Sie die Teammitglieder, sich auch untereinander an diese Regeln zu erinnern.

Erarbeiten Sie Kommunikationsregeln zu folgenden Punkten:

- Antwortzeiten für Anfragen
- Meetingkultur, Verhalten in Meetings
- welche Kommunikationswege für welche Art von Informationen genutzt werden sollen
- Nutzung von E-Mail
- Nutzung des Telefons
- Durchführung von Telefon- und Videokonferenzen
- welche Information an welchen Empfängerkreis geht – innerhalb des Teams und außerhalb
- Erreichbarkeit der Teilnehmer.

Binden Sie den jeweiligen Ansprechpartner bei jeder ihn direkt oder indirekt betreffenden Angelegenheit so früh wie möglich ein. Sie müssen ihm die Gelegenheit geben, seinen Beitrag in einer angemessenen Zeit erbringen zu können. Wenn Sie beispielsweise von Ihrem Kunden erfahren, dass er noch Antworten für eine Spezifikation braucht und Ihnen in der folgenden Woche eine Fragenliste übermitteln möchte, teilen Sie dies Ihrem Pre-Sales-Mitarbeiter direkt mit. Er hat dann die Möglichkeit, sich für diese Aufgabe ein Zeitfenster einzuplanen, und kann sich schon erste Gedanken machen.

Filtern, löschen und fokussieren Sie die Informationen. Es gibt nichts Schlimmeres als Teammitglieder, die ganze Informationswagenladungen an den Projektverteiler verschicken und sagen: „Da ist alles drin!". Fordern Sie Fokussierung von allen Beteiligten, wenn Sie Informationen im Team verteilen.

Bereiten Sie die Informationen so auf, dass der jeweilige Ansprechpartner schnell in die Thematik kommt und seine Aufgabe erkennt und bearbeiten kann. Achten Sie darauf, dass Sie keine Informationen vergessen, die für ihn wichtig sind. Überlegen Sie genau, welche Informationen für den jeweiligen Empfänger wichtig sind.

E-Mail-Kommunikation

Oft verzögert sich durch die Nutzung der E-Mail-Kommunikation die Bearbeitungszeit einer Aufgabe, weil die Inhalte nicht konkret beschrieben wurden. Dieses asynchrone Medium verschleiert zu viel und erlaubt zu viele Interpretationsmöglichkeiten.

Noch schlimmer sind die Konflikte, die durch die falsche Nutzung dieses Mediums erst entstehen. Dies ist gerade beim virtuellen Team entscheidend, da hier die Beziehungsebene oft nicht so stark ausgeprägt ist wie bei realen Teams. Die folgende Checkliste hilft Ihnen, das Medium E-Mail richtig einzusetzen. Auch diese Punkte sollten Sie während des Kick-offs mit Ihrem Team vereinbaren.

Ckeckliste: E-Mail-Nutzung in virtuellem Teams

✓ Legen Sie gemeinsam fest, für welche Angelegenheiten welche E-Mail-Priorität vergeben werden darf.

✓ Vereinbaren Sie die Antwortzeiten für die individuellen Inhalte.

✓ Vereinbaren Sie den Empfängerkreis für individuelle Inhalte.

✓ Fragen Sie sich vorher: Muss diese E-Mail an alle gehen? Und: Müssen wirklich alle meine Antwort bekommen?

✓ Überlegen Sie genau, wer auf Kopie gesetzt werden soll.

✓ Definieren Sie in der Betreffzeile genau den Inhalt der Mail.

✓ Seien Sie in der Formulierung der Mail sehr konkret.

✓ Fassen Sie sich kurz – bei einer E-Mail sollte man niemals scrollen müssen. Die ersten zwei Zeilen enthalten die wichtigste Aussage.

✓ Beginnen Sie die E-Mail immer mit einer Anrede.

✓ Überlegen Sie genau, welche Anhänge Sie anfügen, und beschreiben Sie deren Inhalt kurz im Text.

✓ Machen Sie deutlich, dass E-Mails niemals das Medium für Konfliktbereinigung sind.

✓ Schreiben Sie niemals eine E-Mail in schlechter Stimmung – warten Sie lieber einen Tag.

✓ Senden Sie Freude und Lob am besten direkt.

Motivation

Auch wenn Geld nur ein Aspekt ist, möchten wir diese Art der Motivation an erster Stelle nennen. Es motiviert die Teammitglieder, wenn der Verkäufer einen Teil seines Verkaufserfolgs mit den beteiligten Kollegen teilt. Interne „Engineer-" und „Operations"-Verrechnungsstundensätze können so abgegolten werden. Letztlich geht es um die Einstellung im Selbstbild des Verkäufers: Ist er nicht in der Lage, ein komplexes Lösungsgeschäft alleine abzuwickeln, muss er zusätzliche Ressourcen aufnehmen, für die er bezahlen muss. Spätestens jetzt sollte klar sein, dass der Verkäufer im komplexen Lösungsverkauf nicht nur ein „Relationship-Manager" sein darf. Je mehr Know-how er besitzt, umso geringer ist der Ressourcenbedarf, den er intern einkaufen muss, und umso geringer ist auch die Belastung seines variablen Gehaltsanteils.

Oft stehen Ihnen jedoch im virtuellen Team die formalen Motivationsinstrumente Ihres Unternehmens (wie Bonus, Gratifikation etc.) nicht zur Verfügung. Deshalb hier einige Alternativen:

- Wichtig sind die Umgangsformen. Mit den Worten „Wenn Sie nichts von mir hören, ist dies wie ein Lob" motivieren Sie niemanden und schon gar nicht ein virtuelles Teammitglied, das nur Ihnen zuliebe die „Extra Mile" geht. Gute Umgangsformen werden gerade in der Kommunikation sehr deutlich. Das fängt mit ganz einfachen Worten an wie etwa danke, bitte und Entschuldigung. Überlegen Sie genau, wie Sie gerne angesprochen werden wollen, und behandeln Sie Ihre virtuellen Teammitglieder entsprechend.

- Wenn ein Aufgabenpaket gut bearbeitet wurde, loben Sie gleich den Mitarbeiter, am besten vor dem Team, z. B. während eines Meetings oder während des Statusberichts. Geben Sie die gute Leistung auch im Unternehmen bekannt, beispielsweise per Mail oder durch Erwähnung in der Mitarbeiterzeitung. Zu überlegen ist auch, bahnbrechende Leistungen in Fachzeitschriften gemeinsam zu publizieren. Ganz wichtig ist, dass Sie den direkten Vorgesetzen persönlich über die gute Leistung des Mitarbeiters informieren. Oft wird auch vergessen, Kundenlob weiterzugeben, obwohl dies ein ganz wichtiger Motivationsschub für den Mitarbeiter ist. Stellen Sie sich einmal vor, in einem Theater geht der Vorhang vor dem Schlussapplaus herunter. Wie wird sich ein Schauspieler wohl fühlen, wenn er die Reaktion des Publikums nicht erleben darf?

- Wichtig: Feiern Sie Erfolge. Das muss nicht gleich die Einladung ins 5-Sterne-Restaurant sein. Über einen schönen Biergartenbesuch oder eine kleine Party nach Büroschluss freuen sich die Teammitglieder, und zudem lernen sie sich besser kennen, was mit Sicherheit vorteilhaft für den weiteren Projektverlauf ist.

Konflikte meistern

Das Konfliktpotenzial ist in virtuellen Teams um einiges höher als in festen Teamzusammenstellungen. Zum einen, weil die Kollegen nicht gewohnt sind, zusammenzuarbeiten. Und zum anderen führt die räumliche Trennung oft zu Missverständnissen. Seien Sie sich also möglicher Konflikten bewusst und handeln Sie proaktiv.

Wichtig: Legen Sie großen Wert darauf, Vertrauen unter den Teammitgliedern zu schaffen. Denn wenn Vertrauen besteht, hat man eher Verständnis für bestimmte Taten und Äußerungen der anderen. Machen Sie sich schon im Vorfeld mit Ihren Teammitgliedern Gedanken, wie Sie mögliche Konflikte angehen möchten: Wie und in welcher Form sollen Konflikte thematisiert werden? Nehmen Sie Ihren Kollegen die Scheu vor Konflikten. Konflikte sind auf der Sachebene sehr nützlich für die individuelle Entwicklung und den Projektfortschritt. Verzichten Sie bei der Klärung eines Konflikts auf E-Mail-Kommunikation. Die Erfahrung hat gezeigt, dass der Konflikt so eher noch eskaliert.

Gerade bei virtuellen Teams sind die Anzeichen für Konflikte nicht auf Anhieb zu erkennen. Aus diesem Grund sollten Sie ganz besonders auf mögliche Anzeichen achten. Es kann beispielsweise sein, dass Sie bei der E-Mail-Kommunikation immer öfter in Kopie gesetzt werden. Dies gilt insbesondere bei Sachverhalten, die Ihrer Meinung nach die Kollegen untereinander ausmachen können. Oder Sie merken, dass die Kommunikation im Team abnimmt und Antwortzeiten sich verlängern.

Betrachten Sie den Konflikt als Möglichkeit und nicht als negatives Element. Gehen Sie ihn schon bei den ersten Anzeichen an. Mit gesundem Menschenverstand und Einfühlungsvermögen ist es meistens möglich, einen Kompromiss zu finden, der letztendlich der täglichen Projektarbeit zu Gute kommt.

Projektabschluss

Im günstigen Fall ist ein neuer Kunde gewonnen. Aber es gibt auch ein Projektende für die Pre-Sales-Phase, das durch Beauftragung markiert wird, während die Verträge noch lange nicht abgeschlossen sind. Halten Sie Ihr ehemaliges Team über diese Vertragsverhandlungen immer auf dem Laufenden, bis die Verträge unterzeichnet sind. Mit dem Projektabschluss ist es sinnvoll, dass Sie den Teammitgliedern für die erfolgreiche Zusammenarbeit danken und die Projektdurchführung noch einmal Revue passieren lassen.

Schauen Sie sich gemeinsam mit Ihrem Team das Projekt als Ganzes an. Analysieren Sie, was gut gelaufen ist und wo es Verbesserungsmöglichkeiten gab. Gehen Sie dabei die einzelnen Schritte durch. Beleuchten Sie, wie die vorher vereinbarten Kommunikationsregeln funktioniert haben, schauen Sie sich etwaige Konflikte an und wie diese gelöst wurden. Auch diese Reflexion sollten Sie, wenn möglich, in einem realen Meeting durchführen. Die Ergebnisse sollten auf jeden Fall schriftlich festgehalten werden. Sie werden sehen, dass diese Zeitinvestition bei einem weiteren Projekt sehr hilfreich sein wird. Selbst wenn Sie beim nächsten Mal mit einem anderen Team zusammenarbeiten werden, können Sie aus dieser Analyse jede Menge lernen und bei der anderen Teamzusammenstellung anwenden. Skizzieren Sie, wie und wann die Teammitglieder, deren jeweilige Vorgesetzte und das Unternehmen „belohnt" werden: durch einen Bericht in Mitarbeiterzeitschrift, eine Bonusauszahlung oder anderes mehr. Überreichen Sie Boni in einem offiziellen Rahmen, sei es bei einem „Abschlussessen" oder zumindest in einer größeren Runde. Die Menschen sollen und wollen wissen, warum jemand am Erfolg beteiligt wird. Tun Sie etwas dafür.

❶   Fazit & Erkenntnis

Genauso, wie es informelle Strukturen im Kundenunternehmen gibt, existieren informelle Strukturen in Ihrem eigenen Unternehmen. Mit einem Unterschied: Sie können die eigenen informellen Strukturen mitgestalten. Es gibt kein Unternehmen, das im Lösungsvertrieb per se „richtig" aufgestellt ist. Sie sind als Verkäufer immer abhängig von Mitarbeitern aus anderen Abteilungen, die bereit sind, Mehrleistungen zu erbringen. Damit Sie von diesen Mehrleistungen auch wirklich profitieren können, sollten Sie soziale Netzwerke, Motivation, finanzielle Aspekte sowie formale und informelle Berichtswege beachten.

Ein Wort zum eigenen Management

Es ist nicht damit getan, dass Sie Ihren Vorgesetzten regelmäßig über den aktuellen Stand des Projekts informieren. Er muss aufgrund Ihrer Aussagen Handlungsbedarf erkennen können. Nun kann er das natürlich umso besser, je stärker er involviert ist. Sie gewinnen mittel- und langfristig nichts, wenn Ihr Vorgesetzter Ihren Prospect übergeht. Ihr Vorgesetzter ist in den betriebsinternen Managementmeetings zugegen. Er ist auch derjenige, der überzeugend und kompetent in diesen Managementsitzungen entscheiden muss bzw. die Entscheidung beeinflussen kann, dass Ihnen besondere Ressourcen für Ihr Projekt zur Verfügung gestellt werden. Je besser er informiert ist, umso sachdienlicher kann er argumentieren und umso schneller erhalten Sie die Rückendeckung durch Ihr Top-Management.

Ein solches Vorgesetzten-Briefing kann in Form eines kurzen Feedbacks nach jedem Besuch und als regelmäßige und ausführliche Projektreviews stattfinden, beispielsweise in einem Jour Fixe. Sie und Ihr Vertriebsleiter sollten sich dabei an eine gemeinsam strukturierte Agenda halten. Der Vertriebsplan ist hier eine Hilfestellung. Der Vorteil: Sie behalten alle wichtigen Einzelheiten im Blick, die Besprechungen verlaufen effizient und bringen konkrete Ergebnisse.

Nach jeder Besprechung sollten Sie ein Kurzgesprächsprotokoll erstellen und dort die wichtigsten Ergebnisse festhalten. Dieses kurze Protokoll legen Sie dem Vorgesetzten vor. Die Protokolle und der Vertriebsplan, samt den wichtigsten Daten zum Prospect, werden die Grundlage für die eigenen, internen Management-Summaries. Diese Summaries für das eigene Management werden im Verlaufe eines Projektes immer ausführlicher und verlieren zunehmend ihre Bedeutung als Kurzinformation. Erstellen Sie daher, abgesehen von der Status-Management-Summary, eine Kurzversion von maximal zwei Seiten. Die ausführliche Management-Summary sollten Sie aber weiter pflegen und daraus jeweils Ihre Kurzversion erstellen. Ähnlich wie Sie bei Ihrem Kunden vorgegangen sind, fragen Sie sich bei der Erstellung der Kurzversion, welche Informationen für Ihr Top-Management nötig sind, um eine Entscheidung für ein bestimmtes Problem zu treffen. Die ausführlichere Version enthält folgende Elemente:

- die wichtigsten Kenndaten des Kunden,

- die angebotenen Produkte und Lösungen,

- Schätzungen zum Investitionsaufwand,

- das Geschäftspotenzial,

- Preise,

- Gegengeschäftspotenziale,

- die Key-Player beim Kunden samt ihrer Kurzagenda und Geburtstage,

- eine Beschreibung des Entscheidungsprozesses,

- die politische Struktur des Kunden,

- die Wettbewerbssituation und den ausführlichen Aktivitätenplan.

Beide Dokumente sollen Ihr Top-Management in die Lage versetzen, Entscheidungen für die interne Ressourcenverteilung zu treffen. Außerdem sind sie für Ihr Top-Management eine ausführliche und verständliche Gesprächsgrundlage für Meetings mit dem Kunden.

Allerdings hat nicht jeder Top-Manager die Zeit, diese Papiere durchzulesen. Markieren Sie deshalb in der ausführlichen Summary die wichtigsten Punkte. Aber damit ist meistens immer noch nicht sichergestellt, dass Ihr Top-Manager diese Papiere auch wirklich liest, bevor er den Prospect anspricht. Versuchen Sie ihn mit sanfter Hartnäckigkeit davon zu überzeugen, dass er mit Ihnen über die wichtigsten Punkte spricht.

Manchmal involviert das Management bei Gesprächen mit Prospects nicht den eigenen Account Manager. Das ist in Großunternehmen leider immer häufig noch der Fall. (Auch wenn es manchmal an den Account Managern selbst liegt.) Bei solchen Unternehmen können Sie nicht erwarten, dass Ihr Top-Manager auf Sie zukommt und sich von Ihnen informieren lässt. Um auch in einer solchen Situation nicht ganz ohne Einfluss zu sein, legen Sie am Anfang des Verkaufsprozesses Ihrem Management einen Themenplan vor. Schlagen Sie in diesem Themenplan vor, welcher Ihrer Vorgesetzten am besten geeignet ist, mit welchem Top-Manager beim Kunden zu sprechen. Zu dieser Top-Manager-Paarung werden Themen benannt. Erläutern Sie, welche Themen wie angesprochen werden sollten, welche Themen unverfänglich und welche Themen bei diesem Kunden besser zu unterlassen sind. Dieser Themenplan ist wie ein Schlagwortkatalog zu formulieren: kurz und prägnant. Stellen Sie sicher, dass Sie nach Gesprächen zwischen den Top-Managern ein Feedback bekommen. Ansonsten laufen Sie Gefahr, beim nächsten Kundengespräch ohne die wichtigen Informationen zu erscheinen.

❶ Fazit & Erkenntnis

Beziehen Sie Ihr Management immer dann in den Verkaufsprozess mit ein, wenn es Sinn macht. In jedem Fall sollte Ihr Management zu jeder Zeit über den Status informiert sein. Erstens muss Ihre Leitungsebene ebenfalls jemandem berichten und sollte auf dem aktuellen Stand gehalten werden. Zweitens ist Ihr Management, insbesondere Ihr Top-Management, ständig in entsprechenden Gesellschaftskreisen unterwegs, und es kann sein, dass man im Gespräch auf dieses Projekt eingeht.

Lösung, Angebot und Abschluss

Schritt 28: Die richtige Lösung entwickeln und im Angebot darstellen

Bis jetzt haben Sie Ihrem Prospect das Gefühl gegeben, dass Sie sich intensiv mit seinem Problem auseinandersetzen. Sie haben ihm erläutert, warum Sie die Lösungskonzepte so und nicht anders erstellt haben. Sie haben die wirklich relevanten formalen und informellen Entscheidungskriterien immer klarer identifiziert, und Sie haben mit ziemlicher Sicherheit festgestellt, dass sich die Kriterien während des Prozesses verändert haben. Jedes Mal haben Sie bei einem dieser Konzepte ein besonderes „Highlight" herausgestellt. Beim Prospect hat sich der Eindruck verfestigt, dass Sie sich wirklich bemühen, seine anspruchsvollen Anforderungen stets und kontinuierlich zu erfüllen.

Erst jetzt kennen Sie den Prospect wirklich: seine Produkte, seine Wettbewerber, seine Kunden, seine Organisation, seine Prozesse und seine wirklichen Geschäftsprobleme. Sie kennen die Menschen in diesem Unternehmen und den Grad, zu dem sie an der bevorstehenden Entscheidung beteiligt sind. Sie kennen den aktuellen Wettbewerb im Projekt.

Erst jetzt können Sie Ihre individuelle Lösung und Ihren Geschäftsvorteil für den Kunden eindeutig konkretisieren. Vorher war das Lösungskonzept noch lückenhaft und nur grob bepreist.

Bisher wurde nur über einen Budgetpreis gesprochen. Lediglich Orientierungsgrößen wurden genannt. Nun aber geben Sie einen konkreten Preis ab. Sie haben zwar einige, aber bisher nicht alle Ihre Wettbewerbsvorteile offen gelegt. Für die jetzige Angebotsphase benötigen Sie ein oder zwei besondere Vorteile. Mit der eigentlichen Lösung wird sich der Kunde nochmals intensiv auseinandersetzen. Dies tut er umso gründlicher, je stärker Ihre jetzige Lösung ein paar unumstößliche, bisher nicht erwähnte Differenzierungsmerkmale und Wettbewerbsvorteile aufweist.

Prozesse betrachten, um zur einzigartigen Lösung zu gelangen

George Eastman, der Mitbegründer von Kodak, äußerte sich im Hinblick auf seine Kodak-Kameras folgendermaßen: „You press the button, we do the rest!" Dies kann keine Antwort für Ihre Art von Lösungsvertrieb sein. Bei Ihrem Lösungsvertrieb handelt sich eher um ein „Together we define and go for a specific solution process, which fits our problems; then we all press the button and the rest will follow!"

Eine von Ihnen entworfene Lösung wird immer auch die Prozesse beim Kunden verändern. Sie rationalisieren also ständig die Prozesse des Kunden mit Blick auf die Lösung. Rationalisierungsmaßnahmen machen es uns heute möglich, dass wir uns fünfmal so viel leisten können wie 1950. Die Wertkettenanalyse hat ja bereits eine grobe Vorstellung vom Unternehmensgesamtprozess geliefert. Für eine Problemlösung müssen Sie sich einen Moment von der Ist-Situation lösen und den folgenden Fragen nachgehen: „Welche Daten und welche Aufgaben werden für die idealtypische Lösung dieses Geschäftsproblems benötigt?" und „Welche Veränderungen und Konsequenzen wird unsere Lösung im Kundenunternehmen nach sich ziehen?".

Aufbauend aus dem Information-Engineering-Ansatz von James Martin[9] bietet sich eine anschauliche Methode an, um die Interaktionen Ihrer Lösungen mit den verschiedenen Abteilungen und Prozessen zu definieren. Diese Interaktionen sollen als eine Mischung zwischen Daten und Aufgaben dargestellt werden:

- **Daten** bezeichnen die zu betrachtenden Informationen, die immer weiter verfeinert werden. Ein Datenobjekt kann demnach in Datensubobjekte bis hinunter zu den so genannten Entitäten untergliedert werden. So besteht das Datenobjekt „Kunde" aus den Subobjekten „Bestehender Kunde", „Neukunde", aber auch aus Subobjekten wie „Kundennummer", „Auftrag" usw.

- **Aufgaben** beschreiben, welche Funktionen wahrgenommen werden. So können beispielsweise aus der obersten Funktion „Marketing" die Subfunktionen „Werbung", „Marktforschung" und „Produktmarketing" abgeleitet und weiter untergliedert werden. Im Falle „Marktforschung" wären das beispielsweise die Aufgaben „Segmentanalyse" und „Statistische Aufbereitung".

- Die **Interaktion** beschreibt auf den unteren Ebenen der zergliederten Aufgaben und Daten die Beziehung, die zwischen Entität und Funktion existiert.

- Dann gruppieren Sie die Daten und Aufgaben zu Geschäftsgebieten. Damit kommen Sie zur Soll-Situation. Eine Soll-Situation definiert alle Aufgaben und Informationen, um das Geschäftsproblem idealtypisch abzubilden. Die Analyse der Ist-Situation läuft nach der gleichen Vorgehensweise ab.

- Im nächsten Schritt stellen Sie diese Soll-Situation der Ist-Situation gegenüber.

Nehmen Sie sich ausreichend Zeit und laden Sie Ihren Kunden zu einem eintägigen Workshop mit der genauen Zielsetzung ein, die Soll- und Ist-Analyse durchzuführen. Als Ergebnis werden der Prospect und Sie einen tieferen Einblick in die kritischen Geschäftsprozesse gewinnen. Sie erkennen, wo Geschäftsprozessschritte herausgenommen werden können, wo Wertschöpfung entsteht und wo Qualitätseinbußen im Prozess zu merklichen Wertschöpfungsverlusten führen.

Durch diese beiden Analysen erhalten Sie einen sehr tiefen Einblick in das Unternehmen. Während der Analyse, insbesondere der Soll-Analyse, kommt es außer auf Ihre Fähigkeit

---

9   James Martin: Imformation Engineering: Introduction 1989

zur Geschäftsprozessanalyse darauf an, dass Sie Ihren unmittelbaren Produktnutzen dezent einbringen. In Verbindung mit dieser Analyse-Nutzen-Integration und dem hoffentlich am Ende der Analyse durchgeführten Re-Engineering des Geschäftsprozesses steht der Geschäftsvorteil, der mit Ihrem Nutzen unmittelbar verbunden ist.

Und darin unterscheidet sich ein Vorteil von einem Produktnutzen: Der Nutzen eines Produkts ist offensichtlich für alle da, also auch für Ihren Prospect, aber eben auch für alle anderen Unternehmen. Der Produktnutzen ist noch kein individuell umgesetzter Nutzen, also noch kein Vorteil, noch keine Lösung für Ihren Kunden.

Wertkette und Prozesse betrachten, um zur einzigartigen Lösung zu gelangen

Erweitern Sie nun die Ergebnisse aus der Soll- und Ist-Prozessanalyse durch einen zusätzlichen Blickwinkel, indem Sie sich folgende Fragen stellen:

- Wie wird sich die Wertkette Ihres Prospects verändern, wenn Sie alle Trends und Branchenentwicklungen mit einbeziehen?

- Wo kann Ihre Lösung den Wert einer Aktivität im Unternehmen Ihres Kunden erhöhen? An welchen anderen Punkten der Wertkette setzt der Produktnutzen noch an?

- Welche Aktivitäten in der Wertkette werden von Ihrer Lösung betroffen sein?

- Wie werden sich welche Aktivitäten im Unternehmen verändern?

- Welche Kosten und Einsparungen werden mit diesen Veränderungen einhergehen?

Wenn Sie sich die Prozesse und die wertsteigernden Veränderungen bei Ihrem Prospect vergegenwärtigen, können Sie leicht die Berührungspunkte zu Ihrem Produkt und damit zu Ihrer Kundenlösung erkennen. Erst dann werden ein Produkt und sein Produktnutzen zur Lösung für diesen speziellen Interessenten.

Als Beispiel sei hier auf die Customer-Relationship-Management-Lösung eines Anbieters hingewiesen (siehe Abbildung 33). Selbst bei dieser recht oberflächlichen Betrachtung erkennt man bereits weitere Ansatzpunkte für die Produktnutzen dieser CRM-Kundenlösung.

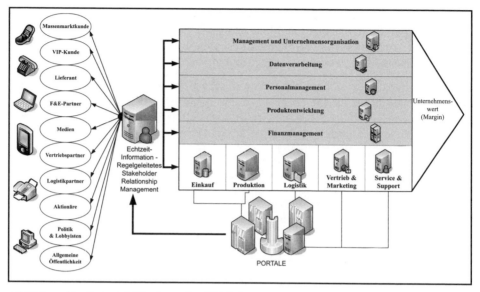

Abbildung 33: Beispiel Wertkette für CRM-Ansätze

Überprüfen Sie bei jedem dieser Berührungspunkte zwischen Kundenprozess und Ihrer Lösung als erstes immer die Total Cost of Ownership (TCO) und stellen Sie sich folgende Fragen:

■ Welche Auswirkungen wird Ihre Lösung auf die Kosten der jeweiligen Aktivitäten haben?

■ Was wird sich zusätzlich verbessern, abgesehen von den TCO's?

■ Wird sich die Qualität der einzelnen Aktivitäten verbessern?

Sie können selbstverständlich noch weitergehen, etwa indem Sie überprüfen, ob es Verknüpfungseffekte zu den Wertketten der Lieferanten und der Abnehmer gibt. Sie können dabei herausfinden, wie sich der vorgelagerte Wert des Lieferanten oder der Vertriebskanalwert des Abnehmers auf Ihren Prospect auswirkt. Das ist zwar mit viel Arbeit verbunden, aber es ist besonders bei den Prospects wichtig, die einen einzigartigen Geschäftserfolg aus besonderen Beziehungen zum Lieferanten oder Abnehmer ziehen.

Ihrem Prospect muss nach dieser Analyse und dem Verknüpfen mit Ihrer Lösung klar sein,

■ welches die konkreten Unterschiede zu Ihren Wettbewerbern sind und

■ wie sich der Produktnutzen zur kundeneigenen Lösung zusammenführen lässt.

Die historische Analyse der bisherigen High-Tech-Produkt-Einkäufe Ihres Prospects wird Ihnen aufzeigen, welche Berührungspunkte in der Wertkette des Kunden überhaupt berücksichtigt wurden und welche nicht. Gerade in diesen nicht berührten Unternehmensbereichen können die wirklichen Einzigartigkeiten Ihrer Lösung und der Vorteil für Ihren Prospect liegen.

Ihre Lösunng wird erst dann zur Lösung, wenn sie die Kundenprozesse optimiert. Es gilt: Der Vorteil Ihrer individuellen Lösung ist einzigartig:

- Der Vorteil Ihrer Lösung summiert sich in dem Wert, den Ihr Produktnutzen und Ihre kundenspezifische Lösung für diesen besonderen Prospect im gesamten Unternehmen schaffen.

- Der Vorteil dieser Lösung kann nicht eins zu eins von Ihren Wettbewerbern angeboten werden. Sie bleibt individuell diesem Prospect vorbehalten. Sie ist einzigartig.

Aufbau Ihres Angebots bzw. Ihrer Lösungsdarstellung

Das Angebot ist die zweite Visitenkarte Ihres Hauses (denn Sie sind in Person die Nr. 1). Das Angebot bleibt ständig im Zugriff des Kunden. Das Angebot, die Protokolle, auch Ihr Briefwechsel werden nicht selten bei einem kompletten Briefing dem Kunden-Top-Management vorgelegt. Es ist unwahrscheinlich, dass sich das Top-Management intensiv mit dem Angebot auseinandersetzt. Aber es ist vorstellbar, dass die verschiedenen Top-Manager jeweils die Kapitel durchlesen, die sie direkt betreffen. Das Angebot selbst wird zumeist von anderen analysiert.

Ein Angebot im echten Lösungsvertrieb unterscheidet sich von Angeboten im Verkauf standardisierter, genormter Produkte durch seine Kundenindividualität. Nicht nur die Lösung ist kundenindividuell, sondern auch die damit einhergehenden Servicepakete. Diese Individualität kann zusätzlich unterstrichen werden, wenn Sie Ihre gemeinsame Vorgehensweise und die Erkenntnisse, insbesondere die der Soll-Ist-Prozess- und der Wertkettenanalyse im Angebot beschreiben.

Äußerlich muss dem Kunden diese Kundenindividualität sofort auffallen. Er muss am Einband, an der Gestaltung und an den grafischen Darstellungen sehen, dass hier seine Corporate Identity gewahrt bleibt und trotzdem Ihre eigene Corporate Identity spürbar wird. Dabei ist es nicht allein damit getan, dass Sie bei allen Bildern, Folien und Texten das Kundenlogo und Ihres einsetzen. Wenn es sich um ein besonderes Projekt handelt, lassen Sie dieses Angebot von einem Grafiker umsetzen. Verwenden Sie selbst nicht zu viel Zeit für die Gestaltung, sondern konzentrieren Sie sich auf den Inhalt.

Im Falle einer Ausschreibung halten Sie sich an die Form und die Gliederung der Ausschreibung und machen Querverweise auf Punkte, die Sie später an einer anderen Stelle ausführen werden. Denken Sie beim Erstellen des Angebots immer an den Leser. Viel ist nicht unbedingt besser. In der Telekommunikations- und Softwareindustrie differieren die Angebote der verschiedenen Anbieter erheblich. Das geht von einem 10 Seiten umfassenden Angebot über ein 70-Seiten-Papier bis hin zu zwei bis drei Aktenordnern. Masse bedeutet nicht unbedingt Qualität. Qualität spiegelt sich darin wider, wie gut Sie sich beim Erstellen des Angebots in den Leser (Ihren Kunden) und dessen Erwartungshaltung hineinversetzen konnten. Es gibt Leser, die Seiten überfliegen und lediglich die Form und vermeintliche Vollständigkeit überprüfen. Andere Leser lesen ein Angebot wirklich. Dazwischen gibt es Leser, die nur einzelne Kapitel durchschauen.

Strukturieren Sie Ihr Angebot klar und übersichtlich. Der Leser muss sich jederzeit zurechtfinden. Ausklappbare Gliederungen sind deswegen von Vorteil. Versuchen Sie, die einzelnen Kapitel in Struktur und Länge gleich zu gewichten. Bei manchen Angeboten hat man den Eindruck, dass die Autoren glücklich waren, zu einem Kapitel wenigstens ein paar Zeilen aufzuführen. Ein schönes Beispiel aus der Praxis ist ein Angebot, in dem der Autor zwar seine Lösung aufzeigte, aber das Kapitel zum Support und Störungsmanagement viermal umfangreicher war als das Kapitel zur Lösung. Was, meinen Sie, bleibt in einem solchen Fall beim Kunden hängen?

Kommen Sie in den einzelnen Kapiteln schnell auf den Punkt! Sie müssen nicht jedes Kapitel besonders einleiten. An jede Überschrift knüpft der Leser Erwartungen, die schlichtweg erfüllt werden sollten.

Es lohnt sich auch immer, eine Angebots-SWOT-Analyse durchzuführen, also die Stärken und Schwächen sowie die Chancen und Risiken zu analysieren. Betrachten Sie dabei Ihr Angebot unter folgenden Gesichtspunkten:

- Was sollen die Stärken des Angebots sein? Wo liegen die Schwächen Ihrer Lösung und wie wollen Sie mit diesen umgehen? Welche zusätzlichen Potenziale lassen sich heute bereits erkennen und wie können diese dezent im Angebot angesprochen werden?

- Was soll nach der Lektüre jedem Leser als Kernaussage im Gedächtnis bleiben?

- Sind die Produkteigenschaften Ihrer Lösung nicht nur dargestellt, sondern sind sie auch in den Geschäftszusammenhang integriert?

- Zeigt die Darstellung der Vorteile auch wirklich die Vorteile aus Sicht des Kunden und hebt sie sich im Vergleich zu Ihrem Wettbewerb ab?

- Ist der Nutzen dieses Angebots auch der Nutzen, den der Kunde von Ihrem Angebot erwartet?

- Welche Argumentationshilfen haben Sie dem Kunden geliefert, um das Projekt und die damit verbundenen Kosten zu rechtfertigen?

- An welche sinnesspezifischen Besonderheiten müssen Sie bei den verschiedenen Lesergruppen denken?

- Wie gestalten Sie die Management-Summary? Haben Sie in der Management-Summary das richtige Mischungsverhältnis zwischen technischer und geschäftlicher Lösung, zwischen Zusammenfassungscharakter und Informationsgehalt geliefert? Welche zusätzlichen Grafiken sollen in die Management-Summary integriert werden? Findet sich das Top-Management in Ihrer Management-Summary wieder?

Ähnlich wie bei der Erarbeitung der „einzigartigen Lösung" für diesen Prospect sollte auch das Angebot kontinuierlich verbessert werden. Das kann in der Preisgestaltung sein, beispielsweise eine besondere Art des „Bundelings", das nur für diesen Prospect entwickelt wurde. Das können Besonderheiten oder Eingeständnisse bei den AGBs sein. Angebracht sind mitunter auch ein verbesserter Service und neue Prozesse im kaufmännischen oder technischen Bereich. Das kann aber auch die besondere Aufmerksamkeit Ihres Top-Managements für diesen Prospect und dieses Projekt beinhalten.

Ein wichtiger Tipp: Lassen Sie es trotz Abgabestress nicht zu, Textbausteine für ein Kapitel zu verwenden, ohne vorher die Relevanz und die Einzigartigkeit für den Kunden überprüft zu haben. Diese Textbausteine helfen Ihnen, zeitlich besser organisiert zu sein. Die Nachteile von solchen Texten „von der Stange" liegen auf der Hand – sie sind nicht individuell! Problematisch ist auch, wenn Sie vorherige Angebote modifizieren und „umstricken". Achten Sie dabei besonders darauf, dass Sie auch wirklich alle Namen aus dem vorherigen Angebot getilgt haben. Ein einziger Fehler kann Ihre ganze Arbeit zunichte machen.

Natürlich besprechen Sie alle Elemente des Angebots vor der offiziellen Abgabe mit Ihrem Mentor. Er wird Ihnen fehlende Informationen aufzeigen und Sie auf Formfehler und unternehmensinterne Besonderheiten hinweisen.

Noch ein Wort zur Abgabe des Angebots. Machen Sie es offiziell! Geben Sie Ihr Angebot immer persönlich ab. Zeigen Sie Ihrem Kunden durch Ihr Erscheinen, dass Sie sehr viel Arbeit in dieses Schriftstück gesteckt haben. Nutzen Sie die Gelegenheit und lassen Sie sich von Ihrem Kunden nochmals bestätigen, wie genau der nächste Schritt, den das Angebotsdokument nehmen wird, aussieht und wer das Dokument sonst noch erhält. Eine Vorab-Kommentierung von einem Ihrer Gegner muss in jedem Fall verhindert werden. Bringen Sie zwei Originale und ausreichend Kopien für die Übergabe mit. Soll Ihr Kunde auch eine elektronische Form Ihres Angebots erhalten, dann vergewissern Sie sich, dass das Dokument auch die richtigen Eigenschaften (geschlossenes Dokument: rechte Maustaste – Unterpunkt „Eigenschaften") enthält – sprich, Ihren Namen und den Namen des Prospects im Angebotstext oder Untertitel usw. (Die gesamte Arbeit ist zum Scheitern verurteilt, wenn der Kunde fremde Kundennamen findet.)

❶ **Fazit & Erkenntnis**

Das eigentliche Angebot in Form des ausgedruckten Dokuments ist die ultimative Visitenkarte. Die Strukturen kann der Kunde vorgeben, aber in der Regel gibt er Ihnen genügend Freiraum, dass Sie die Einzigartigkeit Ihres Angebots gegenüber den Wettbewerbern darstellen können: Bedarfs-, Lösungs- und Kundenwertkettenkompatibilität.

Schritt 29: Die Besonderheiten der Vertragsverhandlung kennen

Die Vertragsverhandlung ist eine besondere Gesprächssituation. Nicht selten trifft man hier zum ersten Mal auf den Einkauf und die Anwälte des Kunden. Per se haben diese beiden Gruppen einen immanenten Zielkonflikt. Auf der einen Seite müssen sie die besten Konditionen und „Absicherungen" für das eigene Unternehmen erzielen, und auf der anderen Seite dürfen sie den Lieferanten nicht übervorteilen. Zum einen wird mit allen „Bandagen und Härten" gearbeitet und zum anderen will man den Lieferanten als wirklichen Partner gewinnen. Dieser Zielkonflikt resultiert letztlich daraus, dass ein Vertrag nie die Gesamtheit einer Geschäftsbeziehung im Detail abbilden kann. Es bleiben Grauzonen, die während der täglichen Arbeit gefüllt werden.

Prozessseitig kommt oftmals noch eine Besonderheit dazu: Die Tätigkeit von Einkauf und Anwälten sind sekundäre Wertaktivitäten und werden von den Fachabteilungen der primären Wertaktivitäten nicht selten abfällig als „Overhead" bezeichnet. Das drückt sich auch häufig darin aus, dass die Fachabteilung den Einkauf sehr spät über ein anstehendes Projekt informiert oder sogar über ein bereits begonnenes Projekt erst im Nachhinein. Bedenken Sie aber, dass dies auch bewusst gewollt sein kann: Auf der einen Seite wird dadurch der Einkauf unter Druck gesetzt, und die Vertragsverhandlungen haben von Beginn an eine „vergiftete Atmosphäre" (Konditionsfokus), und auf der anderen Seite wird der Einkauf von zu viel Arbeit in der Vor-Verhandlungsphase entlastet.

Klären Sie daher zu Beginn des Gesprächs mit Ihrem Propect, wann der Einkauf involviert wurde und was er über das Projekt bisher weiß. Bedenken Sie auch, dass die Fachabteilung im eigenen Haus nicht selten den eigenen Einkauf nur unzureichend informiert.

Vor der Vertragsverhandlung ist in der Vertragsverhandlung! Als Vorbereitung auf die Vertragsverhandlungen sollten Sie die eigenen Zicle und Prioritäten in einem internen „Vertrags-Kick-off" definieren sowie sich bereits vor so einem Meeting über das Kundenverhalten bei anderen Lieferanten erkundigen. Es ist sehr hilfreich zu wissen, wie bisher Verhandlungen geführt wurden und wie sich die spätere Zusammenarbeit in Wirklichkeit herausgestellt hat. Verfolgen Sie aufmerksam Presseberichte über Ihren Kunden, sprechen Sie mit Ihrem Mentor und Sponsor über das, was Ihnen aufgefallen ist. Erkundigen Sie sich insbesondere nach dem internen Image des speziellen Einkäufers oder Einkaufsleiters.

Achten Sie auch auf besonders erwähnte Vertragsabschlüsse und auf Äußerungen des Vorstands. Beispielsweise: „Wir wollen die Dienstleistungstiefe in unserem Unternehmen reduzieren!" Dies bedeutet für den Einkauf zweierlei: 1. Vertragsüberprüfung „en masse", was wiederum sehr viel zusätzliche Arbeit bedeutet. 2. Reduktion der Lieferanten und besondere Überprüfung von Neu-Lieferanten. Mit diesen Informationen haben Sie bereits ein mögliches Bild, was in den Verhandlungen auf Sie zukommen wird.

Im internen Vertrags-Kick-off sollten Sie mit Ihren Kollegen die Szenarien möglichst exakt durchspielen. Wie werden Sie ankommen? Wie melden Sie sich an? Wer wird Ihr Kontakt bei der Anmeldung sein? Wie lange wird es dauern, bis Sie am Empfang abgeholt werden? Welcher Besprechungsraum steht zur Verfügung: kleine oder große Räume, lichtdurchflutet oder fensterlos.

Es ist das Recht des Gastgebers, dem Gast den Platz zuzuweisen. Versuchen Sie trotzdem zu vermeiden, dass Ihr Verhandlungspartner am Fenster sitzt und Sie die ganze Zeit ins Licht schauen müssen. Zumal Sie so auch weniger die Mimik erkennen können.

Wenn Sie mit einem Beamer arbeiten, dann setzen Sie sich mit Sicht auf die Projektionsfläche möglichst immer links. Dies zwingt den Vertragspartner nach rechts zuschauen, was wiederum die kreative Gehirnhälfte beeinflusst und weniger die linke, analytische, abwägende Hälfte. Ein Einkäufer spielt eventuell mit diesen Mitteln und dem damit verbundenen Überraschungseffekt. Spielen Sie einfach nicht mit, denn Sie haben es sich in Ihren Szenarien ja bereits vorgestellt.

Kommt die „Kunden-Delegation" notorisch wesentlich mehr als zehn Minuten zu spät, dann vereinbaren Sie klare Zeitfenster und gehen pünktlich, egal wie der Stand der Verhandlungen gerade ist. Es geht ja hier um eine Beziehung auf gleicher Augenhöhe.

Nachdem der Vertragsentwurf vorbereitet ist, definieren Sie intern die eigene Ziele, das Verhandlungsteam, den Verhandlungsführer und seinen Stellvertreter. Erst dann trifft man sich zum ersten Mal und definiert die Vorgehensweise, die Rahmenbedingungen wie Ort, Zeiten, Protokolle etc. Unterlassen Sie es, dem Einkauf zuzustimmen, bis wann die Verhandlungen abgeschlossen sein sollen.

Ein kommentierter Vertragsentwurf, sei es nun Ihrer oder der des Kunden, macht Standpunkte klar. Zu diesem Zeitpunkt sollte Ihnen bewusst sein:

1. Mit welcher Gesprächsatmosphäre grundsätzlich zu rechnen ist.

2. Welche Macht der Einkauf wirklich hat.

3. Wie fest der Einkauf auch informell mit der Fachabteilung verankert ist.

4. Wo die Schwerpunkte und Prioritäten des Vertragspartners liegen. Erstellen Sie eine Tabelle mit allen Absätzen des Vertrages, ergänzen Sie folgende Spalten und geben Sie die Wichtigkeit der ersten vier Punkte jeweils in Prozent an:

   – Was bedeutet dieser Absatz für mich persönlich?
   – Was bedeutet dieser Absatz für das Geschäft meines Unternehmens?
   – Welches sind die Schlüsselabsätze für den Kunden per se?
   – Welches sind die Schlüsselabsätze für den Einkauf des Kunden?
   – Bestimmen Sie, welche Absätze akzeptiert, zugestanden, diskutiert und abgelehnt werden könnten und wie ein solcher Absatz stattdessen formuliert werden sollte.
   – Legen Sie sich Metaphern für jeden besonders kritischen Punkt zurecht. Erklären Sie, warum ein Absatz aus welchen Gründen so gar nicht oder nur in Teilen akzeptiert werden kann und unterstreichen Sie dies mit Metaphern, die jeder Anwesende nachvollziehen kann, z.B. Hauskauf und Endabnahme, Auto und Werkstatt etc.

Markieren Sie im weiteren Verlauf der Vertragsverhandlungen, welche Absätze wann von Ihnen akzeptiert wurden. Markieren Sie insbesondere die Absätze, bei denen Sie Zugeständnisse gemacht haben. Das wird Ihnen in den heiklen Punkten einen unschätzbaren Dienst leisten, insbesondere zu dem Zeitpunkt, wenn die Verhandlungen die nächsten Einkaufsleiter- oder Vorstandsebene erreicht haben. Typischerweise arbeitet der Einkauf unter enormem Zeitdruck. Nicht selten sind Sie es, der den gesamten Prozess im Überblick hat. Der Einkauf hat oftmals nicht die Zeit eine solche Dokumentenverwaltung für die Vertragsverhandlungen zu führen. Ein Vorteil also, der Ihnen bei den besonders kritischen Vertragspunkten zugute kommen wird.

Noch ein paar wichtige Tipps für die Vertragsverhandlungen:

1. Bei welchen Vertragspunkten beobachten Sie, dass der Einkäufer oder der Vertreter der Fachabteilung einen kurzen Seitenblick auf seine Kollegen wirft? Hier können Sie sich fast sicher sein, dass es ein Abstimmungsproblem zwischen den Beteiligten Ihres Kunden gibt.

2. Seien Sie vorsichtig mit Humor, Witzen oder Sprichwörtern innerhalb der Verhandlungen. Gerade Verkäufer versuchen oftmals, die bisher gute Gesprächsatmosphäre mit der Fachabteilung in die Einkaufsverhandlung zu überführen. („It´s a new game!")

3. Argumentieren Sie nicht mit geschlossenen Fragen, die der Vertragspartner nur mit „Ja" beantworten kann. Das ist Vertragsverhandlung der „alten Schule", jeder Einkäufer wird den manipulativen Ansatz sofort erkennen und entweder darüber schmunzeln oder verärgert sein.

4. Gehen Sie nicht auf persönliche Angriffe des Vertragspartners ein, wie beispielsweise spöttische Blicke, Drohungen, persönliche Angriffe auf Kleidung, Erziehung oder sonstiges Verhalten. Er signalisiert Ihnen damit nur, dass er unter enormem Stress steht und die Sachebene des Gesprächs verlassen hat, weil ihm schlichtweg nichts mehr einfällt. Bleiben Sie souverän, denn in diesem Moment müssen Sie nur an eins denken: Wie bekommen Sie diesen Verhandlungspartner wieder auf die Sachebene, ohne dass er sein Gesicht vor der gesamten Gruppe verliert? Ihr Ziel bleibt die Win-Win-Situation. Ist der persönliche Angriff sehr stark, stellen Sie sich einfach vor, dass Sie aus Ihrem Körper herausschweben und die ganze Situation aus einer anderen Perspektive beobachten. Dies hilft Ihnen, Ihre eigenen Emotionen sehr schnell wieder in den Griff zu bekommen.

5. Reagieren Sie auf Einwände durch offene „Ich-Fragen": „Ich habe das nicht verstanden. Können Sie mir dies bitte nochmals an einem Beispiel erläutern?"

❶   **Fazit & Erkenntnis**

Vertragsverhandlungen sind ein besonderer „Seitenprozess" im eigentlichen Verkaufsprozess. Sie haben es mit anderen Ansprechpartnern zu tun, und die Atmosphäre ist selten von Anfang an auf eine gemeinsame Lösung ausgerichtet. Schalten Sie die simplen Einkaufsbeeinflussungsmethoden in Ihrem Kopf aus und bereiten Sie sich auf möglichst alle Eventualitäten vor. Umso schneller finden Sie eine gemeinsame Verhandlungsebene und können eine Win-Win-Situation erreichen.

Schritt 30: Führen Sie eine Win-Loss-Analyse durch – intern und mit dem Kunden

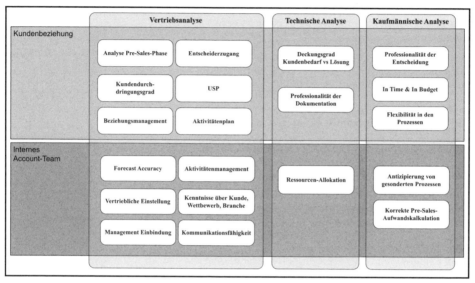

Abbildung 34: Übersicht Win-Loss-Analyse

Feiern Sie nach dem Vertragsabschluss Ihren Erfolg. Überlegen Sie aber auch, was Sie richtig und was Sie falsch gemacht haben und inwieweit Sie in den verschiedenen Phasen des Verkaufsprozesses richtig gehandelt haben. Auch bei einem Misserfolg sollten Sie die gleichen Überlegungen anstellen. Es ist unbedingt ratsam, dass Sie diese Analyse mit Ihren Kollegen durchführen.

Überprüfen Sie insbesondere:

Kundenbeziehung	Ja	Nein	Bemerkung
Haben Sie von dem Projekt vor seiner Ausschreibung gewusst? Oder haben Sie erst durch eine Ausschreibung davon Kenntnis erlangt?			
Haben Sie jetzt nach dem Abschluss nochmals den Deckungsgrad im Ebenenmodell überprüft, und wie hat er sich akut verändert?			
Haben Sie die ganze Zeit eine gesunde Neugierde an den Aktivitäten Ihres Kunden gezeigt?			
Hat der Kunde in der Zeit des Verkaufszyklus Erfolge verzeichnet? Welche können Sie auf Anhieb aufzählen?			
Haben Sie auch die kleinen „Untertöne" in der Kommunikation mit den verschiedenen Ansprechpartnern erkannt?			
Haben Sie offen mit Ihrem Kunden über zusätzliche weitere Ideen und Erfahrungen gesprochen?			
Haben Sie deutlich die Einzigartigkeit Ihrer Lösung ausgearbeitet?			
Haben Sie ständig auf die Wünsche, Bedürfnisse und Motive des Kunden geachtet?			
Haben Sie Ihren Kunden zu seiner Meinung über Sie gefragt?			
Haben Sie mit Ihrem Kunden über das Image Ihres Unternehmens gesprochen?			
Haben Sie Ihren Kunden nach seiner Meinung und seinen Verbesserungsvorschlägen für Ihre internen Prozesse gefragt (Form des Schriftverkehrs, Rechnungsstellung, Dokumentation etc.)?			
Haben Sie beim Abschluss mit dem Kunden über die weiteren Aktivitäten und die möglicherweise jetzt erst zum Einsatz kommenden Berater gesprochen?			

Eigenes, internes Account Management	Ja	Nein	Bemerkung
Haben Sie zu viele Annahmen als „fest zementiert" einfach vorausgesetzt?			
Sind Sie zu schnell vorgegangen?			
Haben Sie aus der Intuition heraus gehandelt, ohne die Fakten wirklich zu kennen?			
Hatten Sie zu jeder Zeit einen Überblick, was beim Kunden vor sich geht?			
Hatten Sie gemäß Ihrer eigenen Methode das Gefühl, ausreichend vor Ort präsent zu sein?			
Haben Sie Ihre Vorgesetzten oft genug eingebunden? Wie oft ist es vorgekommen, dass Ihr Vorgesetzter Ihnen sagen musste, was zu tun ist?			
Haben Sie häufig von sich aus einen „aktuellen Review des derzeitigen Projektstatus" im eigenen Haus initiiert?			
Sind Sie sich bei Ihrer Vorgehensweise über Fehleinschätzungen, Verwirrungen und Desorientierungen bewusst gewesen? Haben Sie dann entsprechend gehandelt?			
Hätte Ihr Verkaufszyklus kürzer verlaufen können? Wie komplex und kompliziert war Ihre Vorgehensweise im Verkaufszyklus?			
Haben Sie Aktivitäten losgelassen, die Stagnation bedeuteten, oder haben Sie daran festgehalten?			
Haben Sie allen Beteiligten im eigenen Haus und im Kundenunternehmen genügend Respekt entgegengebracht? Wen haben Sie unterschätzt, wen überschätzt, wen haben Sie vernachlässigt?			
Hat sich das eigene Management professionell und unterstützend in den Verkaufsprozess eingebracht?			
Hat die Organisation im Verkaufsteam gut funktioniert? Waren alle Beteiligten immer auf dem neuesten Stand? Reichte der „Skill-Level" aller Beteiligten aus?			

Eigenes Verhalten	Ja	Nein	Bemerkung
Haben Sie „sinnesspezifisch" argumentiert und präsentiert?			
Haben Sie intern überreagiert? Was war der Grund dafür?			
Waren Sie „immer zu nett" zu anderen?			
Haben Sie sich bewusst Zeit genommen, um sich selbst durch die Kundenbrille zu betrachten?			
Sind Sie vor Konfrontationen davongelaufen, sei es beim Kunden oder im eigenen Unternehmen?			
Gab es in bestimmten Situationen Selbstzweifel, das Gefühl, „Opfer zu sein", Hypersensibilität, das Gefühl der Unzulänglichkeit?			
Haben Sie mehrmals für den Kunden, aber auch bei der Arbeit mit Ihren eigenen Kollegen, Situationen geschaffen, in denen beide Seiten gewinnen konnten?			
Haben Sie den Eindruck, dass Sie gut mit der Kompromisslosigkeit anderer zurechtgekommen sind?			
Haben Sie sich integer gegenüber dem Kunden verhalten?			
Haben Sie genügend Geduld in Ihren Gesprächen gezeigt und auch der Wahrnehmung anderer einen Wert beigemessen?			
Haben Sie sich auf Ihre eigene Arbeit und Ihren unmittelbaren Verkaufserfolge konzentriert? Oder haben Sie ebenfalls Ihren Kollegen bei Problemen geholfen?			
Haben Sie die Erkenntnisse während der verschiedenen Phasen für sich aufgeschrieben?			

Abbildung 35: Übersicht Win-Loss-Analyse

Nach dem Vertragsabschluss beginnt oft erst die „richtige" Arbeit. Es tauchen unverhofft Probleme bei der Lösungsimplementierung auf, bestimmte Prozesse laufen nicht optimal und, und, und. Trotzdem sollten Sie sich beim Vertragsabschluss belohnen – aber nicht nur sich selbst, sondern alle, die Ihnen bei diesem Erfolg geholfen haben. Bleiben Sie dabei in einem firmeninternen Kreis, denn der gewonnene Kunde ist zwar ein schöner Zwischenschritt, aber das Geld für die noch zu erbringende Leistung ist noch nicht auf dem Konto Ihres Unternehmens.

Feiern Sie auch mit Ihrem Kunden zunächst in einem überschaubaren Kreis. Laden Sie gegebenenfalls Ihren Vertriebspartner und die unmittelbaren Verhandlungsführer Ihres Kunden samt deren involvierter Geschäftspartner zum Essen ein. Bei diesem Essen können Sie dezent auf zukünftige Aktionen bei erfolgreicher Implementierung hinarbeiten. Sofern noch nicht im Vertrag geregelt, besprechen Sie folgende Fragen:

- Wie könnte die offizielle Bekanntgabe aussehen?

- Wer soll dabei vom jeweiligen Top-Management eingebunden werden?

- Will man eine Presseerklärung abgeben – getrennt, gemeinsam oder nur der Kunde?

- Will man in Zukunft einen gemeinsamen Werbe- oder Messeauftritt durchführen?

All diese Fragen lassen sich in einer gelösten, heiteren Runde gut klären.

Veranstalten Sie eine gemeinsame Feier, wenn der letzte Meilenstein erreicht und die Lösung implementiert wurde. Diese Feier ist insbesondere allen Ihren Beratern, Ihrem Support und den wichtigsten Kundenmitarbeitern gewidmet.

Wichtig bleibt, dass Sie auch nach dem eigentlichen Kauf stetig daran arbeiten, die Beziehung zum Kunden weiter zu verbessern. Insbesondere im Verkauf von erklärungsbedürftigen Produkten kommt dem After-Sales eine besondere Bedeutung zu. Klären Sie nach 30 und 60 sowie wiederum nach 90 und 120 Tagen vor Ort beim Kunden ab, wie dieser Ihre aktuellen Geschäftsbeziehungen beurteilt und wie Sie im Vergleich zu Ihren schärfsten Konkurrenten abschneiden. Geben Sie also Ihrem Kunden die Möglichkeit, sich bei Ihnen in persona positiv zu äußern oder zu beschweren.

Denken Sie daran: 26 von 27 unzufriedenen Kunden beschweren sich nicht, so eine Analyse des Technical Assistance Research Program. *„Der Grund dafür überrascht nicht: Sie erwarten nicht, dass sie nach ihrer Beschwerde zufrieden gestellt werden. Jetzt kommt das Beängstigende: 91 Prozent derjenigen, die sich tatsächlich beschweren, kommen nicht wieder."*[10]. Machen Sie es Ihrem Kunden einfach und holen Sie seine Zufriedenheit wie auch seine Beschwerden direkt bei ihm ab.

❶ Fazit & Erkenntnis

Die Win-Loss-Analyse wird fast immer vernachlässigt, und wenn sie durchgeführt wird, ist sie zumeist vom Management initiiert. Dabei liegt gerade in einer selbst durchgeführten Win-Loss-Analyse ein Erkenntnisgewinn, der, einmal dokumentiert, den wohl wichtigsten Beitrag zu langfristigen Erfolgen im Lösungsverkauf liefern kann.

---

10 Thomas Peters: Kreatives Chaos, München 2000, S. 109.

Literaturverzeichnis

ACHIEVE GLOBAL / LEARNING INTERNATIONAL: PSS: Forschungsergebnisse, Düsseldorf 1998

BACHMANN, W.; PRIESTER, A.: Win-Win, Paderborn 1992

BAGLEY, D. S.; REESE, E.J.: Beyond Selling, Cupertino 1987

BANDLER, R.; DONNER, P.: Die Schatztruhe, Paderborn 1995

BEER, S.: Kybernetik und Management, Frankfurt 1970

BRANDENBURGER, A. M.; NALEBUFF, B. J.: Co-opetition, New York 1986

BRENNER, W.; BINKERT, C.; LEHMANN-KAHLER, M. (HRSG.): Information Engineering in der Praxis, Frankfurt a. M. 1996

CHARAN, R.; TICHY, N.M.: Every Business is a Growth Business, New York 1998

COLLINS, J.: Der Weg zu den Besten, New York 2001

DEMING, W. E.: The American Who Taught the Japanese about Quality, New York 1991

DILTS, R.; HALLBOM, T.; SMITH, S.: Identität, Glaubenssätze und Gesundheit, Paderborn 1991

DILTS, R.: Effective Presentation Skills, Capitola 1994

GEFFROY, E.K.: Abschied vom Verkaufen, Frankfurt 1997

GERKEN, G.; KAPELLNER, R. (HRSG.): Wie der Geist überlegen wird, Paderborn 1993

GOEUDEVERT, D.: Wie ein Vogel im Aquarium, Berlin 1996

GORDON, T.: P.E.T. in Action, New York 1978

GOTTSCHALL, D.: Die Meister des modernen Managements, Bayreuth 1984

HANAN, M.; CRIBBEN, J.; HEISER, H.: Consultative Selling, New York 1982

HEIMAN, S. E.; SANCHEZ, D. ET AL.: The New Strategic Selling, New York 1998

HUCH, B.; DOLEZALEK, C.M. (HRSG.): Angewandte Rationalisierung in der Unternehmenspraxis, Düsseldorf 1978

JAMES, T.; SHEPHARD, D.: Die Magie gekonnter Präsentationen, Paderborn 2002

JESKE, J.; BABIER, H.D.: So nutzt man den Wirtschaftsteil einer Tageszeitung, Frankfurt 1993

Köhler, H.-U.L.: Mehr Verkaufen mit Emotionaler Intelligenz, Düsseldorf, Berlin 2000

MARTIN, J.: Information Engineering: Introduction 1989

MCCARTHY, B.: The 4MAT-System: Teaching to Learning Styles with Right/Left Mode Technique, Illinois 1981

MOORE, G.A.: Crossing the Chasm, New York 1999

NAUMANN; C.: Hightech-Produkte erfolgreich verkaufen, Düsseldorf 2002

PETER, T.: Kreatives Chaos, München 2000

PORTER, M.: Competitive Strategy, New York 1980

RACKHAM, N.: Spin Selling, New York 1988

RIBEIRO, L.: Success is no Accident, New York 1996

SCHOTT, B.: Lust statt Frust, Paderborn, 1992

SCHOTT, B.: Souverän mit Kunden umgehen, Reinbek bei Hamburg 1996

SEIWERT, L.J.: Mehr Zeit für das Wesentliche, Landsberg am Lech 1987

SUN TZU: Die Kunst des Krieges, Neuenkirchen 2007

TARGET ACCOUNT SELLING: Advanced Strategies Workbook, Target Marketing International Inc. 1984

WELCH, J.: Was zählt, München 2001

Stichwortverzeichnis

Die Autoren

Dr. Robert Klimke

studierte Betriebswirtschaft in Bayreuth, Erlangen-Nürnberg und Los Angeles. Er arbeitete bereits während seines Studiums in einer neu gegründeten Unternehmensberatung mit dem Schwerpunkt Kommunikations-, Führungs- und Verkaufstraining. In den folgenden Jahren nahm er Aufgaben im Verkauf und Marketing sowohl in national wie international tätigen Unternehmen wahr. Vor fünf Jahren gründete er das Unternehmen Agori Communications. Herr Dr. Klimke ist ein gern gesehener Vortragsredner zu den Themen Führungs- und Verkaufstraining. Er ist Buchautor („Die Kunst der  Krisen-PR") und Autor von Fachartikeln zum Thema CRM, Call- und multimediale Contact-Center.

Kontakt: Agori Communications GmbH,
Tel. 0 61 01 / 55 65 50 0, www.agori.net

Dipl. Kfm. Manfred Faber

studierte an der Universität Saarbrücken Betriebswirtschaftslehre mit dem Schwerpunkt Personalwesen und Organisation. Seit 15 Jahren ist er als Personalleiter für strategische und operative HR-Themen in nationalen und internationalen Unternehmen unterschiedlicher Branchen tätig; seit 1998 ist er selbstständig und vermittelt als Geschäftsführer des Unternehmens HR-Consultants Spezialisten aus dem Personalbereich für Projekte und zur Überbrückung von Vakanzen (Interim Management). Zudem ist er als Interim Personalleiter weiterhin selbst in Einsätzen tätig. In dieser Funktion betreut Manfred Faber immer wieder Vertriebsteams und  unterstützt Führungskräfte im Vertrieb mit Coaching und innovativen personalwirtschaftlichen Instrumenten. Er ist Beitragsautor in den Berufs- und Karriereplanern Technik und Life Sciences (beide Gabler Verlag) sowie Mitautor von „Angstfrei ins Assessment Center".

Kontakt: Manfred Faber, HR-Consultants,
Tel. 0 89/20 00 92 92, www.hr-consultants.eu

Für Ihren Verkaufserfolg

Verkaufen on the Top!

Die allerbegehrteste und allerwichtigste Zielgruppe im Vertrieb sind zweifellos die Top-Entscheider im Unternehmen. Sie zu gewinnen und zu überzeugen ist letztlich das Ziel jedes Verkaufsprozesses von komplexen Produkten und Dienstleistungen. Top-Entscheider sind jedoch sind nicht an Bergen von Papier, nicht an schönen Präsentationen und nicht an kunstvollen Argumentationsketten interessiert. Wer sie erreichen will, muss ihre wahren Motive treffen: den Machterhalt und Machtausbau in vielerlei Ausprägung mit Hilfe von visionären (Kauf-)Entscheidungen.

Stephan Heinrich
Verkaufen an Top-Entscheider
Wie Sie mit Vision Selling
eine hoch attraktive Zielgruppe
gewinnen
2007. ca. 170 S.
Geb. ca. EUR 34,00
ISBN 978-3-8349-0642-7

Wie Sie Messen wirklich nutzen

"Erfolgreich akquirieren auf Messen" zeigt, wie Sie realistische Messeziele festlegen, die Messe organisieren und planen, dort professionell mit potenziellen Kunden kommunizieren und mit der Nacharbeit für nachhaltige Resultate sorgen. Neu in der 2. Auflage: ein Kapitel zum Thema Methoden und Instrumente zur erfolgreichen Messeakquise. Ein echter Praxisratgeber mit nützlichen Checklisten!

Dirk Kreuter
**Erfolgreich akquirieren
auf Messen**
In fünf Schritten zu neuen Kunden
2., überarb. u. erw. Aufl. 2007.
168 S.
Br. ca. EUR 26,90
ISBN 978-3-8349-0580-2

Praxisleitfaden für den erfolgreichen B2B-Verkauf

Dieser Praxisleitfaden fokussiert auf die besonderen Herausforderungen im B2B-Vertrieb. Durch eine systematische Kundenanalyse und eine gründliche Wettbewerbsanalyse, die sich konkret auf den Kunden bezieht, lassen sich neue Geschäftspotenziale identifizieren. Der Aufbau eines systematischen Beziehungsmanagements wird ebenso detailliert behandelt wie das konkrete Verkaufsgespräch beim Kunden. Mit zahlreichen Checklisten, praktischen Tipps und Downloads im Internet.

Hartmut Sieck, |
Andreas Goldmann
Erfolgreich verkaufen im B2B
Wie Sie Kunden analysieren,
Geschäftspotenziale entdecken
und Aufträge sichern
2007. ca. 176 S. Mit 17 Abb.
Geb. ca. EUR 34,90
ISBN 978-3-8349-0681-6

Änderungen vorbehalten. Stand: Juli 2007.
Erhältlich im Buchhandel oder beim Verlag.
Gabler Verlag . Abraham-Lincoln-Str. 46 . 65189 Wiesbaden . www.gabler.de

GABLER

Lösungen für Vertrieb und Marketing

salesBUSINESS

Das Entscheidermagazin für Vertrieb und Marketing

- Erfolgreiche Marketing- und Akquisitionsstrategien

- Zukunftsorientiertes Vertriebsmanagement

- Erfahrungsberichte erfolgreicher Entscheider

- Kostenlose Lesermeetings mit Top-Referenten

- Kostenloser 14-tägiger E-Mail Newsletter

- salesBUSINESS erscheint 10x im Jahr.

Wenn Sie mehr wissen wollen: **www.salesbusiness.de**

Änderungen vorbehalten. Stand: Juli 2007.

Gabler Verlag · Abraham-Lincoln-Str. 46 · 65189 Wiesbaden · www.gabler.de